Pocket-Sprachführer
Polnisch

AF288639

PONS GmbH
Stuttgart

PONS Pocket-Sprachführer
Polnisch

Bearbeitet von: Damian Mrowiński

Entwickelt auf der Basis von
PONS Sprachführer Polnisch ISBN 978-3-12-518541-8

Warenzeichen, Marken und gewerbliche Schutzrechte
Wörter, die unseres Wissens eingetragene Warenzeichen oder
Marken oder sonstige gewerbliche Schutzrechte darstellen, sind
als solche – soweit bekannt – gekennzeichnet. Die jeweiligen
Berechtigten sind und bleiben Eigentümer dieser Rechte.
Es ist jedoch zu beachten, dass weder das Vorhandensein noch das
Fehlen derartiger Kennzeichnungen die Rechtslage hinsichtlich dieser
gewerblichen Schutzrechte berührt.

1. Auflage 2018 (1,02 – 2018)

© PONS GmbH, Stuttgart 2018
Alle Rechte vorbehalten.

www.pons.com
E-Mail: kundenservice@pons.de

Umschlagfotos: shutterstock/sashk0
Logoentwurf: Erwin Poell, Heidelberg
Logoüberarbeitung: Sabine Redlin, Ludwigsburg
Satz: Satzkasten, Stuttgart
Druck: L.E.G.O. S.P.A., Lavis
Printed in Italy

ISBN 978-3-12-518559-3

Vorwort

Liebe Leserin, lieber Leser,

Sie reisen nach Polen und suchen die passende Sprachbegleitung? Egal ob Sie sich fragen, wie das polnische Wort für Vollpension lautet, oder ob Sie auf Polnisch erklären wollen, dass Ihr Auto nicht anspringt: Der PONS Pocket-Sprachführer hilft Ihnen in jeder Situation weiter.

Sie finden die wichtigsten vorformulierten Sätze für die Reise in neun thematisch gegliederten Kapiteln. Und wenn es mal besonders schnell gehen muss, schlagen Sie einfach im Wörterbuchteil nach: Von A wie Abendessen bis Z wie Zwischenlandung haben wir den wichtigsten Reisewortschatz für Sie zusammengestellt.

Lassen Sie den Sprachführer sprechen und genießen Sie Ihre Reise.

Eine schöne Zeit wünscht Ihnen

Ihre

PONS Redaktion

Inhalt

Aussprache

Buchstabe	Lautzeichen	Aussprache	Beispiel
	[˜]	bedeutet, dass der Laut nasal ist	
	[⁀]	bedeutet sehr enge Verbindung zweier Laute	cel (Ziel) [tsɛl]
	[‿]	zwischen zwei Wörtern bedeutet, dass man den letzten Buchstaben des ersten Wortes zum nächsten Wort hinüberzieht	w pokoju (im Zimmer) [f‿pɔkɔju]
a	[a]	wie das kurze a in Ball	brat (Bruder) [brat]
ą	[ɔ̃]	nasales o, wie on in Bonbon	wąs (Schnurrbart) [vɔ̃ws]
b	[b]	wie b in Bus	bar (Bar) [bar]
c	[ts]	wie z in Zeit	co (was) [tsɔ]
ć, ci	[tɕ]	weiches tsch	robić (machen) [rɔbitɕ], ciasny (eng) [tɕasni]
cz	[tʃ]	wie tsch in Tscheche	czas (Zeit) [tʃas]
d	[d]	wie d in denn	dom (Haus) [dɔm]
dz	[d͡z]	wie eine enge Verbindung von d + stimmhaftem s	dzwonić (anrufen) [d͡zvɔnitɕ]

dź, dzi	[d̄ź]	weiches **dsch**	dzień (Tag) [d̄źɛŋ], dźwięk (Laut) [d̄źvjɛŋk]
dż	[d̄ʒ]	wie **j** im Engl. John	dżem (Marmelade) [d̄ʒɛm]
e	[ɛ]	wie das kurze offene **e** in **E**cke	krem (Creme) [krɛm]
ę	[ɛ̃]	nasales **e** wie in Cousin	często (oft) [tʃɛ̃wstɔ]
f	[f]	wie **f** in **f**est	fala (Welle) [fala]
g	[g]	wie **g** in beu**g**en	góra (Berg) [gura]
gi	[ɟ]	weiches **g**	giełda (Börse) [ɟɛwda], drogi (teuer, lieb) [drɔɟi]
h, ch	[x]	wie **ch** in a**ch**	hamulec (Bremse) [xamulɛts], choroba (Krankheit) [xɔrɔba]
i	[i]	wie **i** in w**i**r	wino (Wein) [vinɔ]
j	[j]	wie **j** in **j**awohl	ja (ich) [ja]
k	[k]	wie **k** in **k**ochen	koło (Rad) [kɔwɔ]
ki	[c]	weiches **k**	kieszeń (Tasche) [cɛʃɛŋ], kino (Kino) [cinɔ]
l	[l]	wie **l** in **l**eicht	lato (Sommer) [latɔ]
ł, u nach Vokal	[w]	wie **u** in Auto	ładny (schön) [wadni], auto [awtɔ]

m	[m]	wie **m** in **M**utter	matka (Mutter) [matka]
n	[n]	wie **n** in **N**ord	nos (Nase) [nɔs]
n	[ŋ]	wie **n** in Ba**n**k	bank (Bank) [baŋk]
ń, ni	[ɲ]	wie **gn** in Co**gn**ac	koń (Pferd) [kɔɲ], nie (nein) [ɲɛ]
o	[ɔ]	wie **o** in Bl**o**ck	oko (Auge) [ɔkɔ]
p	[p]	wie **p** in **P**ost	potem (danach) [pɔtɛm]
r	[r]	Zungenspitzen-r	rok (Jahr) [rɔk]
s	[s]	wie **s** in Ko**s**t	sen (Traum) [sɛn]
sz	[ʃ]	wie **sch** in **Sch**ule	szafa (Schrank) [ʃafa]
ś, si	[ɕ]	weiches **sch**	śpiew (Gesang) [ɕpjɛf], siostra (Schwester) [ɕɔstra]
t	[t]	wie **t** in **T**ag	to (das) [tɔ]
u, ó	[u]	wie **u** in plus	tu (hier) [tu] góra (Berg) [gura]
w	[v]	wie **w** in **W**esten	wagon (Wagen) [vagɔn]
y	[i]	wie **i** in bin	typ (Typ) [tip], zamek (Schloss) [zamɛk]
z	[z]	wie **s** in **S**ommer	
ź, zi	[ʑ]	stimmhafte Entsprechung zu **ś, si**	źle (schlecht) [ʑlɛ] zioło (Kraut) [ʑɔwɔ]
ż, rz	[ʒ]	wie **j** in **J**ournal	leżak (Liege) [lɛʒak], morze (Meer) [mɔʒɛ]

Besonderheiten der Aussprache
- Die Vokale werden in der Regel kurz und offen ausgesprochen.
- Doppelvokale und Doppelkonsonanten werden immer als zwei separate Laute ausgesprochen: netto [nettɔ], Anna [anna], idee [ideɛ].
- Das Polnische besitzt drei Arten von Konsonanten: harte, weiche und erweichte. Die beiden letzten sind im Deutschen unbekannt.

 Die Besonderheit der weichen Konsonanten (ś/si, dź/dzi, ń/ni, ć/ci, ź/zi) besteht darin, dass bei der Artikulation die Zunge gegen den harten Gaumen (Palatum) drückt und eine Enge bildet. Die Palatalität wird in der Schrift vor Vokalen mit dem Buchstaben i, vor Konsonanten und am Wortende mit dem Akzent gekennzeichnet. Vor dem i wird die Palatalität nicht extra gekennzeichnet.

 Zu den weichen Konsonanten gehören auch ki, gi, chi/hi. Bei ihrer Artikulation drückt die Zunge gegen den hinteren Teil des Gaumens (Postpalatum). Orthographisch wird die Palatalität mit dem Buchstaben i markiert.

 Zu den erweichten Konsonanten zählen bi, fi, mi, pi, wi, die nur vor Vokalen vorkommen. In der Schrift wird die Erweichung durch die Verbindung des Konsonanten mit i erreicht. Vor i wird die Erweichung nicht extra gekennzeichnet.
- Vor stimmlosen Konsonanten sowie am Wortende werden stimmhafte Konsonanten stimmlos: babka (Großmutter) [bapka], grzyb (Pilz) [gʒip].

 Stimmlose Konsonanten werden vor stimmhaften – mit Ausnahme von w und rz – stimmhaft: prośba (Bitte) [prɔʑba].

Hinweise zur Betonung:
• Die Betonung im Polnischen ist feststehend und liegt auf
  der vorletzten Silbe. Zahlreiche Wörter griechischer und
  lateinischer Herkunft werden auf der drittletzten Silbe betont.
  Manche Verbformen (des Präteritums und des Konjunktivs)
  werden auf der drittletzten oder viertletzten Silbe betont.

Hinweise zum Wörterbuchteil und zu den Wortlisten:
• Die männlichen Substantive enden meistens auf einen Konsonanten, die weiblichen auf -a, die sächlichen auf -o oder -e.
  Bei Abweichungen von dieser Regel – z. B. jesień *f* (Herbst),
  muzeum *n* (Museum) – wird das Geschlecht angegeben. Beim
  natürlichen Geschlecht wird jedoch auf die Angaben verzichtet.

Zum Einstieg

Das Wichtigste in Kürze

Ja.
Tak. [tak]

Nein.
Nie. [nɛ]

Bitte.
Proszę. [prɔʃɛ]

Danke.
Dziękuję. [d͡ʑɛŋkujɛ]

Wie bitte?
Słucham? [swuxam]

Selbstverständlich!
Oczywiście! [ɔt͡ʃiviɕt͡ɕɛ]

Einverstanden!
Zgoda! [zgɔda]

Okay!
Okay! [ɔkɛj]

In Ordnung!
W porządku! [f_pɔʒɔntku]

Verzeihung!
Przepraszam! [pʃɛpraʃam]

Einen Augenblick, bitte.
Chwileczkę, proszę. [xfilɛt͡ʃkɛ prɔʃɛ]

Genug!
Dosyć! [dɔɕit͡ɕ]

Hilfe!
Ratunku! [ratunku]

Achtung!
Uwaga! [uvaga]

Vorsicht!
Ostrożnie! [ɔstrɔʒɲɛ]

Wer?
Kto? [ktɔ]

Was?
Co? [t͡sɔ]

Welcher/Welche/Welches?
Który/Która/Które? [kturi/ktura/kturɛ]

Wem?
Komu? [kɔmu]

Wen?
Kogo? [kɔgɔ]

Wo?
Gdzie? [ɡd͡ʑɛ]

Wo ist/Wo sind ...?
Gdzie jest/Gdzie są ...? [ɡd͡ʑɛ jɛst/ɡd͡ʑɛ sɔ̃w]

Woher?
Skąd? [skɔnt]

Wohin?
Dokąd? [dɔkɔnt]

Warum?
Dlaczego? [dlat͡ʃɛgɔ]

Weshalb?
Dlaczego? [dlat͡ʃɛgɔ]

Wozu?
Po co? [pɔ t͡sɔ]

Wie?
Jak? [jak]

Wie viel?
Ile? [ilɛ]

Wie viele?
Ile? [ilɛ]

Wie lange?
Jak długo? [jag dwugɔ]

Wann?
Kiedy? [cɛdi]

Ich möchte ...
Chciałbym *(m)*/Chciałabym *(f)* ... [xt͡ɕawbim/xt͡ɕawabim]

Gibt es ...?
Czy jest/są *(pl)* ...? [t͡ʃi jest, sɔ̃w]

Zahlen – Maße – Gewichte

0	zero [zɛrɔ]
1	jeden [jɛdɛn]
2	dwa [dva]
3	trzy [t͡ʃi]
4	cztery [t͡ʃtɛri]
5	pięć [pjɛɲt͡ɕ]
6	sześć [ʃɛɕt͡ɕ]
7	siedem [ɕɛdɛm]
8	osiem [ɔɕɛm]
9	dziewięć [d͡ʑɛvjɛɲt͡ɕ]
10	dziesięć [d͡ʑɛɕɛɲt͡ɕ]
11	jedenaście [jɛdɛnaɕt͡ɕɛ]

12	dwanaście [dvanaɕʨɛ]
13	trzynaście [tʃinaɕʨɛ]
14	czternaście [tʃtɛrnaɕʨɛ]
15	piętnaście [pjɛtnaɕʨɛ]
16	szesnaście [ʃɛsnaɕʨɛ]
17	siedemnaście [ɕɛdɛmnaɕʨɛ]
18	osiemnaście [ɔɕɛmnaɕʨɛ]
19	dziewiętnaście [dʑɛvjɛtnaɕʨɛ]
20	dwadzieścia [dvadʑɛɕʨa]
21	dwadzieścia jeden [dvadʑɛɕʨa jɛdɛn]
22	dwadzieścia dwa [dvadʑɛɕʨa dva]
23	dwadzieścia trzy [dvadʑɛɕʨa tʃi]
24	dwadzieścia cztery [dvadʑɛɕʨa tʃtɛri]
25	dwadzieścia pięć [dvadʑɛɕʨa pjɛnʨ]
26	dwadzieścia sześć [dvadʑɛɕʨa ʃɛɕʨ]
27	dwadzieścia siedem [dvadʑɛɕʨa ɕɛdɛm]
28	dwadzieścia osiem [dvadʑɛɕʨa ɔɕɛm]
29	dwadzieścia dziewięć [dvadʑɛɕʨa dʑɛvjɛnʨ]
30	trzydzieści [tʃidʑɛɕʨi]
31	trzydzieści jeden [tʃidʑɛɕʨi jɛdɛn]
32	trzydzieści dwa [tʃidʑɛɕʨi dva]
40	czterdzieści [tʃtɛrdʑɛɕʨi]
50	pięćdziesiąt [pjɛnʥdʑɛɕɔnt]
60	sześćdziesiąt [ʃɛɕʥdʑɛɕɔnt]
70	siedemdziesiąt [ɕɛdɛmdʑɛɕɔnt]
80	osiemdziesiąt [ɔɕɛmdʑɛɕɔnt]
90	dziewięćdziesiąt [dʑɛvjɛnʥdʑɛɕɔnt]
100	sto [stɔ]
101	sto jeden [stɔ jɛdɛn]
200	dwieście [dvjɛɕʨɛ]
300	trzysta [tʃista]
1 000	tysiąc [tiɕɔnts]

2 000	dwa tysiące [dva tiɕɔntse]
3 000	trzy tysiące [tʃi tiɕɔntse]
10 000	dziesięć tysięcy [dʑeɕɛntɕ tiɕɛntsi]
100 000	sto tysięcy [stɔ tiɕɛntsi]
1 000 000	milion [miljɔn]
1.	pierwszy [pjerfʃi]
2.	drugi [druɡi]
3.	trzeci [tʃetɕi]
4.	czwarty [tʃvarti]
5.	piąty [pjɔnti]
6.	szósty [ʃusti]
7.	siódmy [ɕudmi]
8.	ósmy [usmi]
9.	dziewiąty [dʑevjɔnti]
10.	dziesiąty [dʑeɕɔnti]
1/2	jedna druga [jedna druɡa]
1/3	jedna trzecia [jedna tʃetɕa]
1/4	jedna czwarta [jedna tʃvarta]
3/4	trzy czwarte [tʃi tʃfarte]
3,5 %	trzy i pół procent [tʃi i puw prɔtsent]
27 °C	dwadzieścia siedem stopni Celsjusza [dvadʑeɕtɕa ɕedem stɔpni tselsjuʃa]
–5 °C	minus pięć stopni Celsjusza [minus pjɛntɕ stɔpni tselsjuʃa]
1999 *(Jahr)*	(rok) tysiąc dziewięćset dziewięćdziesiąty dziewiąty [(rɔk) tiɕɔnts dʑevjɛntɕset dʑevjɛndʑeɕɔnti dʑevjɔnti]
2000 *(Jahr)*	(rok) dwutysięczny [(rɔk) dvutiɕɛntʃni]
2018 *(Jahr)*	(rok) dwa tysiące osiemnasty [(rɔk) dva tiɕɔntse ɔɕemnasti]

Millimeter	milimetr [milimɛtr]
Zentimeter	centymetr [tsɛntimɛtr]
Meter	metr [mɛtr]
Kilometer	kilometr [cilɔmɛtr]
Quadratmeter	metr kwadratowy [mɛtr kfadratɔvi]
Liter	litr [litr]
Gramm	gram [gram]
100 Gramm	sto gramów [stɔ gramuf]
Dekagramm	dekagram [dɛkagram]
(10 Gramm)	
Kilogramm	kilogram [cilɔgram]

Zeitangaben

Uhrzeit

Wie viel Uhr ist es?
Która godzina? [ktura gɔd͡ʑina]

Es ist (genau/fast) …
Jest (dokładnie/prawie) … [jezd dɔkwadɲɛ/pravjɛ]

3 Uhr.
trzecia. [t͡ʃɛt͡ɕa]

5 nach 3.
pięć po trzeciej. [pjɛɲt͡ɕ pɔ t͡ʃɛt͡ɕɛj]

3 Uhr 10.
trzecia dziesięć. [t͡ʃɛt͡ɕa d͡ʑɛɕɛɲt͡ɕ]

Viertel nach 3.
kwadrans po trzeciej. [kfadrans pɔ t͡ʃɛt͡ɕɛj]

halb 4.
wpół do czwartej. [fpuw dɔ t͡ʃfartej]

Viertel vor 4.
za kwadrans czwarta. [za kfadrans t͡ʃfarta]

5 vor 4.
za pięć czwarta. [za pjɛɲt͡ɕ t͡ʃfarta]

1 Uhr.
pierwsza. [pjerfʃa]

12 Uhr mittags.
dwunasta w południe. [dvunasta f pɔwudɲɛ]

Mitternacht.
północ. [puwnɔt͡s]

Es ist spät/zu früh.
Jest późno/za wcześnie. [jest puʐnɔ/za ft͡ʃɛɕɲɛ]

Um wie viel Uhr?/Wann?
O której godzinie? [ɔ kturej gɔd͡ziɲɛ]/Kiedy? [cɛdi]

Um 1 Uhr.
O pierwszej. [ɔ pjerfʃej]

Um 2 Uhr.
O drugiej. [ɔ druɟej]

Gegen 4 Uhr.
Koło czwartej. [kɔwɔ t͡ʃfartej]

In einer Stunde.
Za godzinę. [za gɔd͡ziɲɛ]

In zwei Stunden.
Za dwie godziny. [za dvjɛ gɔd͡zini]

Nicht vor 9 Uhr morgens.
Nie przed dziewiątą rano. [ɲɛ pʃed d͡zɛvjɔntɔw̃ ranɔ]

Nach 8 Uhr abends.
Po ósmej wieczorem. [pɔ usmɛj vjɛtʃɔrɛm]

Zwischen 3 und 4.
Między trzecią a czwartą. [mjɛndʑi tʃɛtɕɔ̃w a tʃfartɔ̃w]

Wie lange?
Jak długo? [jag dwugɔ]

Zwei Stunden (lang).
Dwie godziny. [dvjɛ gɔdʑini]

Von 10 bis 11.
Od dziesiątej do jedenastej. [ɔd dʑɛɕɔntej dɔ jedenastej]

Bis 5 Uhr.
Do piątej. [dɔ pjɔntej]

Seit wann?
Od kiedy? [ɔt cedi]

Seit 8 Uhr morgens.
Od ósmej rano. [ɔd usmɛj ranɔ]

Seit einer halben Stunde.
Od pół godziny. [ɔt puw gɔdʑini]

Seit acht Tagen.
Od ośmiu dni. [ɔt ɔɕmju dɲi]

abends	wieczorem [vjɛtʃɔrɛm]
am Sonntag	w niedzielę [v ɲedʑele]
am Wochenende	w weekend [v wikɛnt]
bald	wkrótce [fkruttsɛ]
diese Woche	w tym tygodniu [f tim tigɔdɲu]
gestern	wczoraj [ftʃɔraj]
heute	dzisiaj [dʑiɕaj]

heute Morgen/Abend	dzisiaj rano/wieczorem [dʑiɕaj ranɔ/vjɛtʃɔrɛm]
in 14 Tagen	za dwa tygodnie [za dva tigɔdɲɛ]
innerhalb einer Woche	w ciągu tygodnia [f tɕɔŋgu tigɔdɲa]
jeden Tag	każdego dnia [kaʒdɛgɔ dɲa], codziennie [tsɔdʑɛɲɲɛ]
jetzt	teraz [tɛras]
kürzlich	niedawno [ɲɛdavnɔ]
letzten Montag	w zeszły poniedziałek [v zɛʃwi pɔɲɛdʑawɛk]
manchmal	czasem [tʃasɛm]
mittags	w południe [f pɔwudɲɛ]
morgen	jutro [jutrɔ]
morgen früh/Abend	jutro rano/wieczorem [jutrɔ ranɔ/vjɛtʃɔrɛm]
morgens	rano [ranɔ]
nachmittags	po południu [pɔ pɔwudɲu]
nächstes Jahr	w przyszłym roku [f pʃiʃwim rɔku]
nachts	w nocy [v nɔtsi]
stündlich	co godzinę [tsɔ gɔdʑinɛ]
täglich	codziennie [tsɔdʑɛɲɲɛ]
tagsüber	w ciągu dnia [f tɕɔŋgu dɲa]
übermorgen	pojutrze [pɔjutʃɛ]
um diese Zeit	o tej porze [ɔ tej pɔʒɛ]
vor zehn Minuten	przed dziesięcioma minutami [pʃɛd dʑɛɕɛntɕɔma minutami]
vorgestern	przedwczoraj [pʃɛtftʃɔraj]
vormittags	przed południem [pʃɛt pɔwudɲɛm]

Wochentage

Montag	poniedziałek [pɔɲɛdʑawɛk]
Dienstag	wtorek [ftɔrɛk]
Mittwoch	środa [ɕrɔda]
Donnerstag	czwartek [tʃfartɛk]
Freitag	piątek [pjɔntɛk]
Samstag	sobota [sɔbɔta]
Sonntag	niedziela [ɲɛdʑela]

Monate

Januar	styczeń [stitʃɛn]
Februar	luty [luti]
März	marzec [maʒɛts]
April	kwiecień [kfjɛtɕɛn]
Mai	maj [maj]
Juni	czerwiec [tʃɛrvjɛts]
Juli	lipiec [lipjɛts]
August	sierpień [ɕɛrpjɛn]
September	wrzesień [vʒɛɕɛn]
Oktober	październik [paʑdʑɛrnik]
November	listopad [listɔpat]
Dezember	grudzień [grudʑɛn]

Jahreszeiten

Frühling	wiosna [vjɔsna]
Sommer	lato [latɔ]
Herbst	jesień [jɛɕɛn]
Winter	zima [ʑima]

Feiertage

Neujahr	Nowy Rok [nɔvɨ rɔk]
Ostern	Wielkanoc [vjɛlkanɔts]
Ostermontag	Poniedziałek Wielkanocny [pɔnʲɛdʑawɛk vjɛlkanɔtsnɨ]
1. Mai	Pierwszy Maja [pjɛrfʂɨ maja]
3. Mai (Nationalfeiertag)	Trzeci Maja, Święto Konstytucji 3 Maja (1791) [tʃɛtɕi maja, ɕfjɛntɔ kɔnstɨtutsji tʃɛtɕɛgɔ maja]
Christi Himmelfahrt	Wniebowstąpienie Pańskie [vɲɛbɔfstɔmpjɛɲɛ pajɲscɛ]
Pfingsten	Zielone Świątki [ʑɛlɔnɛ ɕfjɔntci]
Pfingstmontag	poniedziałek zielonoświątkowy [pɔnʲɛdʑawɛk ʑɛlɔnɔɕfjɔntkɔvi]
Fronleichnam	Boże Ciało [bɔʒɛ tɕawɔ]
Mariä Himmelfahrt	Wniebowzięcie Najświętszej Maryi Panny [vɲɛbɔvʑɛɲtɕɛ najɕfjɛntʃɛj marɨji panni]
Allerheiligen	Wszystkich Świętych [fʃɨstcix ɕfjɛntix]
11 Listopada (Nationalfeiertag)	Jedenasty Listopada, Święto Niepodległości (11.11.1918) [jɛdɛnastɨ listɔpada, ɕfjɛntɔ ɲɛpɔdlɛgwɔɕtɕi]
Heiliger Abend	Wigilia [vijilja]
Weihnachten	Boże Narodzenie [bɔʒɛ narɔdzɛɲɛ]
1. Weihnachtsfeiertag	pierwszy dzień świąt Bożego Narodzenia [pjɛrfʂɨ dʑɛɲ ɕfjɔnt bɔʒɛgɔ narɔdzɛɲa]
2. Weihnachtsfeiertag	drugi dzień świąt Bożego Narodzenia [drugi dʑɛɲ ɕfjɔnd bɔʒɛgɔ narɔdzɛɲa]
Silvester	sylwester [silvɛstɛr]

Datum

Den Wievielten haben wir heute?
Którego mamy dzisiaj? [kturεgɔ mamɨ d͡ʑiɕaj]

Heute ist der 1. Mai.
Dzisiaj jest pierwszy maja. [d͡ʑiɕaj jest pjerfʂɨ maja]

Wetter

Wie wird das Wetter heute?
Jaka będzie dzisiaj pogoda? [jaka bεnd͡ʑe d͡ʑiɕaj pɔgɔda]

Es bleibt schön/schlecht.
Utrzyma się ładna/zła pogoda. [utʂima ɕe wadna/zwa pɔgɔda]

Es wird wärmer/kälter.
Będzie cieplej/zimniej. [bεnd͡ʑe t͡ɕeplej/zimɲej]

Es soll regnen/schneien.
Ma padać deszcz/śnieg. [ma padad͡ʑ deʃt͡ʃ/ɕɲek]

Es ist kalt/heiß/schwül.
Jest zimno/gorąco/parno. [jest ʑimnɔ/gɔrɔnt͡sɔ/parnɔ]

Es zieht ein Gewitter auf.
Nadciąga burza. [natt͡ɕɔŋga buʒa]

Es ist neblig/windig.
Jest mgliście/wietrznie. [jest mgliɕt͡ɕe/vjetʃɲe]

Die Sonne scheint.
Świeci słońce. [ɕvjet͡ɕi swɔɲt͡se]

Wie viel Grad haben wir heute?
Ile mamy dzisiaj stopni? [ile mamɨ d͡ʑiɕaj stɔpɲi]

Es ist 20 Grad Celsius.
Jest 20 stopni Celsjusza. [jezd dvadʑɛɕʨa stɔpɲi t͡sɛlsjuʃa]

bewölkt	pochmurnie [pɔxmurɲɛ]
Blitz	błyskawica [bwiskavit͡sa]
Bö	powiew wiatru [pɔvjev vjatru]
diesig	mgliście [mgliɕt͡ɕɛ]
Donner	grzmot [gʒmɔt]
Ebbe	odpływ [ɔdpwif]
Eis	lód [lut]
feucht-kühl	wilgotno i chłodno [vilgɔtnɔ i xwɔdnɔ]
feucht-warm	wilgotnno i ciepło [vilgɔtnɔ i t͡ɕɛpwɔ]
Flaute	flauta [flawta]
Flut	przypływ [pʃipwif]
Frost	mróz [mrus]
Glatteis	gołoledź [gɔwɔlɛt͡ɕ]
Graupel	krupa [krupa]
	drobny grad [drɔbnɨ grat]
Hagel	grad [grat]
heiß	gorąco [gɔrɔnt͡sɔ]
heiter	pogodnie [pɔgɔdɲɛ]
Hitze	upał [upaw]
kalt	zimno [ʑimnɔ]
Klima	klimat [klimat]
Luft	powietrze [pɔvjɛt͡ʃɛ]
nass	mokro [mɔkrɔ]
Nebel	mgła [mgwa]
neblig	mgliście [mgliɕt͡ɕɛ]
Nieselregen	mżawka [mʒafka]
Regen	deszcz [dɛʃt͡ʃ]
Regenschauer	przelotny deszcz [pʃɛlɔtnɨ dɛʃt͡ʃ]

regnerisch	deszczowo [dɛʃtʃɔvɔ]
Schnee	śnieg [ɕnɛk]
Schneesturm	zamieć śnieżna [zamjɛtɕ ɕnɛʒna]
schwül	parno [parnɔ]
Sonne	słońce [swɔɲtsɛ]
sonnig	słonecznie [swɔnɛtʃɲɛ]
Tauwetter	odwilż [ɔdvilʃ]
Temperatur	temperatura [tɛmpɛratura]
trocken	sucho [suxɔ]
Überschwemmung	powódź [pɔvutɕ]
warm	ciepło [tɕɛpwɔ]
wechselhaft	zmiennie [zmjɛɲɲɛ]
Wetterbericht	prognoza pogody [prɔgnɔza pɔgɔdɨ]
Wind	wiatr [vjatr]
Windstärke	siła wiatru [ɕiwa vjatru]
Wolke	chmura [xmura]
Wolkenbruch	oberwanie chmury [ɔbɛrvaɲɛ xmurɨ]

Reiseplanung

Hotelbuchung per E-Mail

Sehr geehrte Damen und Herren,
vom 24. bis 26. Juni hätte ich gern für zwei Nächte ein Einzel-/
Doppel-/Zweibettzimmer.
Bitte teilen Sie mir mit, ob Sie ein Zimmer frei haben und was es
pro Nacht, einschließlich Frühstück, kostet.
Mit freundlichen Grüßen

Szanowni Państwo,
chciałbym *(m)*/chciałabym *(f)* zarezerwować na dwie noce pokój
jednoosobowy/dwuosobowy/z dwoma łóżkami, w terminie od
24 do 26 czerwca. Proszę o informację, czy mają Państwo
wolny pokój i ile kosztuje nocleg ze śniadaniem.
Z pozdrowieniami

Dear Sir or Madam,
I would like to book a single/double/twin-bedded room for
2 nights on the 24th and 25th June.
Please let me know if you have any vacancies and the cost per
night plus breakfast.
Yours faithfully,

Mietwagen per E-Mail

Sehr geehrte Damen und Herren,
für die Zeit vom 20. – 25. Juli möchte ich gern ab Flughafen
Warszawa Okęcie einen Kleinwagen/einen Mittelklassewagen/
eine Luxuslimousine/einen Kleinbus mieten. Mein Rückflug
geht ab Kraków Balice und deshalb möchte ich das Auto dort zu-
rückgeben. Bitte teilen Sie mir Ihre Tarife mit und welche Unter-
lagen ich benötige.
Mit freundlichen Grüßen

Szanowni Państwo,
w terminie od 20 do 25 lipca chciałbym *(m)*/chciałabym *(f)*
wypożyczyć z lotniska Warszawa Okęcie mały samochód/samo-
chód klasy średniej/luksusową limuzynę/busa. Odlatuję z lotniska Kraków Balice, więc chciałbym *(m)*/chciałabym *(f)* tam zwrócić
samochód. Proszę o cennik i informację, jakie dokumenty są
potrzebne.
Z pozdrowieniami

Dear Sir or Madam,
I would like to hire a small/mid-range/luxury saloon car/minibus
from July 20 - 25 from Warszawa Okęcie Airport. I depart from
Kraków Balice Airport so wish to leave the car there. Please inform
me of your rates and what documents I shall require.
Yours faithfully,

Allgemeine Fragen

Ich habe vor, meinen Urlaub in ... zu verbringen. Können Sie mir bitte Informationen über Unterkünfte in der Gegend geben?
Zamierzam spędzić urlop w ... Proszę udzielić mi informacji o bazie noclegowej w okolicy. [zamiezam spendʑit͡ɕ urlɔb v ... prɔʃɛ udʑelit͡ɕ mi infɔrmatsji ɔ baʑe nɔtslegɔvej v ɔkɔlit͡sɨ]

An welche Art von Unterkunft haben Sie gedacht?
Jaki rodzaj noclegu pana *(m)*/panią *(f)* interesuje?
[jaci rɔdzaj nɔtslegu pana/paɲɔ̃ interesuje]

> **ein Hotel**
> hotel [xɔtɛl]

> **eine Pension**
> pensjonat [pensjɔnat]

> **ein Fremdenzimmer**
> kwatera prywatna [kfatɛra prɨvatna]

> **eine Ferienwohnung**
> apartament wakacyjny [apartamɛnd vakat͡sɨjni]

Fragen zur Unterkunft

Hotel – Pension – Privatzimmer

Ich suche ein Hotel, jedoch nicht zu teuer – etwas in der mittleren Preislage.
Szukam hotelu, ale nie za drogiego – w średniej klasie cenowej.
[ʃukam xɔtelu, ale ɲe za drɔjegɔ – f ɕrednej klaɕe t͡sɛnɔvej]

Ich suche ein Hotel mit Hallenbad/Golfplatz/Tennisplätzen.
Szukam hotelu z krytym basenem/polem golfowym/kortami tenisowymi.
[ʃukam xɔtelu s kritim basɛnɛm/pɔlɛm gɔlfɔvim/kɔrtami tɛnisɔwimi]

Ist es möglich, ein weiteres Bett in dem Zimmer aufzustellen?
Czy jest możliwe wstawienie do pokoju dodatkowego łóżka?
[tʃi jest mɔʒliwe fstawjɛɲe dɔ pɔkɔju dɔdatkɔvegɔ wuʃka]

Wie viel kostet das pro Woche?
Ile to kosztuje na tydzień? [ile tɔ kɔʃtuje na tidʑɛɲ]

Ferienhäuser/Ferienwohnungen

Ich suche eine Ferienwohnung oder einen Bungalow.
Szukam apartamentu wakacyjnego lub bungalowu.
[ʃukam apartamentu vakatsijnegɔ lub bungalɔvu]

Können Sie mir einen kinderfreundlichen Ferienbauernhof empfehlen?
Czy może mi pan *(m)*/pani *(f)* polecić jakieś przyjazne dla dzieci gospodarstwo agroturystyczne? [tʃi mɔʒe mi pan/paɲi pɔletɕitɕ jacɛɕ pʃijazne dla dʑiɛtɕi gɔspɔdarstfɔ agrɔturistitʃne]

Gibt es ...?
Czy jest/*pl*, są ...? [tʃi jest, sɔ̃w]

ein Kinderbett
łóżeczko dziecięce [wuʒetʃkɔ dʑetɕɛntse]

einen Hochstuhl
wysokie krzesełko [visɔce kʃesɛwkɔ]

einen Fernseher
telewizor [telewizɔr]

ein Telefon
telefon [telefɔn]

eine Waschmaschine
pralka [pralka]

eine Spülmaschine
zmywarka [zmivarka]

eine Mikrowelle
kuchenka mikrofalowa [kuxɛnka mikrɔfalɔva]

Sind die Stromkosten im Preis eingeschlossen?
Czy cena zawiera koszty zużycia prądu?
[t͡ʃi t͡sɛna zavjɛra kɔʃti zuʒɨt͡ɕa prɔndu]

Werden Bettwäsche und Handtücher gestellt?
Czy zapewniona jest pościel i ręczniki?
[t͡ʃi zapɛvɲɔna jest pɔɕt͡ɕel i rent͡ʃɲici]

Wie viel muss ich anzahlen und wann ist die Anzahlung fällig?
Do kiedy muszę wpłacić zaliczkę i w jakiej kwocie?
[dɔ‿cedi muʃɛ fpwat͡ɕit͡ɕ zalit͡ʃke i v jacej kfɔt͡ɕe]

Wo und wann kann ich die Schlüssel abholen?
Gdzie i kiedy mogę odebrać klucze?
[gd͡ʑe i cedi mɔge ɔdebrat͡ɕ klut͡ʃe]

Camping

Gibt es hier auch einen Campingplatz?
Czy jest tutaj też jakiś kemping? [t͡ʃi jest tutaj teʃ jaciɕ kempiŋk]

Im Gespräch

Begrüßung und Verabschiedung

Guten Morgen!
Dzień dobry! [dʑɛŋ dɔbri]

Guten Tag!
Dzień dobry! [dʑɛŋ dɔbri]

Guten Abend!
Dobry wieczór! [dɔbri vjɛtʃur]

Hallo!/Grüß dich!
Cześć!/Witaj! [tʃɛɕtɕ/vitaj]

Wie geht's?
Co słychać? [tsɔ swixatɕ]

Wie geht es Ihnen/dir?
Co u pana *(m)*/pani *(f)*/ciebie słychać?
[tsɔ u pana/paɲi/tɕɛbje swixatɕ]

Danke, (alles) gut. Und Ihnen/dir?
Dziękuję, (wszystko) dobrze. A u pana *(m)*/pani *(f)*/ciebie?
[dʑɛŋkuje, (fʃistkɔ) dɔbʒɛ. a u pana/paɲi/tɕɛbje]

Wie ist Ihr Name, bitte?
Przepraszam, jak się pan *(m)*/pani *(f)* nazywa?
[pʃɛpraʃam, jak ɕɛ pan/paɲi naziva]

Wie heißt du?
Jak się nazywasz? [jak ɕɛ nazivaʃ]

Ich heiße …
Nazywam się … [nazivam ɕɛ]

Auf Wiedersehen!
Do widzenia! [dɔ vidzɛɲa]

Bis bald!
Na razie! [na‿raʑɛ]

Bis später!
Do zobaczenia! [dɔ‿zɔbatʃɛɲa]

Bis morgen!
Do jutra! [dɔ‿jutra]

Gute Nacht!
Dobranoc! [dɔbranɔt͡s]

Tschüss!
Cześć!/Pa! [t͡ʃɛɕt͡ɕ]/[pa]

Alles Gute!
Wszystkiego dobrego! [fʃistcɛɡɔ dɔbrɛɡɔ]

Gute Reise!
Szczęśliwej podróży! [ʃt͡ʃɛ̃w̃ɕlivej pɔdruʑi]

Höflichkeit

Bitte und Dank

Bitte.
Proszę. [prɔʃɛ]

Ja, bitte.
Tak, proszę. [tak, prɔʃɛ]

Nein, danke.
Nie, dziękuję. [ɲɛ, d͡ʑɛŋkujɛ]

Gestatten Sie?
Pozwoli pan *(m)*/pani *(f)*? [pɔzvɔli pan/paɲi]

Können Sie mir bitte helfen?
Czy może mi pan *(m)*/pani *(f)* pomóc?
[tʃi mɔʒe mi pan/paɲi pɔmuts]

Danke.
Dziękuję. [d͡ʑeŋkuje]

Vielen Dank.
Dziękuję bardzo. [d͡ʑeŋkuje bard͡zɔ]

Das ist nett, danke.
To miłe, dziękuję. [tɔ miwɛ, d͡ʑeŋkuje]

Bitte sehr.
Proszę bardzo. [prɔʃe bard͡zɔ]

Entschuldigung

Entschuldigung!
Przepraszam! [pʃepraʃam]

Es war nicht so gemeint.
Nie miałem *(m)*/miałam *(f)* tego na myśli.
[ɲe ̯mjawem/mjawam tegɔ na ̯miɕli]

Es ist leider nicht möglich.
To nie jest niestety możliwe. [tɔ ɲe jest ɲesteti mɔʒlive]

Wünsche

Herzlichen Glückwunsch!
Serdeczne gratulacje/życzenia! [serdet͡ʃne gratulatsje/ʒit͡ʃeɲa]

Alles Gute zum Geburtstag!
Wszystkiego dobrego z okazji urodzin!
[fʃistcegɔ dɔbregɔ z ̯ɔkazji urɔd͡ʑin]

Viel Glück!/Viel Erfolg!
Dużo szczęścia!/Powodzenia!
[duʒɔ ʃtʃɛ̃w̃ɕtɕa/pɔvɔdzɛɲa]

Ich drücke Ihnen die Daumen.
Trzymam za pana *(m)*/panią *(f)* kciuki.
[tʃimam za pana/paɲɔ̃w̃ ktɕucĩ]

Gesundheit! *(nach Niesen)*
Na zdrowie! [na zdrɔvjɛ]

Gute Besserung!
Szybkiego powrotu do zdrowia!
[ʃipcɛgɔ pɔvrɔtu dɔ zdrɔvja]

Herkunft und Aufenthalt

Woher kommen Sie/kommst du?
Skąd pan *(m)*/pani *(f)* jest?/Skąd jesteś?
[skɔnt pan/paɲi jest/skɔnt jestɛɕ]

Ich bin aus ...
Jestem z ... [jestɛm z]

Sind Sie/Bist du schon lange hier?
Jest pan *(m)*/pani *(f)*/Jesteś tutaj już długo?
[jest pan/paɲi/jestɛɕ tutaj juʒ dwugɔ]

Ich bin seit ... hier.
Jestem tutaj od ... [jestɛm tutaj ɔt]

Wie lange bleiben Sie/bleibst du?
Jak długo pan *(m)*, pani *(f)* zostaje/zostajesz?
[jak dwugɔ pan paɲi zɔstaje/zɔstajeʃ]

Verständigungsschwierigkeiten

Wie bitte?
Proszę? [prɔʃɛ]

Ich verstehe Sie/dich nicht. Bitte, wiederholen Sie/wiederhole es.
Nie rozumiem pana *(m)*/pani *(f)*/cię. Proszę powtórzyć/powtórz.
[ɲɛ rɔzumjem pana/paɲi/tɕɛ. prɔʃɛ pɔftuʑitɕ/pɔftuʃ]

Bitte sprechen Sie/sprich etwas langsamer.
Proszę mówić/mów trochę wolniej.
[prɔʃɛ muvitɕ/muf trɔxɛ vɔlɲej]

Ich verstehe/habe verstanden.
Rozumiem./Zrozumiałam. *(m)*/Zrozumiałam. *(f)*
[rɔzumjem/zrɔzumjawem/zrɔzumjawam]

Sprechen Sie/Sprichst du ...
Mówi pan *(m)*/pani *(f)*/Mówisz ...
[muvi pan/paɲi/muviʃ]

Polnisch?
po polsku? [pɔ pɔlsku]

Deutsch?
po niemiecku? [pɔ ɲɛmjetsku]

Englisch?
po angielsku? [pɔ aŋjelsku]

Ich spreche nur wenig ...
Mówię tylko trochę ...
[muvjɛ tilkɔ trɔxɛ]

Schreiben Sie/Schreibe es mir bitte auf!
Proszę mi to napisać!/Napisz mi to, proszę!
[prɔʃɛ mi tɔ napisatɕ/napiʃ mi tɔ, prɔʃɛ]

Unterwegs

Fragen nach dem Weg

Ortsangaben

links, nach links	na lewo [na ˌlɛvɔ], w lewo [v ˌlɛvɔ]
rechts, nach rechts	na prawo [na ˌpravɔ], w prawo [f ˌpravɔ]
geradeaus	prosto [prɔstɔ]
vor	przed [pʃɛt]
hinter	za [za]
neben	obok [ɔbɔk]
gegenüber	naprzeciwko [napʃɛtɕifkɔ]
hier	tutaj [tutaj]
dort	tam [tam]
nah	blisko [bliskɔ]
weit	daleko [dalɛkɔ]
nach	*(in Richtung)* do [dɔ], na [na];
	(Reihenfolge) za [za]
Ampel	światła [ɕvjatwa]
Baustelle	budowa [budɔva]
Kreuzung	skrzyżowanie [skʃiʒɔvaɲɛ]
Kurve	zakręt [zakrɛnt]
Landstraße	droga [drɔga], szosa [ʃɔsa]
Schnellstraße	trasa szybkiego ruchu
	[trasa ʃipcɛgɔ ruxu]
Straße	ulica [ulitsa], droga [drɔga]

Wegbeschreibung

Entschuldigung, wie komme ich nach ...?
Przepraszam, jak dostanę się do ...? [pʃɛpraʃam, jag dɔstanɛ̨ ɕɛ dɔ]

Immer geradeaus bis ...
Cały czas prosto, aż do ... [tsawi tʃas prɔstɔ, aʒ dɔ]

Dann ...
Potem ... [pɔtɛm]

an der Ampel
na światłach [na ɕvjatwax]

an der nächsten Ecke
za następnym rogiem [za nastɛmpnim rɔjɛm]

links/rechts abbiegen.
skręcić w lewo/w prawo. [skrɛntɕitɕ v lɛvɔ/f pravɔ]

Folgen Sie den Schildern.
Niech pan *(m)*/pani *(f)* kieruje się drogowskazami.
[njɛx pan/paɲi ɕɛruje ɕɛ drɔgɔfskazami]

Wie weit ist das?
Jak to jest daleko? [jak tɔ jɛzd dalɛkɔ]

Mit dem Auto/Fahrrad benötigt man ...
Samochodem/Rowerem jedzie się ... [samɔxɔdɛm/rɔvɛrɛm jɛdʑɛ ɕɛ]

Bitte, ist das die Straße nach ...?
Przepraszam, czy to droga do ...? [pʃɛpraʃam, tʃɨ tɔ drɔga dɔ]

Sie sind hier falsch. Sie müssen zurückfahren bis ...
Pan *(m)*/Pani *(f)* pomylił/a kierunek. Pan *(m)*/Pani *(f)* musi jechać z powrotem do ...
[pan/paɲi pɔmɨliw/a cjɛrunɛk. pan/paɲi muɕi jexatɕ s pɔvrɔtɛm dɔ]

Bitte, wo ist ...?
Przepraszam, gdzie jest ...? [pʃɛpraʃam, gdʑɛ jɛst]

Tut mir leid, das weiß ich nicht.
Przykro mi, nie wiem. [pʂikrɔ mi, ɲe‿vjem]

Welches ist der kürzeste Weg nach/zu …?
Jaka jest najkrótsza droga do …? [jaka jest najkrutʃa drɔga dɔ]

Wie weit ist es zum/zur …?
Jak daleko jest do …? [jag dalɛkɔ jezd dɔ]

Es ist (nicht) weit.
To (nie)daleko. [tɔ (ɲe)dalɛkɔ]

Gehen Sie geradeaus/nach links/nach rechts.
Proszę iść prosto/w lewo/w prawo.
[prɔʃe iɕtɕ prɔstɔ/v‿lɛvɔ/f‿pravɔ]

Erste/Zweite Straße links/rechts.
pierwsza/druga ulica na lewo/na prawo
[pjerʃʃa/druga ulitsa na‿lɛvɔ/na‿pravɔ]

Überqueren Sie …
Niech pan *(m)*/pani *(f)* przejdzie … [ɲex pan/paɲi pʃejdʑe]

  die Brücke.
  przez most. [pʃes‿mɔst]

  den Platz.
  przez plac. [pʃes‿plats]

  die Straße.
  na drugą stronę ulicy. [na‿drugɔw̃ strɔne ulitsi]

Dann fragen Sie noch einmal.
Potem niech pan *(m)*/pani *(f)* jeszcze raz zapyta.
[pɔtem ɲex pan/paɲi jeʃtʃe raz zapita]

Sie können es nicht verfehlen.
Na pewno pan *(m)*/pani *(f)* nie zabłądzi.
[na‿pevnɔ pan/paɲi ɲe‿zabwɔndʑi]

Sie können den Bus Nr. ... nehmen.
Może pan *(m)*/pani *(f)* pojechać autobusem numer ...
[mɔʒɛ pan/paɲi pɔjɛxatɕ awtɔbusɛm numɛr]

Fußgängerzone	strefa dla pieszych [strefa dla pjeʃix]
Gasse	uliczka [ulitʃka]
Gebäude	budynek [budɨnɛk]
Gehsteig	chodnik [xɔdɲik]
Hauptstraße	główna ulica [gwuvna ulitsa]
Haus	dom [dɔm]
Innenstadt	śródmieście [ɕrudmjeɕtɕɛ]
Kirche	kościół [kɔɕtɕuw]
Park	park [park]
Stadtteil	dzielnica miasta [dʑɛlɲitsa mjasta]
Stadtzentrum	centrum miasta [tsɛntrum mjasta]
Straße	ulica [ulitsa]
Vorort	przedmieście [pʃedmjeɕtɕɛ]

An der Grenze

Passkontrolle

Ihren Pass, bitte!
Pana *(m)*/Pani *(f)* paszport, proszę! [pana/paɲi paʃpɔrt prɔʃɛ]

Ihr Pass ist abgelaufen.
Termin ważności pana *(m)*/pani *(f)* paszportu upłynął.
[tɛrmin vaʒnɔɕtɕi pana/paɲi paʃpɔrtu upwɨnɔw]

Ich gehöre zu der Reisegesellschaft aus ...
Jestem uczestnikiem *(m)*/uczestniczką *(f)* wycieczki z ...
[jɛstɛm utʃɛstɲicɛm/utʃɛstɲitʃkɔ̃ vɨtɕɛtʃci z]

Zollkontrolle

Haben Sie etwas zu verzollen?
Czy ma pan *(m)*/pani *(f)* coś do oclenia?
[t͡ʃi ma pan/paɲi t͡sɔʑ dɔ ɔt͡slɛɲa]

Nein, ich habe nur ein paar Geschenke.
Nie, mam tylko kilka prezentów. [nɛ, mam tylkɔ cilka prɛzɛntuf]

Fahren Sie bitte rechts/links heran.
Proszę zjechać na prawo/na lewo. [prɔʃɛ zjɛxat͡ɕ na pravɔ/na lɛvɔ]

Öffnen Sie bitte den Kofferraum/diesen Koffer.
Proszę otworzyć bagażnik/tę walizkę.
[prɔʃɛ ɔtfɔʒit͡ɕ bagaʒnik/tɛ valiskɛ]

Muss ich das verzollen?
Czy muszę to oclić? [t͡ʃi muʃɛ tɔ ɔt͡slit͡ɕ]

Personalien

Familienname	nazwisko [nazviskɔ]
Familienstand	stan cywilny [stan t͡sivilni]
ledig	stan wolny [stan vɔlni]
verheiratet	żonaty *(m)*/zamężna *(f)*
	[ʒɔnati/zamɛ̃w̃ʒna]
verwitwet	wdowiec/wdowa [vdɔvjɛt͡s/vdɔva]
Geburtsdatum	data urodzenia [data urɔd͡zɛɲa]
Geburtsname	nazwisko panieńskie
	[nazviskɔ paɲɛɲscɛ]
Geburtsort	miejsce urodzenia [mjɛjst͡sɛ urɔd͡zɛɲa]
Staatsangehörigkeit	obywatelstwo [ɔbivatɛlstvɔ]
Vorname	imię [imjɛ]
Wohnort	miejsce zamieszkania
	[mjɛjst͡sɛ zamjɛʃkaɲa]

Grenze

Ausreise	wyjazd [vijast]
Bestimmungen	przepisy [pʃɛpisi]
Einreise	wjazd [vjast]
Führerschein	prawo jazdy [pravɔ jazdi]
Gesundheitszeugnis, amtstierärztliches	urzędowe świadectwo zdrowia od weterynarza [uʒɛndɔvɛ ɕvjadɛtstvɔ zdrɔvja ɔd vɛterinaʒa]
grüne Versicherungs- karte	polisa ubezpieczeniowa [pɔlisa ubɛspjetʃɛnɔva]
gültig	ważny [vaʒni]
internationaler Impfpass	międzynarodowa książeczka szczepień [mjɛndzinarɔdɔva kɕɔ̃ʒɛtʃka ʃtʃɛpjɛɲ]
Kinderausweis	dowód osobisty dziecka [dɔvut ɔsɔbisti dʑetska]
Nationalitätskennzeichen	znak rozpoznawczy państwa [znak rɔspɔznaftʃi paɲstfa]
Passkontrolle	kontrola paszportowa [kɔntrɔla paʃpɔrtɔva]
Personalausweis	dowód osobisty [dɔvut ɔsɔbisti]
Reisepass	paszport [paʃpɔrt]
Tollwut	wścieklizna [fɕtɕeklizna]
Tollwutimpfbescheini- gung	zaświadczenie o szczepieniu przeciw wściekliźnie [zaɕfjattʃɛɲe ɔ ʃtʃɛpjɛɲu pʃɛtɕif fɕtɕekliʑɲe]
Zoll	cło [tswɔ]
Zollbeamter/-beamtin	celni-k/czka [tsɛlɲi-k/tʃka]
Zollgebühren	opłata celna [ɔpwata tsɛlna]
Zollkontrolle	kontrola celna [kɔntrɔla tsɛlna]
zollpflichtig	podlegający ocleniu [pɔdlɛɡajɔntɕi ɔtslɛɲu]

Auto und Motorrad

Hinweise und Informationen

zakaz zatrzymywania się	**Halteverbot**
budowa	**Baustelle**
uszkodzona nawierzchnia	**Schlechte Fahrbahn**
niebezpieczeństwo	**Gefahr**
niebezpieczeństwo poślizgu	**Schleudergefahr**
stromy zjazd	**Starkes Gefälle**
objazd	**Umleitung**
uwaga na dzieci	**Auf Schulkinder achten**
zakaz wjazdu	**Einfahrt verboten**
koniec zakazu parkowania	**Ende des Parkverbots**
żwir	**Rollsplitt**
wysokie napięcie	**Hochspannung**
szpital	**Krankenhaus**
zielona strzałka nie oznacza pierwszeństwa	**Der grüne Pfeil bedeutet keine Vorfahrt.**
samochód ciężarowy	**Lastwagen**
pierszeństwo z prawej strony	**Rechtsvorfahrt**
uwaga	**Vorsicht**
jechać wolniej	**Langsamer fahren**
przypomnienie poprzedniego znaku nakazu lub zakazu	**Erinnerung an ein vorausgegangenes Gebots- oder Verbotsschild**
pomoc drogowa, nadzór drogowy	**Pannenhilfe, Straßenwacht**

jechać prawą (lewą) stroną	**Rechts (Links) fahren**
zjazd z autostrady	**Autobahnausfahrt**
nie zastawiać wyjazdu	**Ausfahrt freihalten**
zakaz parkowania	**Parkverbot**
niebezpieczny zakręt	**Gefährliche Kurve**
droga objazdowa	**Umgehungsstraße**
strefa krótkiego parkowania	**Kurzparkzone**

An der Tankstelle

Wo ist bitte die nächste Tankstelle?
Przepraszam, gdzie jest najbliższa stacja benzynowa?
[pʃepraʃam, gdʒe jest najbliʃʃa statsja benzinɔva]

Ich möchte ... Liter
Chciałbym *(m)*/Chciałabym *(f)* ... litrów
[xtɕawbim/xtɕawabim ... litruf]

Normalbenzin.
benzyny niskooktanowej. [benzini niskɔɔktanɔvej]

Super.
wysokooktanowej. [visɔkɔɔktanɔvej]

Diesel.
ropy. [rɔpi]

bleifrei/verbleit/mit ... Oktan.
bezołowiowej/ołowiowej/... oktanowej.
[bezɔwɔvjɔvej/ɔwɔvjɔvej/... ɔktanɔvej]

Super bitte, für 100 Zloty.
Proszę wysokooktanową za 100 zł.
[prɔʃe visɔkɔɔktanɔvɔ̃w za stɔ zwɔtix]

Voll tanken, bitte.
Proszę do pełna. [prɔʃɛ dɔ pełna]

Prüfen Sie bitte den Ölstand/den Reifendruck.
Proszę sprawdzić poziom oleju/ciśnienie w oponach.
[prɔʃɛ spravdʑitɕ pɔzɔm olɛju/tɕiɕɲɛɲɛ v ɔpɔnax]

Ich möchte eine Straßenkarte dieser Gegend, bitte.
Poproszę mapę samochodową tej okolicy.
[pɔprɔʃɛ mapɛ samɔxɔdɔvɔ̃w tej ɔkɔlitɕi]

Wo sind bitte die Toiletten?
Przepraszam, gdzie są toalety? [pʃɛpraʃam, gdʑɛ sɔ̃w tɔalɛti]

Parken

Gibt es hier in der Nähe eine Parkmöglichkeit?
Czy jest tu w pobliżu możliwość zaparkowania? [tʃi jest tu f pɔbliʒu mɔʒlivɔɕtɕ zaparkɔvaɲa]

Kann ich den Wagen hier abstellen?
Czy mogę tutaj zaparkować samochód? [tʃi mɔgɛ tutaj zaparkɔvatɕ samɔxut]

Ist der Parkplatz bewacht?
Czy ten parking jest strzeżony? [tʃi ten parciŋg jest stʃɛʒɔni]

Wie hoch ist die Parkgebühr pro ...
Ile kosztuje parkowanie za ... [ilɛ kɔʃtuje parkɔvaɲɛ za]

Stunde?
godzinę? [gɔdʑinɛ]

Tag?
dzień? [dʑɛɲ]

Nacht?
noc? [nɔts]

Eine Panne

Ich habe eine Panne/einen Platten.
Mam awarię/przebitą oponę. [mam avarjɛ/pʃɛbitɔ̃w ɔpɔnɛ]

Würden Sie bitte den Pannendienst anrufen?
Czy mógłby pan *(m)*/mogłaby pani *(f)* zadzwonić po pomoc
drogową?
[tʃi mugwbi pan/mɔgwabi paɲi zad͡zvɔɲit͡ɕ pɔ pɔmɔ͡dz drɔgɔvɔ̃w]

Könnten Sie mir mit Benzin aushelfen?
Czy mógłby mnie pan *(m)*/mogłaby mnie pani *(f)* poratować
benzyną?
[tʃi mugwbi mɲɛ pan/mɔgwabi mɲɛ paɲi pɔratɔvat͡ɕ bɛnzinɔ̃w]

Könnten Sie mir beim Reifenwechsel helfen?
Czy mógłby mi pan *(m)*/mogłaby mi pani *(f)* pomóc przy zmianie
koła? [tʃi mugwbi mi pan/mɔgwabi mi paɲi pɔmut͡s pʃi zmjaɲɛ kɔwa]

Würden Sie mich bis zur nächsten Tankstelle mitnehmen?
Podwiózłby *(m)*/Podwiozłaby *(f)* mnie pan *(m)*/pani *(f)* do
najbliższej stacji benzynowej?
[pɔdvjuzwbi/pɔdvjɔzwabi mɲɛ pan/paɲi dɔ najbliʃʃɛj stat͡sji bɛnzinɔvɛj]

In der Werkstatt

Wo ist hier in der Nähe eine Werkstatt?
Gdzie tu jest w pobliżu warsztat naprawczy?
[gd͡ʑɛ tu jest f pɔbliʒu varʃtat napraftʃi]

Mein Wagen springt nicht an.
Mój samochód nie chce zapalić. [muj samɔxut ɲɛ xt͡sɛ zapalit͡ɕ]

Können Sie mit mir kommen/mich abschleppen?
Czy mógłby pan *(m)*/mogłaby pani *(f)* pójść ze mną/odholować
mnie?
[tʃi mugwbi pan/wɔgwabi paɲi puj͡ɕt͡ɕ zɛ mnɔ̃w/ɔtxɔlɔvat͡ɕ mɲɛ]

Mit dem Motor stimmt was nicht.
Z silnikiem jest coś nie w porządku.
[s‿ɕilɲicɛm jɛst ‿tsɔɕ ɲɛ f‿pɔʒɔntku]

... ist/sind defekt.
... jest/są zepsute. [jɛst/sɔ̃w zɛpsutɛ]

Der Wagen verliert Öl.
Samochód traci olej. [samɔxut tra‿tɕi ɔlej]

Können Sie mal nachsehen?
Czy może pan *(m)*/pani *(f)* to sprawdzić?
[‿tʃɨ mɔʒɛ pan/paɲi tɔ spravˈdʑitɕ]

Machen Sie bitte nur die nötigsten Reparaturen.
Proszę wykonać tylko najpotrzebniejsze naprawy.
[prɔʃɛ vikɔna‿tɕ tilkɔ najpɔt‿ʃɛbɲɛjʃɛ napravi]

Wann ist der Wagen/das Motorrad fertig?
Kiedy samochód/motocykl będzie gotowy?
[cɛdi samɔxut/mɔtɔ‿tsikl bɛnˈd‿ʑɛ gɔtɔvi]

Was wird es kosten?
Ile to będzie kosztować? [ilɛ tɔ bɛnˈd‿ʑɛ kɔʃtɔva‿tɕ]

Verkehrsunfall

Es ist ein Unfall passiert.
Zdarzył się wypadek. [zda‿ʒiw‿ɕɛ vipadɛk]

Rufen Sie bitte schnell ...
Proszę wezwać szybko ... [prɔʃɛ vɛzva‿tɕ ʃipkɔ]

einen Krankenwagen.
karetkę pogotowia. [karɛtkɛ pɔgɔtɔvja]

die Polizei.
policję. [pɔliˈtsjɛ]

die Feuerwehr.
straż pożarną. [straʃ pɔʒarnɔ̃w̃]

Haben Sie Verbandszeug?
Czy ma pan (m)/pani (f) apteczkę? [tʃi ma pan/paɲi aptɛtʃkɛ]

Es war Ihre Schuld.
To była pana (m)/pani (f) wina. [tɔ biwa pana/paɲi vina]

Sie haben ...
Pan (m)/Pani (f) ... [pan/paɲi]

die Vorfahrt nicht beachtet.
nie przestrzegał/a pierwszeństwa przejazdu.
[ɲɛ pʃɛstʃɛgaw/a pjɛrfʃɛɲstfa pʃɛjazdu]

die Fahrspur gewechselt, ohne zu blinken.
zmienił/a pas, nie włączając kierunkowskazu.
[zmjɛɲiw/a pas, ɲɛ vwɔɲtʃajɔɲts cɛrunkɔfskazu]

Sie sind ...
Pan (m)/Pani (f) ... [pan/paɲi]

zu schnell gefahren.
jechał/a za szybko. [jɛxaw/a za ʃipkɔ]

zu dicht aufgefahren.
podjechał/a za blisko. [pɔdjɛxaw/a za bliskɔ]

bei Rot über die Kreuzung.
przejechał/a skrzyżowanie na czerwonym świetle.
[pʃɛjɛxaw/a skʃiʒɔvaɲɛ na tʃɛrvɔnim ɕfjɛtlɛ]

Sollen wir die Polizei holen, oder können wir uns so einigen?
Wezwać policję, czy się dogadamy?
[vɛzvatɕ pɔlitsjɛ, tʃi ɕɛ dɔgadami]

Ich möchte den Schaden durch meine Versicherung regeln lassen.
Chciałbym *(m)*/Chciałabym *(f)* tę szkodę uregulować przez moją ubezpieczalnię.
[xtɕawbim/xtɕawabim tɛ ʃkɔdɛ urɛgulɔvatɕ pʃɛs‿mɔjɔ̃w ubɛspjɛtʃalnɛ]

Geben Sie mir bitte Ihren Namen und Ihre Anschrift.
Proszę mi podać pana *(m)*/pani *(f)* nazwisko i adres.
[prɔʃɛ mi pɔdatɕ pana/pani nazviskɔ i adrɛs]

Vielen Dank für Ihre Hilfe.
Bardzo dziękuję za pomoc. [bardzɔ dʑɛŋkuje za‿pɔmɔts]

Auto-, Motorrad- und Fahrradvermietung

Ich möchte für zwei Tage/eine Woche ... mieten.
Chciałbym *(m)*/chciałabym *(f)* wypożyczyć na dwa dni/tydzień ...
[xtɕawbim/xtɕawabim vipɔʒitʃitɕ na‿dva dni/tidʑɛŋ]

einen (Gelände-)Wagen
samochód (terenowy). [samɔxut tɛrɛnɔvi]

ein Motorrad
motocykl. [mɔtɔtsikl]

ein Fahrrad
rower. [rɔvɛr]

Wie hoch ist die Tages-/Wochenpauschale?
Jaka jest opłata za dzień/tydzień?
[jaka jest ɔpwata za‿dʑɛŋ/tidʑɛŋ]

Wie viel verlangen Sie pro gefahrenen Kilometer?
Ile wynosi opłata za przejechany kilometr?
[ilɛ vinɔɕi ɔpwata za‿pʃɛjɛxani cilɔmɛtr]

Wie viel muss ich als Kaution hinterlegen?
Ile wynosi kaucja? [ilɛ vinɔɕi kawtsja]

Ich nehme den .../das ...
Wezmę ten. [vɛzmɛ tɛn]

Ist das Fahrzeug vollkaskoversichert?
Czy pojazd ma autocasco? [tʃɨ pɔjast ma awtɔkaskɔ]

Kann ich den Wagen gleich mitnehmen?
Czy mogę od razu odebrać ten samochód?
[tʃi mɔgɛ ɔd razu ɔdɛbratɕ tɛn samɔxut]

Ist es möglich, das Fahrzeug in ... abzugeben?
Czy można oddać pojazd w ...? [tʃi mɔʒna ɔddatɕ pɔjast v]

Darf ich Ihren Führerschein sehen?
Czy mogę zobaczyć pana (m)/pani (f) prawo jazdy?
[tʃi mɔgɛ zɔbatʃitɕ pana/paɲi pravɔ jazdi]

abbiegen	skręcić [skrɛɲtɕitɕ]
Abblendlicht	światła mijania [ɕvjatwa mijaɲa]
Abschleppdienst	pomoc drogowa [pɔmɔdz drɔgɔva]
abschleppen	odholować [ɔtxɔlɔvatɕ]
Abschleppseil	linka holownicza [linka xɔlɔvɲitʃa]
Abschleppwagen	samochód holowniczy [samɔxut xɔlɔvɲitʃi]
Achse	oś [ɔɕ]
Alarmanlage	system alarmowy [sistɛm alarmɔvi]
Allradantrieb	napęd na wszystkie koła [napɛnt na fʃistkʲɛ kɔwa]
Anhänger	przyczepa [pʃitʃɛpa]
Anlasser	rozrusznik [rɔzruʃɲik]
anspringen	zapalić [zapalitɕ]
Auspuff	rura wydechowa [rura vɨdɛxɔva]
Autobahn	autostrada [awtɔstrada]
Autobahngebühren	opłaty za autostradę [ɔpwati za awtɔstradɛ]

Automatik(getriebe)	automatyczna skrzynia biegów [awtɔmatítʃna skʃíɲa bjeguf]
Automobilclub	klub automobilowy [klup awtɔmɔbilɔvi]
Autoreifen	opona samochodowa [ɔpɔna samɔxɔdɔva]
Benzin	benzyna [bɛnzina]
Benzinkanister	kanister na benzynę [kaɲister na‿bɛnzinɛ]
Benzinpumpe	pompa benzynowa [pɔmpa bɛnzinɔva]
Blinker	kierunkowskaz [cɛrunkɔfskas]
Bremsbelag	okładzina hamulcowa [ɔkwadʑina xamultsɔva]
Bremse	hamulec [xamulɛts]
bremsen	hamować [xamɔvatɕ]
Bremsflüssigkeit	płyn hamulcowy [pwin xamultsɔvi]
Bremshebel	dźwignia hamulca [dʑviɲa xamultsa]
Bremslichter	światła stopu [ɕvjatwa stɔpu]
Bußgeld	mandat [mandat]
Defekt	defekt [defekt]
Dichtung	uszczelka [uʃtʃelka]
Düse	dysza [diʃa]
Einspritzpumpe	pompa wtryskowa [pɔmpa ftriskɔva]
Ersatzrad	koło zapasowe [kɔwɔ zapasɔvɛ]
Ersatzteile	części zamienne [tʃɛ̃ɕtɕi zamjɛnnɛ]
Fahrrad	rower [rɔvɛr]
Fahrradweg	droga dla rowerów [drɔga dla‿rɔvɛruf]
Federung	zawieszenie [zavjeʃɛɲɛ]
Fehlzündung	niewłaściwy zapłon [nɛvwaɕtɕivi zapwɔn]
Felge	felga [fɛlga]

Fernlicht	światła długie [ɕvjatwa dwuje]
Flickzeug	łatki do opon [watci dɔ ɔpɔn]
Frostschutzmittel	odmrażacz [ɔdmraʒatʃ]
Führerschein	prawo jazdy [pravɔ jazdi]
Gang	bieg [bjɛg]
erster Gang	pierwszy bieg [pjɛrfʃi bjɛk]
Rückwärtsgang	wsteczny bieg [fstɛtʃni bjɛk]
Gangschaltung	zmiana biegów [zmjana bjɛguf]
Gas geben	dodać gazu [dɔdat͡ʃ gazu]
Gaspedal	pedał gazu [pɛdaw gazu]
Gebläse	nawiew powietrza [navjɛf pɔvjɛtʃa]
Getriebe	skrzynia biegów [skʃiɲa bjɛguf]
GPS	nawigacja (GPS) [navigatsja (d͡ʒi pi ɛs)]
Handbremse	hamulec ręczny [xamulɛts rɛntʃni]
Hebel	dźwignia [d͡ʑviɲa]
Heizung	ogrzewanie [ɔgʒɛvaɲɛ]
hinterlegen	zdeponować [zdɛpɔnɔvat͡ɕ]
Hupe	klakson [klaksɔn]
Lichthupe	sygnał świetlny [signaw ɕvjetlni]
Kabel	kabel [kabɛl]
Karosserie	karoseria [karɔsɛrja]
Kaution	kaucja [kawtsja]
Keilriemen	pasek klinowy [pasɛk klinɔvi]
Kette	łańcuch [waɲtsux]
Kindersitz	fotelik dla dziecka [fɔtɛlik dla d͡ʑɛtska]
Kofferraum	bagażnik samochodu [bagaʒɲik samɔxɔdu]
Kolben	tłok [twɔk]
Kotflügel	błotnik [bwɔtɲik]
Kugellager	łożysko [wɔʒiskɔ]
Kühler	chłodnica [xwɔdɲitsa]

Kühlwasser	płyn chłodniczy [pwin xwɔdnitʃi]
Kupplung	sprzęgło [spʃengwɔ]
Kupplungshebel	pedał sprzęgła [pedaw spʃengwa]
Kurzschluss	zwarcie [zvartɕe]
Lastwagen	samochód ciężarowy [samɔxut tɕẽw̃ʒarɔvi]
Lenker, Lenkrad	kierownica [cerɔvnitsa]
Lichtmaschine	alternator [alternatɔr]
Luftfilter	filtr powietrza [filtr pɔvjetʃa]
Mantel *(Reifen)*	płaszcz opony samochodowej [pwaʃtʃ ɔpɔni samɔxɔdɔvej]
Mietwagen	wynajęty samochód [vinajenti samɔxut]
Mofa	motorower [mɔtɔrɔover]
Moped	moped [mɔpɛt]
Motor	silnik [ɕilnik]
Motorrad	motocykl [mɔtɔtsikl]
Motorroller	skuter [skutɛr]
Nierengurt	pas biodrowy [paz bjɔdrɔvi]
Notrufsäule	telefon pierwszej pomocy na autostradzie [telefɔn pjerfʃej pɔmɔtsi na awtɔstradʒe]
Nummernschild	tablica rejestracyjna [tablitsa rejestratsijna]
Oktanzahl	liczba oktanowa [litʃba ɔktanɔva]
Öl	olej [ɔlej]
Ölwechsel	wymiana oleju [vimjana ɔleju]
Panne	awaria [avarja]
Pannendienst	pomoc drogowa [pɔmɔdz drɔgɔva]
Papiere	dokumenty [dɔkumenti]
Parkhaus	parking wielopoziomowy [parcing vjelɔpɔzɔmɔvi]

Parkplatz	parking [parciŋg]
Parkscheibe	tarcza zegarowa do parkowania na czas [tartʃa zɛgarɔva dɔ parkɔvaɲa na tʃas]
Parkuhr	zegar parkingowy [zɛgar parciŋgɔvi]
Pedal	pedał [pɛdaw]
Plattfuß	przebita opona [pʃɛbita ɔpɔna]
Promille	promil [prɔmil]
PS	KM [ka_ɛm]
Rad	koło [kɔwɔ]
Radarkontrolle	kontrola radarowa [kɔntrɔla radarɔva]
Radkreuz	klucz krzyżowy do koła [klutʃ kʃiʒɔvi dɔ kɔwa]
Raststätte	zajazd [zajast]
Reifen	opona [ɔpɔna]
Reserverad	koło zapasowe [kɔwɔ zapasɔvɛ]
Rücklicht	światło wsteczne [ɕvjatwɔ fstɛtʃnɛ]
Rückspiegel	lusterko wsteczne [lustɛrkɔ fstɛtʃnɛ]
Schalthebel	dźwignia zmiany biegów [dʑviɲa zmjani bjɛguf]
Scheibenwischer	wycieraczka samochodowa [vitɕɛratʃka samɔxɔdɔva]
Scheinwerfer	reflektor [rɛflɛktɔr]
Schiebedach	dach odsuwany [dax ɔtsuvani], szyberdach [ʃibɛrdax] *fam*
Schlauch *(Reifen)*	dętka [dɛntka]
Schraube	śruba [ɕruba]
Schraubenmutter	nakrętka [nakrɛntka], naśrubek [naɕrubɛk]
Schraubenschlüssel	klucz maszynowy [klutʃ maʃinɔvi]
Schraubenzieher	śrubokręt [ɕrubɔkrɛnt]

Sicherheitsgurt	pas bezpieczeństwa [paz bɛspjetʃɛnstva]
Sicherung	bezpiecznik [bɛspjetʃnik]
Speiche	szprycha [ʃprixa]
Standlicht	światła postojowe [ɕvjatwa pɔstɔjɔvɛ]
Starthilfekabel	kable rozruchowe [kablɛ rɔzruxovɛ]
Stau	korek [kɔrɛk]
Steckschlüssel	klucz nasadowy [klutʃ nasadɔvi]
Stoßdämpfer	amortyzator [amɔrtizatɔr]
Stoßstange	zderzak [zdɛʒak]
Straßenbenutzungs- **gebühr**	opłata drogowa [ɔpwata drɔgɔva]
Straßenkarte	mapa drogowa [mapa drɔgɔva]
Sturzhelm	hełm ochronny [xɛwm ɔxrɔnni]
Tachometer	szybkościomierz [ʃipkɔɕtɕɔmjeʃ]
Tank	bak [bak]
Tankstelle	stacja benzynowa [statsja bɛnzinɔva]
Teilkasko	częściowe ubezpieczenie autocasco [tʃɛ̃ɕtɕɔvɛ ubɛspjetʃɛɲɛ awtɔkaskɔ]
trampen	podróżować autostopem [pɔdruʒɔvatɕ awtɔstɔpɛm]
Tramper	autostopowicz [awtɔstɔpɔvitʃ]
Tretlager	łożysko osi pedałów [wɔʒiskɔ ɔɕi pɛdawuf]
überholen	wyprzedzać [vipʃedzatɕ]
Umleitung	objazd [ɔbjast]
Ventil	zawór [zavur]
Vergaser	gaźnik [gaʑnik]
Versicherungskarte, **grüne ~**	polisa ubezpieczeniowa, zielona karta [pɔlisa ubɛspjetʃɛɲɔva, ʑɛlɔna karta]
Verteiler	rozdzielacz [rɔzdʑɛlatʃ]

vierspurig	czteropasmowy [tʃterɔpasmɔvi]
Vollkasko	autocasco [awtɔkaskɔ]
Vorderlicht	światła przednie [ɕvjatwa pʃednɛ]
Wagenheber	lewarek do samochodu [levareg dɔ samɔxɔdu]
Warnblinker	światła awaryjne [ɕvjatwa avarijnɛ]
Warndreieck	trójkąt ostrzegawczy [trujkɔnt ɔstʃegaftʃi]
Wegweiser	drogowskaz [drɔgɔfskas]
Werkstatt	warsztat naprawczy [varʃtat napraftʃi]
Werkzeug	narzędzia [naʒendʑa]
Windschutzscheibe	przednia szyba w aucie [pʃednʲa ʃiba v awtɕe]
Winterreifen	opona zimowa [ɔpɔna zimɔva]
Wochenendpauschale	ryczałt weekendowy [ritʃawt wikendɔvi]
Zündkerze	świeca zapłonowa [ɕvjetsa zapwɔnɔva]
Zündschloss	stacyjka zapłonowa [statsijka zapwɔnɔva]
Zündschlüssel	kluczyk zapłonowy [klutʃik zapwɔnɔvi]
Zündung	zapłon [zapwɔn]
Zylinder	cylinder [tsilindɛr]
Zylinderkopf	głowica cylindra [gwɔvitsa tsilindra]

Flugzeug

Einen Flug buchen

Wann fliegt die nächste Maschine nach ...?
Kiedy odlatuje następny samolot do ...?
[cɛdi ɔdlatuje nastɛpnɨ samɔlɔt dɔ]

Ich möchte einen einfachen Flug/Hin- und Rückflug nach ... buchen.
Chciałbym *(m)*/Chciałabym *(f)* zarezerwować lot/lot w obie strony do ... [xt͡ɕawbim/xt͡ɕawabim zarezɛrvɔvat͡ɕ lɔt/lɔt v ɔbje strɔnɨ dɔ]

Sind noch Plätze frei?
Czy są jeszcze wolne miejsca? [t͡ʃɨ sɔw̃ jɛʃt͡ʃe vɔlne mjejst͡sa]

Was kostet der Flug Touristenklasse/1. Klasse?
Ile kosztuje lot w klasie turystycznej/w pierwszej klasie?
[ile kɔʃtuje lɔt f klaɕe turistɨt͡ʃnej/f pjerfʃej klaɕe]

Wie viel Gepäck ist frei?
Jaki jest bezpłatny limit bagażu? [jaci jɛzd bɛspwatnɨ limit bagaʒu]

Wann muss ich am Flughafen sein?
Kiedy muszę być na lotnisku? [cɛdi muʃɛ bɨt͡ɕ na lɔtɲisku]

Ich möchte diesen Flug stornieren/umbuchen.
Chciałbym *(m)*/chciałabym *(f)* anulować ten lot/zmienić rezerwację.
[xt͡ɕawbim/xt͡ɕawabim anulɔvat͡ɕ ten lɔt/zmjeɲit͡ɕ rezervat͡sje]

Ankunft

Ich finde mein Gepäck/meinen Koffer nicht.
Nie mogę znaleźć mojego bagażu/mojej walizki.
[ɲe mɔgɛ znalɛɕt͡ɕ mɔjegɔ bagaʒu/mɔjej valisci]

Mein Koffer ist beschädigt worden.
Moja walizka została uszkodzona. [mɔja valiska zɔstawa uʃkɔˈdzɔna]

An wen kann ich mich wenden?
Do kogo mogę się zwrócić? [dɔ‿kɔgɔ mɔgɛ ɕɛ zvruˈtɕitɕɛ]

Abflug	odlot [ɔdlɔt]
planmäßiger Abflug	planowy odlot [planɔvi ɔdlɔt]
Ankunft	przyjazd [pʃijast], przylot [pʃilɔt]
Ankunftszeit	czas przyjazdu/przylotu
	[tʃas pʃijazdu/pʃilɔtu]
Anschluss	dalsze połączenie [dalʃɛ pɔwɔntʃɛɲɛ]
Auslandsflug	lot zagraniczny [lɔt zagraɲitʃni]
Besatzung	załoga [zawɔga]
Bordkarte	karta pokładowa [karta pɔkwadɔva]
buchen	rezerwować [rezervɔvatɕ]
Businessclass	klasa biznes(owa) [klasa biznɛs(ɔva)]
Charterflug	lot czarterowy [lɔt tʃartɛrɔvi]
Check-in	odprawa [ɔtprava]
Direktflug	lot bezpośredni [lɔt bɛspɔɕrɛdɲi]
Economyclass	klasa ekonomiczna [klasa ɛkɔnɔmitʃna]
einchecken	odprawiać się przed odlotem
	[ɔtpravjatɕ ɕɛ pʃɛd ɔdlɔtɛm]
Fensterplatz	miejsce przy oknie [mjɛjstsɛ pʃi‿ɔknɛ]
Flug	lot [lɔt]
Fluggesellschaft	linie lotnicze pl [liɲjɛ lɔtɲitʃɛ]
Flughafen	lotnisko [lɔtɲiskɔ]
Flughafenbus	autobus lotniskowy
	[awtɔbus lɔtɲiskɔvi]
Flughafengebühr	opłata lotniskowa [ɔpwata lɔtɲiskɔva]
Flugplan	rozkład lotów [rɔskwat lɔtuf]
Flugschein	bilet lotniczy [bilɛt lɔtɲitʃi]

Flugsteig	wyjście do samolotu [vijɕtɕɛ dɔ samɔlɔtu]
Flugzeug	samolot [samɔlɔt]
Gang *(im Flugzeug)*	przejście [pʃejɕtɕɛ]
Gepäck	bagaż [bagaʃ]
Gepäckabfertigung	odprawa bagażowa [ɔtprava bagaʒɔva]
Gepäckausgabe	wydawanie bagażu [vidavaɲɛ bagaʒu]
Gepäckwagen	wózek bagażowy [vuzɛg bagaʒɔvi]
Handgepäck	bagaż podręczny [bagaʃ pɔdrentʃni]
Inlandsflug	lot krajowy [lɔt krajɔvi]
landen	lądować [lɔndɔvatɕ]
Last-Minute-Flug	lot last minute [lɔt last minit]
Linienflug	lot liniowy [lɔt liɲɔvi]
Luftsicherheitsgebühr	opłata za bezpieczeństwo lotu [ɔpwata za bɛspjetʃɛɲstfɔ lɔtu]
Nichtraucher	dla niepalących [dla ɲɛpalɔntsix]
Notausgang	wyjście awaryjne [vijɕtɕɛ avarijnɛ]
Notlandung	lądowanie awaryjne [lɔndɔvaɲɛ avarijnɛ]
Notrutsche	trap awaryjny [trap avarijni]
Passagier	pasażer [pasaʒɛr]
Raucher	dla palących [dla palɔntsix]
Reiseziel	cel podróży [tsɛl pɔdruʒi]
Schalter	okienko [ɔcɛnkɔ]
Schwimmweste	kamizelka ratunkowa [kamizɛlka ratunkɔva]
Sicherheitsgurt	pas bezpieczeństwa [paz bɛspjetʃɛɲstva]
Sicherheitskontrolle	kontrola bezpieczeństwa [kɔntrɔla bɛspjetʃɛɲstfa]
Steward/ess	steward/esa [stjuart/stjuardɛsa]

stornieren	anulować [anulɔvat͡ɕ]
umbuchen	zmienić rezerwację [zmjenit͡ɕ rezervatsje]
Verspätung	opóźnienie [ɔpuʑɲɛɲɛ]
zollfreier Laden	sklep wolnocłowy [sklep vɔlnɔt͡swɔvi]
Zwischenlandung	międzylądowanie [mjɛnd͡zɨlɔndɔvaɲɛ]

Eisenbahn

Fahrkarten kaufen

Eine einfache Fahrt 2. Klasse/1. Klasse nach ..., bitte.
Proszę bilet drugiej klasy/pierwszej klasy do ...
[prɔʃɛ bilet druɡjej klasi/pjerfʃej klasi dɔ]

Zweimal ... hin und zurück, bitte.
Proszę dwa razy powrotny do ...
[prɔʃɛ dva razɨ pɔvrɔtni dɔ]

Gibt es eine Ermäßigung für Kinder/kinderreiche Familien/ Studenten?
Czy jest też zniżka dla dzieci/rodzin wielodzietnych/studentów?
[t͡ʃɨ jest teʒ zɲiʃka dla d͡ʑet͡ɕi/rɔd͡ʑin vjelɔd͡ʑetnix/studentuf]

Bitte eine Platzkarte für den Zug um ... Uhr nach ...
Proszę miejscówkę na pociąg o godzinie ... do ...
[prɔʃɛ mjejst͡sufkɛ na pɔt͡ɕɔŋk ɔ ɡɔd͡ʑiɲɛ ... dɔ]

Einen Fensterplatz?
Miejsce przy oknie?
[mjejst͡sɛ pʃɨ ɔkɲɛ]

Ich möchte einen Liegewagenplatz/Schlafwagenplatz für den Zug um 20 Uhr nach ...
Chciałbym *(m)*/Chciałabym *(f)* zarezerwować kuszetkę/miejsce w wagonie sypialnym na pociąg o godzinie dwudziestej do ...
[xtɕawbim/xtɕawabim zarezervɔvatɕ kuʃetkɛ/mjejstse v vagɔɲɛ sipjalnim na pɔtɕɔ̃ŋk ɔ gɔdʑinɛ dvudʑestej dɔ]

Im Bahnhof

Ich möchte diesen Koffer als Reisegepäck aufgeben.
Chciałbym *(m)*/Chciałabym *(f)* nadać tę walizkę na bagaż.
[xtɕawbim/xtɕawabim nadatɕ tɛ valiskɛ na bagaʃ]

Hat der Zug aus ... Verspätung?
Czy pociąg z ... ma opóźnienie? [tʃi pɔtɕɔ̃ŋg z ... ma ɔpuʑɲɛɲɛ]

Habe ich in ... Anschluss nach .../an die Fähre?
Czy mam w ... połączenie do .../na prom?
[tʃi mam v ... pɔwɔntʃɛɲɛ dɔ .../na prɔm]

(Wo) Muss ich umsteigen?
(Gdzie) Muszę się przesiadać? [(gdʑe) muʃɛ ɕe pʃeɕadatɕ]

Von welchem Gleis fährt der Zug nach ... ab?
Z którego toru odjeżdża pociąg do ...?
[s kturegɔ tɔru ɔdjeʒdʒa pɔtɕɔ̃ŋg dɔ]

Hinweise und Informationen

Centrum	**Zentrum**
Dla palących	**Raucher**
Dla niepalących	**Nichtraucher**
Dworzec	**Bahnhof**

Hamulec bezpieczeństwa	**Notbremse**
Informacja	**Auskunft**
Objazd	**Umleitung**
Odjazd	**Abfahrt**
Palenie wzbronione	**Rauchen nicht gestattet**
Przyjazd	**Ankunft**
Poczekalnia	**Wartesaal**
Postój taksówek	**Taxistand**
Rozkład jazdy	**Fahrplan**
Wagon sypialny	**Schlafwagen**
Wagon z miejscami do leżenia	**Liegewagen**
Wejście	**Eingang**
Wyjście	**Ausgang**
Woln-e/-y/-a	**frei**
Woda niezdatna do picia	**kein Trinkwasser**
Zajęte	**besetzt**
Zawiadowca stacji	**Stationsvorsteher**

Im Zug

Verzeihung, ist dieser Platz noch frei?
Przepraszam, czy to miejsce jest wolne?
[pʃepraʃam, tʃɨ tɔ mjejstsɛ jezd vɔlnɛ]

Können Sie mir bitte helfen?
Czy może mi pan *(m)*/pani *(f)* pomóc?
[tʃɨ mɔʒɛ mi pan/paɲi pɔmuts]

Darf ich das Fenster öffnen/schließen?
Czy mogę otworzyć/zamknąć okno?
[tʃɨ mɔgɛ ɔtfɔʒitɕ/zamknɔ̃tɕ ɔknɔ]

Entschuldigen Sie, bitte. Dies ist ein Nichtraucherabteil.
Przepraszam, to jest przedział dla niepalących.
[pʃɛpraʃam, tɔ jest pʃɛd͜zaw dla ɲepalɔntsix]

Entschuldigen Sie, das ist mein Platz. Ich habe eine Platzkarte.
Przepraszam, to jest moje miejsce. Mam miejscówkę.
[pʃɛpraʃam, tɔ jest mɔje mjejstse mam mjejstsufkɛ]

Die Fahrkarten, bitte.
Bilety poproszę. [bileti pɔprɔʃɛ]

Ist noch jemand zugestiegen?
Czy ktoś się dosiadł? [t͜ʃi ktɔɕ ɕe dɔɕadw]

Wie lange haben wir hier Aufenthalt?
Jak długo potrwa tutaj postój? [jag dwugɔ pɔtrfa tutaj pɔstuj]

Abfahrt	odjazd [ɔdjast]
Abfahrtszeit	czas odjazdu [t͜ʃas ɔdjazdu]
Abteil	przedział [pʃɛd͜zaw]
ankommen	przyjechać [pʃijexat͜ɕ],
	przybyć [pʃibit͜ɕ]
Aufenthalt	pobyt [pɔbit]
aussteigen	wysiadać [viɕadat͜ɕ]
Autoreisezug	pociąg z wagonami na samochody
	[pɔt͜ɕɔŋg z vagonami na samɔxɔdi]
Bahnhof	dworzec [dvɔʒets]
Bahnhofsrestaurant	restauracja dworcowa
	[restawrat͜sja dvɔrtsɔva]
besetzt	zajęte [zajentɛ]
D-Zug	pociąg dalekobieżny
	[pɔt͜ɕɔŋg dalekɔbjeʒni]
EC (Eurocity)	EC (Eurocity) [ɛtsɛ (ɛwrɔsiti)]
Eilzug	pociąg przyspieszony
	[pɔt͜ɕɔŋk pʃispjeʃɔni]

einsteigen	wsiadać [fɕadaɕ]
Eisenbahn	kolej [kɔlej]
Ermäßigung	zniżka [zniʃka]
Fahrkarte	bilet [bilet]
Fahrkartenkontrolle	kontrola biletów [kɔntrɔla biletuf]
Fahrkartenschalter	kasa biletowa [kasa biletɔva]
Fahrplan	rozkład jazdy [rɔskwad jazdi]
Fahrpreis	koszt przejazdu [kɔʃt pʃejazdu]
Fensterplatz	miejsce przy oknie [mjejstse pʃi‿ɔkɲe]
frei	wolne [vɔlne]
Gang	korytarz [kɔritaʃ]
Gepäck	bagaż [bagaʃ]
Gepäckaufbewahrung	przechowalnia bagażu [pʃexɔvalɲa bagaʒu]
Gepäckschalter	okienko odprawy bagażowej [ɔɕɛnkɔ ɔtpravi bagaʒɔvej]
Gepäckschein	kwit bagażowy [kfid bagaʒɔvi]
Gepäckträger	bagażowy [bagaʒɔvi]
Gepäckwagen	wózek na bagaż [vuzek na‿bagaʃ]
Gleis	tor [tɔr]
Großraumwagen	wagon bez przedziałów [vagɔn bes‿pʃedʑawuf]
Hauptbahnhof	dworzec główny [dvɔʒɛdz gwuvni]
IC (Intercity)	IC (Intercity) [intersiti]
Interrail	Interrail [interrejl]
Kinderfahrkarte	bilet dla dziecka [bilet dla‿dʑɛtska]
Kurswagen	wagon bezpośredni [vagɔn bespɔɕredɲi]
Liegewagenkarte	bilet na kuszetkę [bilet na‿kuʃetke]
nachlösen	dokupić [dɔkupiɕ]
Nichtraucherabteil	przedział dla niepalących [pʃedʑaw dla‿ɲepalɔntsix]

Notbremse	hamulec bezpieczeństwa [xamuleʣ bespjetʃeŋstfa]
Platzkarte	miejscówka [mjejstsufka]
Raucherabteil	przedział dla palących [pʃeʣaw dla palɔntsix]
Reservierung	rezerwacja [rezervatsja]
Rückfahrkarte	bilet powrotny [bilet pɔvrɔtni]
Sammelfahrschein	bilet zbiorowy [bilet zbjɔrɔvi]
Schlafwagenkarte	bilet na wagon sypialny [bilet na vagɔn sipjalni]
Schließfach	skrytka na bagaż [skritka na bagaʃ]
Schnellzug	pociąg pospieszny [pɔt͡ɕɔŋk pɔspjeʃni]
Speisewagen	wagon restauracyjny [vagɔn restawratsijni]
Toilette	toaleta [tɔaleta]
Wagennummer	numer wagonu [numer vagɔnu]
Wartesaal	poczekalnia [pɔt͡ʃekalna]
Waschraum	umywalnia [umivalna]
Zug	pociąg [pɔt͡ɕɔŋk]
Zuschlag	dopłata [dɔpwata]
zuschlagpflichtig	obowiązkowa dopłata [ɔbɔvjɔ̃w̃skɔva dɔpwata]

Schiff

Auskunft

Welche ist die beste Schiffsverbindung nach ...?
Jakie jest najlepsze połączenie statkiem do ...?
[jace jest najlepʃe pɔwɔnt͡ʃene statcem dɔ]

Wann fährt das nächste Schiff/die nächste Fähre nach ... ab?
Kiedy odpływa następny statek/prom do ...?
[cɛdi ɔtpwiva nastɛmpni statɛk/prɔm dɔ]

Wann legen wir in ... an?
Kiedy przypłyniemy do ...? [cɛdi pʃipwiɲɛmi dɔ]

Wie lange haben wir Aufenthalt in ...?
Jak długo potrwa postój w ...? [jag dwugɔ pɔtrfa pɔstuj v]

Ich möchte eine Schiffskarte nach ...
Poproszę bilet na statek do ... [pɔprɔʃɛ bilɛt na statɛg dɔ]

Ich möchte eine Karte für die Rundfahrt um ... Uhr.
Poproszę bilet na wycieczkę o godzinie ....
[pɔprɔʃɛ bilɛt na vit͡ɕɛt͡ʃkɛ ɔ gɔd͡ʑiɲɛ ...]

anlaufen	zawinąć [zaviˈnɔɲt͡ɕ]
anlegen in	przypłynąć/przybić do [pʃipwiˈnɔɲt͡ɕ/pʃibit͡ɕ dɔ]
auslaufen	wypłynąć [vipwiˈnɔɲt͡ɕ]
ausschiffen	opuścić statek [ɔpuɕt͡ɕit͡ɕ statɛk]
Buchung	rezerwacja [rɛzɛrvat͡sja]
Dampfer	parowiec [parɔvjɛt͡s]
Deck	pokład [pɔkwat]
einschiffen	zaokrętować [zaɔkrɛntɔvat͡ɕ]
Fähre	prom [prɔm]
Autofähre	prom samochodowy [prɔm samɔxɔdɔvi]
Eisenbahnfähre	prom kolejowy [prɔm kɔlɛjɔvi]
Fahrkarte	bilet [bilɛt]
Hafen	port [pɔrt]
Hafengebühr	opłata portowa [ɔpwata pɔrtɔva]
Jacht	jacht [jaxt]
Kabine	kabina [kabina]

Kai	nabrzeże [nabʒɛʒɛ]
Kajüte	kajuta [kajuta]
Kreuzfahrt	rejs statkiem po morzu [rɛjs statcɛm pɔ‿mɔʒu]
Kurs	kurs [kurs]
Küste	wybrzeże [vibʒɛʒɛ], brzeg [bʒɛk]
Landausflug	wycieczka na ląd [vitɕɛt∫ka na‿lɔnt]
Landesteg	miejsce zacumowania statku [mjɛjstsɛ zatsumɔvaɲa statku]
Leuchtturm	latarnia morska [lataɾɲa mɔrska]
Luftkissenboot	poduszkowiec [pɔdu∫kɔvjɛts]
Motorboot	motorówka [mɔtɔrufka]
Passagier	pasażer [pasaʒɛr]
Promenadendeck	pokład spacerowy [pɔkwat spatsɛrɔvi]
Rettungsboot	łódź ratunkowa [wutɕ ratunkɔva]
Rettungsring	koło ratunkowe [kɔwɔ ratunkɔvɛ]
Ruderboot	łódź z wiosłami [wutɕ z‿vjɔswami]
Rundfahrt	wycieczka (statkiem) [vitɕɛt∫ka (statcɛm)]
Schwimmweste	kamizelka ratunkowa [kamizɛlka ratunkɔva]
Seegang	fala [fala]
seekrank	cierpiący na chorobę morską [tɕɛrpjɔntsi na‿xɔrɔbɛ mɔrskɔ̃w]
Segelboot	żaglówka [ʒaglufka]
Sonnendeck	pokład dla opalających się [pɔkwad dla ɔpalajɔntsix‿ɕɛ]
Steward	steward [stjuart]
Tragflächenboot	wodolot [vɔdɔlɔt]
Überfahrt	przeprawa [p∫ɛprava]
Ufer	brzeg [bʒɛk]
Verbindung	połączenie [pɔwɔnt∫ɛɲɛ]

Welle	fala [fala]
Zwischendeck	międzypokład [mjɛnd͡ʑipɔkwat]

Nahverkehrsmittel

Bitte, wo ist die nächste ...-Haltestelle?
Przepraszam, gdzie tu jest najbliższy przystanek ...?
[pʃɛpraʃam, gd͡ʑe tu jɛst najbliʃʃi pʃistanɛk]

Bus
autobusowy [awtɔbusɔvi]

Obus
trolejbusowy [trɔlɛjbusɔvi]

Straßenbahn
tramwajowy [tramvajɔvi]

S-Bahn
kolejki miejskiej [kɔlɛjci mjɛjscɛj]

U-Bahn
metra [mɛtra]

Welcher Bus/Welche Straßenbahn fährt nach ...?
Który autobus/Który tramwaj jedzie do ...?
[kturi awtɔbus/kturi tramvaj jɛd͡ʑe dɔ]

Wann/Wo fährt der Bus ab?
Kiedy/Gdzie odjeżdża autobus?
[cɛdi/gd͡ʑe ɔdjɛʒd͡ʒa awtɔbus]

In welche Richtung muss ich fahren?
W którym kierunku muszę jechać?
[f kturim cɛrunku muʃɛ jexat͡ɕ]

Wie viele Haltestellen sind es?
Ile to jest przystanków?
[ile tɔ jest pʃistankuf]

Wo muss ich aussteigen/umsteigen?
Gdzie muszę wysiąść/się przesiąść?
[gdʑe muʃe viɕɔw̃ɕtɕ/ɕe pʃeɕɔw̃ɕtɕ]

Geben Sie mir bitte Bescheid, wenn ich aussteigen muss.
Proszę mi powiedzieć, kiedy muszę wysiąść.
[prɔʃe mi pɔvjedʑetɕ, ɕedi muʃe viɕɔw̃ɕtɕ]

Ist dies der richtige Bus nach ...?
Czy to jest autobus do ...?
[tʃi tɔ jest awtɔbus dɔ]

Wann fährt die erste/letzte U-Bahn nach ...?
Kiedy jedzie pierwsze/ostatnie metro do ...?
[ɕedi jedʑe pjerfʃe/ɔstatɲe metrɔ dɔ]

Wo kann ich den Fahrschein kaufen?
Gdzie mogę kupić bilet?
[gdʑe mɔge kupitɕ bilet]

Bitte, einen Fahrschein nach ...
Poproszę bilet do ...
[pɔprɔʃe biled dɔ]

Abfahrt	odjazd [ɔdjast]
aussteigen	wysiadać [viɕadatɕ]
Bus	autobus [awtɔbus]
Busbahnhof	dworzec autobusowy
	[dvɔʒets awtɔbusɔvi]
einsteigen	wsiadać [fɕadatɕ]
Endstation	stacja końcowa [statsja kɔɲtsɔva]
entwerten	skasować [skasɔvatɕ]

Fahrer/in	kierowca [cɛrɔftsa]
Fahrkartenautomat	automat biletowy [awtɔmad bilɛtɔvi]
Fahrplan	rozkład jazdy [rɔskwad jazdɨ]
Fahrpreis	koszt przejazdu [kɔʃt pʃɛjazdu]
Fahrschein	bilet [bilɛt]
Fahrscheinentwerter	kasownik [kasɔvnik]
halten	zatrzymywać (się) [zatʃimɨvatɕ(ɕɛ)]
Haltestelle	przystanek [pʃistanɛk]
Kontrolleur	kontroler [kɔntrɔlɛr]
lösen *(Fahrschein)*	kupić bilet [kupitɕ bilɛt]
Mehrfahrtenkarte	bilet wielokrotnego przejazdu [bilɛt vjɛlɔkrɔtnɛɡɔ pʃɛjazdu]
Nahverkehrszug	pociąg podmiejski [pɔtɕɔŋk pɔdmjɛjsci]
Netzkarte	bilet sieciowy [bilɛt ɕɛtɕɔvi]; sieciówka *fam* [ɕɛtɕufka]
Obus	trolejbus [trɔlɛjbus]
Richtung	kierunek [cjɛrunɛk]
S-Bahn	kolej miejska [kɔlɛj mjɛjska]
Schaffner	konduktor [kɔnduktɔr]
Straßenbahn	tramwaj [tramvaj]
Tageskarte	bilet całodzienny [bilɛt tsawɔdʑɛnni]
U-Bahn	metro [mɛtrɔ]
Wochenkarte	bilet tygodniowy [bilɛt tigɔdɲɔvi]
Zahnradbahn	kolejka zębata [kɔlɛjka zɛmbata]
Zeitkarte	bilet z ograniczeniem czasowym [bilɛd z ɔɡraɲitʃɛɲɛm tʃasɔvim]

Taxi

Wo ist der nächste Taxistand?
Gdzie jest najbliższy postój taksówek?
[gdʑe jest najbliʃʃi pɔstuj taksuvɛk]

Zum Bahnhof.
Na dworzec. [na dvɔʒɛts]

Zum ...-Hotel.
Do hotelu ... [dɔ xɔtɛlu]

In die ...-Straße.
Na ulicę ... [na ulitsɛ]

Nach ..., bitte.
Poproszę do ... [pɔprɔʃɛ dɔ]

Wie viel kostet es nach ...?
Ile kosztuje kurs do ...? [ile kɔʃtuje kurs dɔ]

Halten Sie bitte hier.
Proszę się tutaj zatrzymać. [prɔʃɛ ɕe tutaj zatʃimatɕ]

Das ist für Sie.
To dla pana *(m)*/pani *(f)*. [tɔ dla pana/paɲi]

halten	zatrzymywać (się) [zatʃimivatɕ (ɕe)]
Hausnummer	numer domu [numɛr dɔmu]
Kilometerpreis	cena za kilometr [tsɛna za cilɔmɛtr]
Pauschalpreis	cena umowna [tsɛna umɔvna]
Quittung	pokwitowanie [pɔkfitɔvaɲe]
Stadtrundfahrt	wycieczka po mieście [vitɕetʃka pɔ mjeɕtɕe]
Taxifahrer/in	taksówkarz [taksufkaʃ]
Taxistand	postój taksówek [pɔstuj taksuvɛk]
Trinkgeld	napiwek [napivɛk]

Übernachten

Hotel – Pension – Privatzimmer

Auskunft

Können Sie mir bitte ... empfehlen?
Może mi pan *(m)*/pani *(f)* polecić ...? [mɔʒɛ mi pan/paɲi pɔleʨiʨ]

ein gutes Hotel
dobry hotel [dɔbrɨ xɔtɛl]

ein einfaches Hotel
zwykły hotel [zvɨkwɨ xɔtɛl]

eine Pension
pensjonat [pɛnsjɔnat]

ein Privatzimmer
pokój prywatny [pɔkuj prɨvatnɨ]

Ist es zentral/ruhig/in Strandnähe gelegen?
Czy jest on położony centralnie/zacisznie/w pobliżu plaży? [tʃɨ jest ɔn pɔwɔʒɔnɨ tsentralɲɛ/zatɕiʃɲɛ/f pɔbliʒu plaʒɨ]

Gibt es hier auch ...
Czy jest tutaj ... [tʃɨ jest tutaj]

einen Campingplatz?
kemping? [kɛmpiŋk]

eine Jugendherberge?
schronisko młodzieżowe? [sxrɔɲiskɔ mwɔʥɛʒɔvɛ]

An der Rezeption

Ich habe ein Zimmer reserviert. Mein Name ist ...
Zarezerwował-em *(m)*/am *(f)* u Państwa pokój. Moje nazwisko ...
[zarɛzɛrvɔvaw-ɛm/wam u paɲstfa pɔkuj. mɔjɛ nazviskɔ]

Wir haben reserviert.
Mamy rezerwację. [mami rezɛrvatsjɛ]

Haben Sie noch ... ein Zimmer frei?
Czy ma pan *(m)*/pani *(f)* jeszcze wolny pokój ...?
[t͡ʃi ma pan/paɲi jɛʃt͡ʃɛ vɔlnɨ pɔkuj]

... für eine Nacht
na jedną noc. [na jɛdnɔ̃ nɔt͡s]

... für zwei Tage
na dwa dni. [na dva dɲi]

... für eine Woche
na tydzień. [na tɨd͡zɛɲ]

Haben Sie Familienzimmer?
Czy ma pan *(m)*/pani *(f)* pokój rodzinny?
[t͡ʃi ma pan/paɲi pɔkuj rɔd͡ziɲɲi]

Nein, leider nicht.
Niestety, nie. [ɲɛstɛti ɲɛ]

Ja, was für ein Zimmer wünschen Sie?
Tak, jaki pokój pan *(m)*/pani *(f)* sobie życzy?
[tak, jaci pɔkuj pan/paɲi sɔbjɛ ʒɨt͡ʃi]

Ich hätte gern ...
Proszę ... [prɔʃɛ]

ein Einzelzimmer
pokój jednoosobowy [pɔkuj jɛdnɔɔsɔbɔvi]

ein Doppelzimmer
pokój dwuosobowy [pɔkuj dvuɔsɔbɔvi]

ein ruhiges Zimmer
zaciszny pokój [zat͡ɕiʃni pɔkuj]

mit Dusche
z prysznicem [s_priʃɲitsɛm]

mit Bad
z łazienką [z_waʑɛŋkɔ̃w]

mit Balkon/Terrasse
z balkonem/tarasem [z_balkɔnɛm/tarasɛm]

Kann ich das Zimmer ansehen?
Mogę obejrzeć ten pokój? [mɔgɛ ɔbejʒɛtɕ tɛn pɔkuj]

Kann ich bitte noch ein anderes sehen?
Mogę zobaczyć jeszcze jakiś inny? [mɔgɛ zɔbatʃitɕ jɛʃtʃɛ jaɕ inni]

Dieses Zimmer nehme ich.
Wezmę ten pokój. [vɛzmɛ tɛn pɔkuj]

**Könnten Sie bitte noch ein drittes Bett/ein Kinderbett
dazustellen?**
Czy mogliby państwo *(pl)* dostawić trzecie łóżko/łóżeczko dla
dziecka?
[tʃi mɔglibi pãjstfɔ dɔstavitɕ tʃɛtɕɛ wuʃkɔ/wuʒɛtʃkɔ dla_dʑɛtska]

Was kostet das Zimmer mit ..., bitte?
Ile kosztuje pokój ... [ilɛ kɔʃtuje pɔkuj]

Frühstück
ze śniadaniem? [zɛ_ɕɲadaɲɛm]

Halbpension
ze śniadaniem i kolacją? [zɛ_ɕɲadaɲɛm i kɔlatsjɔ̃w]

Vollpension
z pełnym wyżywieniem? [s_pɛwnim viʑivjɛɲɛm]

Könnten Sie bitte mein Gepäck auf das Zimmer bringen?
Proszę zanieść mój bagaż do pokoju.
[prɔʃɛ zaɲɛɕtɕ muj bagaʒ dɔ_pɔkɔju]

Wo kann ich den Wagen abstellen?
Gdzie mogę zaparkować samochód?
[gdʑe mɔgɛ zaparkɔvatɕ samɔxut]

In unserer Garage.
W naszym garażu. [v‿naʃim garaʒu]

Auf unserem Parkplatz.
Na naszym parkingu. [na‿naʃim parciŋgu]

Fragen und Bitten

Ab wann gibt es Frühstück?
Od której jest śniadanie? [ɔt‿kturej jest ɕnadaɲe]

Wann sind die Essenszeiten?
Jakie są pory posiłków? [jace sɔ̃w pɔri pɔɕiwkuf]

Wo ist der Speisesaal?
Gdzie jest jadalnia? [gdʑe jest jadalɲa]

Wo ist der Frühstücksraum?
Gdzie jest sala śniadaniowa? [gdʑe jest sala ɕnadaɲɔva]

Könnten Sie mich bitte morgen früh um 7 Uhr wecken?
Proszę obudzić mnie jutro rano o 7.
[prɔʃe ɔbudʑitɕ mɲe jutrɔ ranɔ ɔ‿ɕudmej]

Würden Sie mir bitte ... bringen?
Przyniósłby mi pan *(m)*/Przyniosłaby mi pani *(f)* ...
[pʃiɲuswbi mi pan/pʃiɲɔswabi mi paɲi]

ein Badetuch
ręcznik kąpielowy? [rɛntʃɲik kɔmpjelɔvi]

noch eine Decke
jeszcze jeden koc? [jeʃtʃe jeden kɔts]

Wie funktioniert ...?
Jak działa ...? [jak dʑawa]

Zimmernummer 24, bitte!
Pokój numer 24, proszę. [pɔkuj numer dvadʑɛɕtɕa tʃteri, prɔʃɛ]

Wo kann ich ...
Gdzie mogę ... [gdʑe mɔgɛ]

hier etwas trinken?
się tutaj czegoś napić? [ɕɛ tutaj tʃɛgɔɕ napitɕ]

ein Auto mieten?
wypożyczyć samochód? [vɨpɔʒɨtʃɨtɕ samɔxut]

hier telefonieren?
stąd zadzwonić? [stɔnd zadzvɔɲitɕ]

Wo kann ich ins Internet gehen?
Gdzie mogę skorzystać z internetu?
[gdʑe mɔgɛ skɔʒɨstadʑ z internetu]

Kann ich meine Wertsachen bei Ihnen in den Safe geben?
Czy mogę zdeponować moje rzeczy wartościowe u państwa w sejfie?
[tʃɨ mɔgɛ zdepɔnɔvatɕ mɔje ʒetʃɨ vartɔɕtɕɔvɛ u paɲstfa f sejfje]

Kann ich mein Gepäck hier lassen?
Czy mogę zostawić tutaj mój bagaż?
[tʃɨ mɔgɛ zɔstavitɕ tutaj muj bagaʃ]

Beanstandungen

Das Zimmer ist heute nicht geputzt worden.
Pokój nie został dzisiaj sprzątnięty.
[pɔkuj ɲe zɔstaw dʑiɕaj spʃɔntɲenti]

Die Klimaanlage funktioniert nicht.
Klimatyzacja nie działa. [klimatɨzatsja ɲe dʑawa]

Der Wasserhahn tropft.
Kran cieknie. [kran t͡ɕɛcɲɛ]

Es kommt kein (warmes) Wasser.
Nie leci (ciepła) woda. [ɲɛ lɛt͡ɕi (t͡ɕɛpwa) vɔda]

Die Toilette/Das Waschbecken ist verstopft.
Toaleta/Umywalka jest zapchana.
[tɔalɛta/umivalka jɛzd zapxana]

Ich hätte gern ein anderes Zimmer.
Chciałbym (m)/Chciałabym (f) inny pokój.
[xt͡ɕawbim/xt͡ɕawabim inni pɔkuj]

Abreise

Ich reise heute Abend/morgen um … Uhr ab.
Wyjeżdżam dzisiaj wieczorem/jutro o godzinie …
[vijɛʒd͡ʒam d͡ʑiɕaj vjɛt͡ʃɔrɛm/jutrɔ ɔ gɔd͡ʑinɛ]

Könnten Sie bitte die Rechnung fertig machen?
Czy mógłby pan (m)/mogłaby pani (f) przygotować rachunek?
[t͡ʃi mugwbi pan/mɔgwabi paɲi pʃigɔtɔvat͡ɕ raxunɛk]

Nehmen Sie Kreditkarten?
Czy przyjmujecie państwo karty kredytowe?
[t͡ʃi pʃijmujɛt͡ɕɛ paɲstfɔ karti krɛditɔvɛ]

Könnten Sie mir bitte ein Taxi rufen?
Czy mógłby pan (m)/mogłaby pani (f) zamówić mi taksówkę?
[t͡ʃi mugwbi pan/mɔgwabi paɲi zamuvit͡ɕ mi taksufkɛ]

Vielen Dank für alles! Auf Wiedersehen!
Bardzo dziękuję za wszystko! Do widzenia!
[bardzɔ d͡ʑɛŋkuje za fʃistkɔ. dɔ vidzɛɲa]

anzahlen	wpłacić zaliczkę [fpwatɕidʑ zalitʃkɛ]
Anzahlung	zaliczka [zalitʃka]
erlauben; Haustiere (nicht)	zezwalać [zezvalatɕ];
erlaubt	zwierzęta (nie)dozwolone
	[zvjɛʐɛnta (ɲɛ)dɔzvɔlɔnɛ]
Ferienwohnung	apartament wakacyjny
	[apartamɛnd vakatsijni]
Fremdenzimmer	kwatera prywatna [kfatɛra prɨvatna]
Hotel	hotel [xɔtɛl]
inklusive	wliczony w cenę [vlitʃɔni f ʦɛnɛ]
Kosten	koszty [kɔʃti]
Nebenkosten	koszty dodatkowe [kɔʃti dɔdatkɔvɛ]
Unkosten	wydatki [vidatci], koszty [kɔʃti]

Camping

Haben Sie noch Platz für einen Wohnwagen/ein Zelt?
Czy ma pan (m)/pani (f) jeszcze miejsce na jedną przyczepę
kempingową/jeden namiot?
[tʃi ma pan/paɲi jeʃtʃe mjejstsɛ na jednɔ̃w pʃitʃepɛ kempiŋgɔvɔ̃w/jeden
namjɔt]

Wie hoch ist die Gebühr pro Tag und Person?
Ile wynosi opłata za osobodzień? [ilɛ vinɔɕi ɔpwata za ɔsɔbɔdʑɛɲ]

Wie hoch ist die Gebühr …
Ile wynosi opłata … [ilɛ vinɔɕi ɔpwata]

für das Auto?
za samochód? [za samɔxut]

für den Wohnwagen?
za przyczepę kempingową? [za pʃitʃepɛ kempiŋgɔvɔ̃w]

für das Wohnmobil?
za samochód kempingowy? [za‿samɔxut kɛmpiŋɡɔvi]

für das Zelt?
za namiot? [za‿namjɔt]

Vermieten Sie stationäre Wohnwagen?
Czy wynajmuje pan *(m)*/pani *(f)* stacjonarne przyczepy kempingowe?
[tʃi vinajmuje pan/paɲi statsjɔnarnɛ pʃitʃepi kɛmpiŋɡɔvɛ]

Wir bleiben ... Tage/Wochen.
Zostaniemy ... dni/tygodnie. [zɔstaɲɛmi… dɲi/tiɡɔdɲɛ]

Wo sind ...
Gdzie są ... [ɡd͡ʑe sɔ̃w]

   die Toiletten?
   toalety? [tɔalɛti]

   die Waschräume?
   umywalnie? [umivalɲɛ]

   die Duschen?
   prysznice? [priʃɲitsɛ]

Gibt es hier Stromanschluss?
Czy jest tu przyłączenie do sieci elektrycznej?
[tʃi jest tu pʃiwɔntʃɛɲɛ dɔ‿ɕetɕi elɛktritʃnej]

Wo kann ich Gasflaschen umtauschen?
Gdzie mogę wymienić butle gazowe?
[ɡd͡ʑe mɔɡe vimjɛɲitɕ butlɛ ɡazɔvɛ]

Ist der Campingplatz bei Nacht bewacht?
Czy to pole kempingowe jest w nocy strzeżone?
[tʃi tɔ pɔlɛ kɛmpiŋɡɔvɛ jezd v‿nɔtsi stʃeʒɔnɛ]

Camping	kemping [kɛmpiŋk]
Campingausweis	wejściówka na kemping [vejɕtɕufka na kɛmpiŋk]
Campingführer	przewodnik po kempingach [pʃevɔdnik pɔ kɛmpiŋgax]
Campingplatz	pole kempingowe [pɔlɛ kɛmpiŋgɔvɛ]
Gasflasche	butla gazowa [butla gazɔva]
Gaskartusche	jednorazowa butla gazowa [jednɔrazɔva butla gazɔva]
Gaskocher	kocher gazowy [kɔxer gazɔvi]
Geschirrspülbecken	zlewozmywak [zlevɔzmivak]
Hammer	młotek [mwɔtek]
Hering	śledź [ɕletɕ], kołek do namiotu [kɔwɛk dɔ namjɔtu]
Kocher	kocher [kɔxer], kuchenka [kuxenka]
Petroleumlampe	lampa naftowa [lampa naftɔva]
Propangas	gaz propanowy [gas prɔpanɔvi]
Steckdose	gniazdko (wtykowe) [gnastkɔ (ftikɔvɛ)]
Stecker	wtyczka [ftiʃka]
Strom	prąd [prɔnt]
Stromanschluss	przyłączenie do sieci elektrycznej [pʃiwɔntʃɛɲe dɔ ɕetɕi elektritʃnej]
Trinkwasser	woda pitna [vɔda pitna]
Voranmeldung	uprzednie zgłoszenie [upʃedɲe zgwɔʃeɲe]
Waschraum	umywalnia [umivalɲa]
Wäschetrockner	suszarka do bielizny [suʃarka dɔ bjelizni]
Wasser	woda [vɔda]
Wasserkanister	kanister na wodę [kaɲister na vɔdɛ]
Wohnmobil	samochód kempingowy [samɔxut kɛmpiŋgɔvi]

Wohnwagen	przyczepa kempingowa [pʃitʃepa kɛmpiŋɡɔva]
Zelt	namiot [namjɔt]
zelten	mieszkać w namiocie [mjeʃkatɕ v namjɔtɕe]
Zeltschnur	sznur od namiotu [ʃnur ɔd namjɔtu]
Zeltstange	podpora namiotu [pɔtpɔra namjɔtu], drążek [drɔ̃w̃ʒek]

Essen und Trinken

Essen gehen

Wo gibt es hier ...
Gdzie tu jest w pobliżu ... [gdʑɛ tu jest f pɔbliʒu]

ein gutes Restaurant?
jakaś dobra restauracja? [jakaɕ dɔbra rɛstawraʦja]

ein typisches Restaurant?
jakaś typowo polska restauracja? [jakaɕ tipɔvɔ pɔlska rɛstawraʦja]

ein nicht zu teures Restaurant?
jakaś nie za droga restauracja? [jakaɕ ɲe za drɔga rɛstawraʦja]

Im Restaurant

Reservieren Sie uns bitte für heute Abend einen Tisch für vier Personen.
Proszę zarezerwować dla nas na dziś wieczór stolik dla czterech osób.
[prɔʃɛ zarɛzɛrvɔvaʥ dla nas na dʑiʒ vjeʧur stɔlig dla ʧtɛrex ɔsup]

Bis wann kann man bei Ihnen warm essen?
Do której można u państwa zjeść coś na ciepło?
[dɔ kturej mɔʒna u paɲstfa zjeɕʨɛ ʦɔɕ na ʨɛpwɔ]

Ist dieser Tisch/Platz noch frei?
Czy ten stolik/to miejsce jest jeszcze woln-y/e?
[ʧi ten stɔlik/tɔ mjejsʦe jest jeʃʧe vɔln-i/ɛ]

Einen Tisch für zwei/drei Personen, bitte.
Poproszę stolik dla dwóch/trzech osób.
[pɔprɔʃɛ stɔlig dla dvux/ʧex ɔsup]

Wo sind bitte die Toiletten?
Przepraszam, gdzie są toalety? [pʃepraʃam, gʥɛ sɔ̃w tɔalɛti]

Bestellung

Entschuldigen Sie, ..., bitte.
Proszę pana *(m)*/pani *(f)*, poproszę ... [prɔʃɛ pana/paɲi pɔprɔʃɛ]

die Speisekarte
kartę (dań) [kartɛ (daɲ)]

die Getränkekarte
kartę napojów [kartɛ napɔjuf]

die Weinkarte
kartę win [kartɛ vin]

Was können Sie mir empfehlen?
Co może mi pan *(m)*/pani *(f)* polecić?
[tsɔ mɔʒɛ mi pan/paɲi pɔlɛtɕitɕ]

Haben Sie vegetarische Gerichte?
Czy mają państwo dania jarskie? [tʃɨ majɔ̃w pãjstfɔ daɲa jarscɛ]

Gibt es auch Kinderportionen?
Czy są też porcje dziecięce? [tʃɨ sɔ̃w tɛʃ pɔrtsjɛ ʥɛtɕɛntsɛ]

Haben Sie schon gewählt?
Czy mogę już przyjąć zamówienie? [tʃɨ mɔgɛ juʃ pʃijɔ̃ʥ zamuvjɛɲɛ]

Ich nehme ...
Poproszę ... [pɔprɔʃɛ]

Als Vorspeise/Nachtisch/Hauptgericht nehme ich ...
Jako zakąskę/deser/danie główne poproszę ...
[jakɔ zakɔ̃w̃skɛ/deser/daɲɛ gwuvnɛ pɔprɔʃɛ]

Ich möchte keine Vorspeise, danke.
Z zakąski zrezygnuję, dziękuję. [z zakɔ̃w̃sci zrɛzignujɛ, ʥɛŋkujɛ]

Wir haben leider kein/e ... (mehr).
Niestety nie mamy już ... [ɲɛstɛti ɲɛ mami juʃ]

Dieses Gericht servieren wir nur auf Vorbestellung.
To danie podajemy tylko na uprzednie zamówienie.
[tɔ daɲɛ pɔdajɛmi tilkɔ na‿upʃɛdɲɛ zamuvjɛɲɛ]

Könnte ich statt ... ... haben?
Czy mógłbym (m)/mogłabym (f) zamiast ... dostać ...?
[tʃi mugwbim/mɔgwabim zamjiast ... dɔstatɕ]

Ich bin allergisch gegen Eier/Gluten/Milchprodukte/Nüsse.
Mam alergię na jaja/gluten/produkty mleczne/orzechy.
[mam alɛrʝɛ na jaja/glutɛn/prɔdukti mlɛtʃɲɛ/ɔʒɛxi]

Ich bin ...
Jestem ...
[jɛstɛm]

Diabetiker/Diabetikerin.
diabetykiem/diabetyczką. [djabɛticɛm/djabɛtitʃkɔw̃]

Vegetarier/Vegetarierin.
wegetarianinem/wegetarianką. [vɛgɛtarjaɲinɛm/vɛgɛtarjankɔw̃]

Veganer/Veganerin.
weganinem/weganką. [vɛgaɲinɛm/vɛgankɔw̃]

Wie möchten Sie Ihr Steak haben?
Jaki befsztyk pan (m)/pani (f) sobie życzy?
[jaci bɛfʃtik pan/paɲi sɔbjɛ ʒitʃi]

gut durch
dobrze wysmażony [dɔbʒɛ vismaʒɔni]

medium
średnio wysmażony [ɕrɛdnɔ vismaʒɔni]

englisch
krwisty [krfisti]

Was wollen Sie trinken?
Czego się pan *(m)*/pani *(f)* napije? [ˈtʃɛgɔ ɕe pan/paɲi napijɛ]

Bitte ein Glas ...
Poproszę szklankę ... [pɔprɔʃɛ ʃklankɛ]

Bitte eine (halbe) Flasche ...
Poproszę butelkę (pół butelki) ...
[pɔprɔʃɛ butɛlkɛ (puw butɛlci)]

Mit Eis, bitte.
Z lodem, proszę. [z lɔdɛm, prɔʃɛ]

Guten Appetit!
Smacznego! [smatʃnɛgɔ]

Auf Ihr Wohl!
Pana *(m)*/Pani *(f)* zdrowie! [pana/paɲi zdrɔvjɛ]

Haben Sie noch einen Wunsch?
Czy ma pan *(m)*/pani *(f)* jeszcze jakieś życzenie?
[ˈtʃɪ ma pan/paɲi jɛʃtʃɛ jaceɕ ʒɪtʃɛɲɛ]

Bitte bringen Sie uns ...
Proszę przynieść nam ... [prɔʃɛ pʃɪɲɛɕtɕ nam]

Könnten wir noch etwas Brot/Wein bekommen?
Moglibyśmy dostać jeszcze trochę chleba/wina?
[mɔglibɪɕmɪ dɔstatɕ jɛʃtʃɛ trɔxɛ xlɛba/vina]

Beanstandungen

Hier fehlt ein/e ...
Tu brakuje ... [tu brakujɛ]

Haben Sie mein/e ... vergessen?
Czy pan *(m)*/pani *(f)* zapomniał/a *(m/f)* o moim ...?
[ˈtʃɪ pan/paɲi zapɔmɲaw/a ɔ mɔjim]

Das habe ich nicht bestellt.
Ja tego nie zamawiał-em *(m)*/am *(f)*. [ja tɛgɔ ɲɛ zamavjaw-ɛm/am]

Die Rechnung

Bezahlen, bitte.
Chciałbym *(m)*/Chciałabym *(f)* zapłacić.
[xtɕawbim/xtɕawabim zapwatɕitɕ]

Bitte alles zusammen.
Proszę wszystko razem. [prɔʃɛ fʃistkɔ razɛm]

Getrennte Rechnungen, bitte.
Proszę oddzielne rachunki. [prɔʃɛ ɔddʑelnɛ raxunci]

Die Rechnung scheint mir nicht zu stimmen.
Wydaje mi się, że rachunek się nie zgadza.
[vidaje mi ɕɛ, ʒɛ raxunɛk ɕɛ ɲɛ zgadza]

Das habe ich nicht gehabt. Ich hatte …
Tego nie miał-em *(m)*/am *(f)*. Miał-em *(m)*/am *(f)* …
[tɛgɔ ɲɛ mjaw-ɛm/am. mjaw-ɛm/am]

Hat es geschmeckt?
Smakowało? [smakɔvawɔ]

Das Essen war ausgezeichnet.
Jedzenie było znakomite. [jɛd͡zɛɲɛ biwɔ znakɔmitɛ]

Das ist für Sie.
To dla pana *(m)*/pani *(f)*. [tɔ dla pana/paɲi]

Es stimmt so.
Reszta dla pana *(m)*/pani *(f)*. [rɛʃta dla pana/paɲi]

Können Sie mir bitte … reichen?
Może mi pan *(m)*/pani *(f)* podać …? [mɔʒɛ mi pan/paɲi pɔdatɕ]

Noch etwas ...?
Jeszcze trochę ...? [jɛʃt͡ʃɛ trɔxɛ]

Danke, es war reichlich.
Dziękuję, posiłek był obfity. [d͡ʑɛŋkuje, pɔɕiwɛg biw ɔpfiti]

Ich bin satt, danke.
Dziękuję, jestem najedzon-y/a. *(m/f)*
[d͡ʑɛŋkuje, jestem najed͡zɔn-i/a]

Darf ich rauchen?
Czy mogę zapalić? [t͡ʃi mɔgɛ zapalit͡ɕ]

Café

Was trinken Sie?
Czego się pan *(m)*/pani *(f)* napije? [t͡ʃɛgɔ ɕɛ pan/paɲi napije]

Einen frisch gepressten Orangensaft.
Soku ze świeżo wyciśniętych pomarańczy.
[sɔku zɛ ɕfjeʒɔ vit͡ɕiɕɲentix pɔmaraɲt͡ʃi]

Ich hätte gern einen Tee/mit Milch/mit Zitrone.
Poproszę herbatę/z mlekiem/z cytryną.
[pɔprɔʃɛ xɛrbatɛ/z mlecɛm/s t͡sitrinɔ̃w]

Ich möchte einen Kaffee, bitte.
Poproszę kawę. [pɔprɔʃɛ kavɛ]

   ... einen schwarzen Kaffee
   ... czarną kawę [t͡ʃarnɔ̃w kavɛ]

   ... einen Espresso
   ... espresso [ɛsprɛssɔ]

   ... einen Milchkaffee
   ... białą kawę [bjawɔ̃w kavɛ]

... einen Kaffee mit Sahne
... kawę ze śmietanką [kavɛ zɛ ɕmjetaŋkɔ̃w]

Ein Bier vom Fass, bitte.
Piwo z beczki, proszę. [pivɔ z‿betʃci, prɔʃɛ]

Das ist meine Runde.
Ja stawiam. [ja stavjiam]

Das Gleiche noch einmal, bitte.
To samo jeszcze raz, proszę. [tɔ samɔ jeʃtʃe ras, prɔʃɛ]

Was gibt es bei Ihnen zu essen?
Co można u państwa zjeść? [tsɔ mɔʒna u‿paɲstfa zjeɕtɕ]

Abendessen	kolacja [kɔlatsja]
alkoholfrei	bezalkoholowy [bɛzalkɔxɔlɔvi]
Allergie	alergia [alerɲa]
Aschenbecher	popielniczka [pɔpjelɲitʃka]
Bar	bar [bar]
Beilage	dodatek [dɔdatek]
Besteck	sztućce [ʃtutɕtsɛ]
bestellen *(Essen, Tisch)*	zamówić [zamuvitɕ]
Bestellung	zamówienie [zamuvjɛɲɛ]
Bier	piwo [pivɔ]
Brot	chleb [xlɛp]
Butter	masło [maswɔ]
Diabetiker/in	diabety-k/czka [djabeti-k/tʃka]
Dressing	sos do sałatki [sɔs dɔ sawatci]
Essig	ocet [ɔtset]
Fass, vom	beczka [betʃka], z beczki [z‿betʃci]
Fisch	ryba [riba]
Fleck	plama [plama]
Frühstück	śniadanie [ɕɲadaɲɛ]
Gabel	widelec [videlɛts]

Gang	danie [daɲɛ]
Gedeck	nakrycie [nakrítɕɛ]
Gericht	danie [daɲɛ], potrawa [pɔtrava]
Geschmack	smak [smak]
Getränk	napój [napuj]
Gewürz	przyprawa [pʃiprava]
Glas	szklanka [ʃklanka]
Gräte	ość [ɔɕtɕ]
Hauptspeise	danie główne [daɲɛ gwuvnɛ]
hausgemacht	wyrób własny [virub vwasni]
hungrig sein	być głodnym [bitɕ gwɔdnim]
Kellner/in	kelner/ka [kɛlnɛr/ka]
Ketchup	keczup [kɛtʃup]
Kinderteller	porcja dziecięca [pɔrtsja dʑɛtɕɛntsa]
Koch/Köchin	kucharz/kucharka [kuxaʃ/kuxarka]
kochen	gotować [gɔtɔvatɕ]
Korkenzieher	korkociąg [kɔrkɔtɕɔŋk]
Kräuter	zioła [zɔwa]
Löffel	łyżka [wiʃka]
Menü	menu [mɛɲi]
Messer	nóż [nuʃ]
Mittagessen	obiad [ɔbjat]
Nachtisch	deser [dɛsɛr]
Öl	olej [ɔlɛj]
Pfannengericht	danie z patelni [daɲɛ s patelni]
Pfeffer	pieprz [pjɛpʃ]
Portion	porcja [pɔrtsja]
probieren	próbować [prubɔvatɕ]
Salat	sałata [sawata]
Salatbüfett	bufet z sałatkami [bufɛt s sawatkami]
Salz	sól [sul]
Scheibe	plasterek [plasterɛk]

Schonkost	dieta [djɛta]
Senf	musztarda [muʃtarda]
Serviette	serwetka [sɛrvɛtka]
Smoothie	smoothie [smufi]
Soße	sos [sɔs]
Speise	danie [daɲɛ]
Speisekarte	karta (dań) [karta (daɲ)]
Spezialität	specjalność [spɛtsjalnɔɕtɕ]
Suppe	zupa [zupa]
Süßstoff	słodzik [swɔd͡zik]
Tagesgericht	potrawa dnia [pɔtrava dɲa]
Tagesmenü	menu dnia [mɛɲi dɲa]
Tasse	filiżanka [filiʒanka]
Untertasse	spodek [spɔdɛk]
Teelöffel	łyżeczka do herbaty [wiʒɛt͡ʃka dɔ xɛrbati]
Teller	talerz [talɛʃ]
Suppenteller	głęboki talerz [gwɛmbɔci talɛʃ]
Tischtuch	obrus [ɔbrus], serweta [sɛrvɛta]
Trinkhalm	słomka [swɔmka]
vegan	wegański [vɛgãjsci]
vegetarisch	jarski [jarsci]
Vorspeise	zakąska [zakɔ̃w̃ska]
Wasser	woda [vɔda]
Wein	wino [vinɔ]
Weinglas	kieliszek do wina [cɛliʃɛg dɔ vina]
würzen	przyprawić [pʃipravitɕ]
Zahnstocher	wykałaczka [vikawat͡ʃka]
Zucker	cukier [tsucɛr]

Zubereitung

durchgebraten	wysmażony [vismaʒɔni]
gebacken	pieczony [pjetʃɔni]
gebraten	smażony [smaʒɔni]
am Spieß	na rożnie [na rɔʒɲɛ]
vom Grill	z grilla [z grila]
in der Pfanne	na patelni [na patɛlɲi]
gedämpft, gedünstet	duszony [duʃɔni]
gefüllt	nadziewany [nadʑɛvani]
gekocht	gotowany [gɔtɔvani]
geräuchert	wędzony [vɛndzɔni]
geröstet	smażony [smaʒɔni]
geschmort	duszony [duʃɔni], smażony [smaʒɔni]
überbacken	zapiekany [zapjɛkani]
fett	tłusty [twusti]
frisch	świeży [ɕvjɛʒi]
gar	ugotowany [ugɔtɔvani]
hart	twardy [tfardi]
heiß	gorący [gɔrɔntsi]
kalt	zimny [ʑimni]
mager	chudy [xudi]
roh	surowy [surɔvi]
saftig	soczysty [sɔtʃisti]
sauer	kwaśny [kfaɕni]
scharf	ostry [ɔstri]
süß	słodki [swɔtci]
weich	miękki [mjɛɲci]
zäh	żylasty [ʒilasti]
zart	delikatny [dɛlikatni]

Spis potraw   Speisekarte

Przekąski

befsztyk tatarski [bɛfʃtik tatarsci]	**Tatar**
gotowana szynka [gɔtɔvana ʃinka]	**gekochter Schinken**
jaja w majonezie [jaja v majɔnɛzɛ]	**Eier in Majonäse**
kaczka w galarecie [katʃka v galarɛtɕɛ]	**Ente in Aspik**
śledź w oleju [ɕledʑ v ɔleju]	**Hering in Öl**
śledź w śmietanie [ɕledʑ f ɕmjetaɲe]	**Hering in Sahne**
węgorz wędzony [vɛŋgɔʒ vɛndzɔni]	**Räucheraal**
węgorz w galarecie [vɛŋgɔʒ v galarɛtɕɛ]	**Aal in Gelee**

Zupy

barszcz z pasztecikiem [barʃtʃ s paʃtɛtɕicɛm]	**Rote-Bete-Suppe mit Pastete**
krupnik [krupɲik]	**Graupensuppe**
ogórkowa z ryżem [ɔgurkɔva z riʒɛm]	**Gurkensuppe mit Reis**
pieczarkowa [pjetʃarkɔva]	**Champignonsuppe**
pomidorowa z makaronem [pɔmidɔrɔva z makarɔnɛm]	**Tomatensuppe mit Nudeln**
rosół z makaronem [rɔsuw z makarɔnɛm]	**Fleischbrühe mit Nudeln**
rybna [ribna]	**Fischsuppe**
żurek [ʒurɛk]	**Sauerteigsuppe**

Suppen

Ryby

filet z dorsza [filed z dorʃa]
filet z halibuta [filet s xalibuta]
karp [karp]
łosoś z grila [wɔsɔɕ z grila]
pstrąg [pstrɔŋg]
sandacz [sandatʃ]
szczupak [ʃtʃupak]
śledź [ɕlɛtɕ]
węgorz [vɛŋgɔʃ]

Fischgerichte

Kabeljaufilet
Heilbuttfilet
Karpfen
Lachs vom Rost
Forelle
Zander
Hecht
Hering
Aal

Dania mięsne

antrykot [antrikɔt]
baranina [baraɲina]
boeuf Stroganow [bɛf strɔganɔf]
bryzol wieprzowy [brizɔl vjepʃɔvi]
bryzol wołowy [brizɔl vɔwɔvi]
cielęcina [tɕɛlɛɲtɕina]
filet wołowy [filed vɔwɔvi]
golonka [gɔlɔnka]
gulasz [gulaʃ]
kotlet mielony [kɔtlet mjelɔni]
kotlet schabowy [kɔtlet sxabɔvi]
pieczeń cielęca [pjetʃɛɲ tɕɛlɛntsa]
pieczeń wieprzowa
  [pjetʃɛɲ vjepʃɔva]
pieczeń wołowa [pjetʃɛɲ vɔwɔva]
szaszłyk [ʃaʃwik]

Fleischgerichte

Entrecote
Hammelfleisch
Boeuf Stroganoff
Schweineschnitzel
Rinderschnitzel
Kalbfleisch
Rinderfilet
Eisbein
Gulasch
Frikadelle
Schweinskotelett
Kalbsbraten
Schweinebraten

Rinderbraten
Schaschlik

sznycel po wiedeńsku [ʃnitʃel pɔ vjedɛŋsku]	**Wiener Schnitzel**
wieprzowina [vjɛpʃɔvina]	**Schweinefleisch**
wątróbka [vɔntrupka]	**Leber**
zrazy [zrazi]	**Rinderrouladen**

Dziczyzna i drób | Wild und Geflügel

dzik [dʑik]	**Wildschwein**
dzika kaczka [dʑika katʃka]	**Wildente**
gęś [gɛ̃ɕ̃]	**Gans**
indyk [indik]	**Pute**
jeleń [jɛlɛɲ]	**Hirsch**
kaczka [katʃka]	**Ente**
królik [krulik]	**Kaninchen**
kurczak [kurtʃak]	**Hähnchen**
sarna [sarna]	**Reh**
zając [zajɔnts]	**Hase**

Dania z jaj | Eierspeisen

jajecznica na maśle [jajetʃnitsa na maɕlɛ]	**Rührei auf Butter**
jajecznica na szynce [jajetʃnitsa na ʃintsɛ]	**Rührei mit Schinken**
jajko na miękko [jajkɔ na mjɛŋkɔ]	**weich gekochtes Ei**
jajko na twardo [jajkɔ na tfardɔ]	**hart gekochtes Ei**
jajko sadzone [jajkɔ sadzɔnɛ]	**Spiegelei**
omlet [ɔmlɛt]	**Omelette**

Dodatki

fasolka szparagowa
[fasɔlka ʃparagɔva]

fasolka zielona [fasɔlka ʑɛlɔna]

frytki [fritci]

kalafior [kalafjɔr]

makaron [makarɔn]

mizeria [mizɛrja]

pieczarki [pjɛtʃarci]

ryż [riʃ]

surówka [surufka]

~ z czerwonej kapusty
[s‿tʃɛrvɔnɛj kapusti]

~ z czerwonych buraczków
[s‿tʃɛrvɔnix buratʃkuf]

~ z kapusty kiszonej
[s‿kapusti ciʃɔnɛj]

~ z marchwi [z‿marxfi]

~ z pomidorów [s‿pɔmidɔruf]

szparagi [ʃparaɟi]

szpinak [ʃpinak]

zielona sałata [ʑɛlɔna sawata]

ziemniaki [ʑɛmɲaci]

~ purée [pirɛ]

~ smażone [smaʒɔnɛ]

Beilagen

Schnittbohnen

grüne Bohnen

Pommes frites

Blumenkohl

Nudeln

Gurkensalat

Champignons

Reis

Rohkostsalat

Rotkrautsalat

Rote-Bete-Salat

Sauerkrautsalat

Karottensalat

Tomatensalat

Spargel

Spinat

grüner Salat

Kartoffeln

Kartoffelpüree

Bratkartoffeln

Potrawy narodowe

barszcz czerwony czysty
[barʃtʃ tʃɛrvɔni tʃisti]

bigos [bigɔs]

flaczki wołowe [flatʃci vɔwɔvɛ]
gołąbki [gɔwɔmpci]
grochówka [grɔxufka]
kapuśniak [kapuɕɲak]
naleśniki [nalɛɕɲici]
pierogi [pjɛrɔɟi]

Nationalgerichte

Klare Rote-Bete-Suppe

Bigos *(Sauerkraut mit Wurst und Fleisch, gedünstet)*

Pansensuppe
Kohlrouladen
Erbsensuppe
Kohlsuppe
Crêpes/Palatschinken
Piroggen *(gefüllte Teigtaschen)*

Desery

bita śmietana [bita ɕmjɛtana]
budyń [budiɲ]
galaretka owocowa
[galarɛtka ɔvɔtsɔva]

gruszka [gruʃka]
jabłko [japkɔ]
kisiel [ciɕɛl]

krem czekoladowy
[krɛm tʃɛkɔladɔvi]
lody [lɔdi]
pomarańcza [pɔmaraɲtʃa]
truskawki [truskafci]

Nachspeisen

Schlagsahne
Pudding
Obstgelee

Birne
Apfel
geleeartige Obstnachspeise
Schokoladencreme

Eis
Orange
Erdbeeren

Kawiarnia	Café
herbata [xɛrbata]	Tee
herbata z cytryną [xɛrbata s ˌtsitrinɔ̃w̃]	Tee mit Zitrone
kawa czarna [kava t͡ʃarna]	schwarzer Kaffee
kawa mrożona [kava mrɔʒɔna]	Eiskaffee
kawa z mlekiem [kava z ˌmlɛcɛm]	Kaffee mit Milch

Lody	Eis
~ cytrynowe [t͡sitrinɔvɛ]	Zitroneneis
~ czekoladowe [t͡ʃɛkɔladɔvɛ]	Schokoladeneis
~ malinowe [malinɔvɛ]	Himbeereis
~ truskawkowe [truskafkɔvɛ]	Erdbeereis
~ waniliowe [vaɲiljɔvɛ]	Vanilleeis

Ciasto	Kuchen
drożdżówka [drɔʒd͡ʒufka]	Hefekuchen
makowiec [makɔvjɛt͡s]	Mohnkuchen
pączki (pl) [pɔnnt͡ʃci]	Berliner
tort [tɔrt]	Torte

Spis napojów   Getränkekarte

Napoje bezalkoholowe   Alkoholfreie Getränke

sok [sɔk]	**Saft**
~ jabłkowy [japkɔvi]	**Apfelsaft**
~ pomarańczowy [pɔmaraɲtʃɔvi]	**Orangensaft**
~ z czarnej porzeczki [s tʃarnej pɔʒetʃci]	**Saft aus schwarzen Johannisbeeren**
tonik [tɔɲik]	**Tonicwater**
woda mineralna [vɔda mineralna]	**Mineralwasser**

Napoje alkoholowe   Alkoholische Getränke

koniak [kɔɲak]	**Kognak**
likier [licer]	**Likör**
piwo [pivɔ]	**Bier**
szampan [ʃampan]	**Champagner, Sekt**
winiak [viɲak]	**Weinbrand**
wino [vinɔ]	**Wein**
~ białe [bjawɛ]	**Weißwein**
~ czerwone [tʃervɔnɛ]	**Rotwein**
~ słodkie [swɔtcɛ]	**süßer Wein**
~ wytrawne [vitravnɛ]	**trockener Wein**
wódka [vutka]	**Wodka**

Besichtigungen und Ausflüge

Touristeninformation

Ich hätte gern einen Stadtplan von ...
Chciałbym (m)/Chciałabym (f) prosić plan (miasta) ...
[xtɕawbɨm/xtɕawabim prɔɕitɕ plan (mjasta)]

Gibt es Stadtrundfahrten?
Czy są wycieczki/przejażdżki (autokarem) po mieście?
[tʃɨ sɔ̃w vɨtɕetʃci/pʃejaʃtʃci (awtɔkarem) pɔ mjeɕtɕe]

Was kostet denn die Rundfahrt, bitte?
Ile kosztuje taka wycieczka/przejażdżka?
[ile kɔʃtuje taka vɨtɕetʃka/pʃejaʃtʃka]

Sehenswürdigkeiten – Museen

Öffnungszeiten, Führungen, Eintrittskarten

Können Sie mir bitte sagen, welche Sehenswürdigkeiten es hier gibt?
Proszę mi powiedzieć, co warto tu obejrzeć?
[prɔʃe mi pɔvjedʑetɕ, tsɔ vartɔ tu ɔbejʒetɕ]

Sie müssen unbedingt ... besichtigen/besuchen.
Musi pan (m)/pani (f) koniecznie obejrzeć/zwiedzić ...
[muɕi pan/paɲi kɔɲetʃɲe ɔbejʒetɕ/zvjedʑitɕ]

Wann ist das Museum geöffnet?
Kiedy otwarte jest to muzeum? [cedɨ ɔtfarte jest tɔ muzɛum]

Wann beginnt die nächste Führung?
Kiedy zaczyna się następne oprowadzanie?
[cedɨ zatʃɨna ɕe nastempne ɔprɔvadzaɲe]

Gibt es auch eine Führung auf Deutsch?
Czy jest także oprowadzanie po niemiecku?
[t͡ʃi jest tagʒe ɔprovad͡zaɲe pɔ ɲɛmjetsku]

Darf man hier fotografieren?
Czy można tu fotografować? [t͡ʃi mɔʒna tu fɔtɔɡrafɔvat͡ɕ]

Zwei Eintrittskarten, bitte!
Poproszę dwa bilety! [pɔprɔʃɛ dva bilɛti]

Zwei Erwachsene und ein Kind.
Dwie osoby dorosłe i dziecko. [dvjɛ ɔsɔbi dɔrɔswe i d͡ʑɛtskɔ]

Gibt es Ermäßigungen für ...
Czy jest zniżka dla ... [t͡ʃi jezd zɲiʃka dla]

Kinder?
dzieci? [d͡ʑɛt͡ɕi]

Studenten?
studentów? [studɛntuf]

Senioren?
emerytów? [ɛmɛrituf]

Gruppen?
grup? [grup]

Gibt es einen Katalog zur Ausstellung?
Czy jest katalog tej wystawy? [t͡ʃi jest katalɔg tej vistavi]

Allgemeines

Besichtigung	zwiedzanie [zvjed͡zaɲe]
Denkmalschutz	ochrona zabytków [ɔxrɔna zabitkuf]
Fremdenführer/in	przewodni-k/czka [pʃɛvɔdɲi-k/t͡ʃka]
Fremdenverkehrsamt	informacja turystyczna [infɔrmat͡sja turistit͡ʃna]

Führung	oprowadzanie [ɔprɔvaʣaɲɛ]
Funde	znalezisko [znalɛʑiskɔ]
Fußgängerzone	strefa dla pieszych [strɛfa dla pjɛʃix]
Gasse	uliczka [uliʧka]
Geburtsstadt	miasto rodzinne [mjastɔ rɔʣinnɛ]
Geschichte	historia [çistɔrja]
Haus	dom [dɔm]
Kaiser/in	cesarz/owa [ʦɛsaʃ/ʒɔva]
König/in	król/owa [krul/ɔva]
Kunst	sztuka [ʃtuka]
Markt	rynek [rinɛk]
Museum	muzeum n [muzɛum]
Öffnungszeiten	godziny otwarcia [gɔʣini ɔtfarʨa]
Park	park [park]
rekonstruieren	rekonstruować [rɛkɔnstruɔvaʨ]
Religion	religia [rɛliɟja]
restaurieren	restaurować [rɛstawrɔvaʨ]
Sehenswürdigkeiten	zabytki [zabitɕi]
Stadtrundfahrt	wycieczka po mieście [viʨɛʧka pɔ mjɛɕʨɛ]
Stadtteil	dzielnica miasta [ʥɛlɲiʦa mjasta]
Stadtzentrum	centrum miasta [ʦɛntrum mjasta]
Straße	ulica [uliʦa], droga [drɔga]
Überreste	pozostałości [pɔzɔstawɔɕʨi]
Volkskundemuseum	muzeum n etnograficzne [muzɛum ɛtnɔgrafiʧnɛ]
Vorort	przedmieście [pʃɛdmjɛɕʨɛ]
Wachablösung	zmiana warty [zmjana varti]
Wahrzeichen	symbol [simbɔl]

Ausflüge

Wo fahren wir los?
Skąd odjeżdżamy? [skɔnt ɔdjeʒˈdʒami]

Wann treffen wir uns?
Kiedy się spotkamy? [ˈcedi ce spɔtkami]

Besichtigen wir auch …?
Czy zwiedzimy też …? [tʃi zvjeˈdzimi teʃ]

Ausflug	wycieczka [viˈtɕetʃka]
Aussichtspunkt	punkt widokowy [puŋgd viˈdɔkɔvi]
Berg	góra [gura]
Bergdorf	wieś f górska [vjeɕ gurska]
Botanischer Garten	ogród botaniczny [ˈɔgrud bɔtaˈɲitʃni]
Deich	grobla [grɔbla]
Felswand	ściana skalna [ˈɕtɕana skalna]
Fluss	rzeka [ʒeka]
Freilichtmuseum	skansen [skansen]
Gebirge	góry pl [guri]
Gipfel	szczyt [ʃtʃit]
Grotte	grota [grɔta]
Heide	wrzosowisko [vʒɔsɔvisko]
Hinterland	głąb kraju [gwɔmp kraju]
Höhle	jaskinia [jascina], grota [grɔta]
Inselrundfahrt	wycieczka po wyspie [viˈtɕetʃka pɔ vispje]
Landschaft	pejzaż [pejzaʃ]
Lava	lawa [lava]
Leuchtturm	latarnia morska [laˈtarɲa mɔrska]
Markt	rynek [rinek]
Museumsdorf	skansen [skansen]

Nationalpark	park narodowy [park narɔdɔvi]
Naturschutzgebiet	rezerwat przyrody [rɛzɛrvat pʃirɔdi]
Pass	przełęcz f [pʃɛwɛntʃ]
Quelle	źródło [ʒrudwɔ]
Rundfahrt	wycieczka [vitɕɛtʃka]
Schlucht	wąwóz [vɔ̃w̃vus]
See	*(Binnengewässer)* jezioro [jɛʑɔrɔ]; *(Meer)* morze [mɔʒɛ]
Sternwarte	obserwatorium astronomiczne [ɔpsɛrvatɔrjum astronɔmitʃnɛ]
Sumpf	bagno [bagnɔ]
Tagesausflug	wycieczka jednodniowa [vitɕɛtʃka jɛdnɔdɲɔva]
Tal	dolina [dɔlina]
Tropfsteinhöhle	jaskinia stalaktytowa [jascina stalaktitɔva]
Umgebung	okolica [ɔkɔlitsa]
Wald	las [las]
Waldbrand	pożar lasu [pɔʒar lasu]
Wallfahrtsort	miejsce pielgrzymek [mjɛjstsɛ pɛlgʒimɛk]
Wasserfall	wodospad [vɔdɔspat]
Wildpark	zwierzyniec [zvjɛʑiɲɛts]
Zoo	ogród zoologiczny [ɔgrud zɔɔlɔɟitʃni], zoo [zɔɔ]

Strand

Ist der Strand sandig/steinig?
Czy ta plaża jest piaszczysta/kamienista?
[tʃi ta plaʒa jest pjaʃtʃista/kamjɛɲista]

Gibt es hier Seeigel/Quallen/Algen?
Czy są tutaj jeżowce/meduzy/algi?
[tʃi sɔ̃w tutaj jɛʒɔftsɛ/mɛduzi/alʲi]

Ist die Strömung stark?
Czy prąd jest silny?
[tʃi prɔnt jest ɕilni]

Entschuldigen Sie bitte, gibt es hier ein ...
Przepraszam, czy jest tu ...
[pʃɛpraʃam, tʃi jest tu]

Schwimmbad?
basen?
[basen]

Freibad?
basen odkryty?
[basen ɔtkriti]

Hallenbad?
kryty basen?
[kriti basen]

Ich möchte einen Liegestuhl/Sonnenschirm mieten.
Chciałbym *(m)*/Chciałabym *(f)* wypożyczyć leżak/parasol przeciwsłoneczny.
[xtɕawbim/xtɕawabim vipɔʒitʃitɕ leʒak/parasɔl pʃɛtɕifswɔnɛtʃni]

Was kostet das pro Stunde/Tag?
Ile to kosztuje na godzinę/dzień? [ile tɔ kɔʃtuje na‿gɔdʑinɛ/dʑɛɲ]

Shoppen und Einkaufen

Fragen

Ich suche ...

Werden Sie schon bedient?
Czym mogę służyć? [tʃim mɔgɛ swuʒitɕ]

Danke, ich sehe mich nur um.
Dziękuję, tylko oglądam. [dʑɛŋkuje, tilkɔ ɔglɔndam]

Ich möchte ...
Chciałbym (m)/Chciałabym (f) ... [xtɕawbim/xtɕawabim]

Haben Sie ...?
Czy ma pan (m)/pani (f) ... ? [tʃi ma pan/paɲi]

Bitte ...
Proszę ...
[prɔʃɛ]

   ein paar ...
   kilka ...
   [cilka]

   ein Stück ...
   m jeden ..., f jedną ..., n jedno ...
   [jɛdɛn ..., jɛdnɔ̃w̃ ..., jɛdnɔ]

Handeln und kaufen

Wie viel kostet es?
Ile to kosztuje? [ilɛ tɔ kɔʃtuje]

Kann ich mit Kreditkarte bezahlen?
Czy mogę zapłacić kartą kredytową?
[tʃi mɔgɛ zapwatɕitɕ kartɔ̃w̃ krɛditɔvɔ̃w̃]

Geschäfte

Wo finde ich ...?
Gdzie dostanę ...? [gdʒe dɔstanɛ]

Können Sie mir ein ...-Geschäft empfehlen?
Czy może mi pan *(m)*/pani *(f)* polecić jakiś sklep z *+instr* ...?
[tʃi mɔʒe mi pan/paɲi pɔletɕitɕ jaɕiɕ sklɛp z]

godziny otwarcia **Öffnungszeiten**	otwarte **offen**	zamknięte **geschlossen**	zamknięte z powodu urlopu **Betriebsferien**

Antiquariat	antykwariat [antikfarjat]
Antiquitätengeschäft	sklep z antykami [sklɛp z antikami]
Bäckerei	piekarnia [pjɛkarɲa]
Bioladen	sklep ze zdrową żywnością [sklɛp zɛ zdrɔvɔw ʒivnɔɕtɕɔw]
Blumengeschäft	kwiaciarnia [kfjatɕarɲa]
Boutique	butik, boutique [butik]
Buchhandlung	księgarnia [kɕɛŋgarɲa]
Drogerie	drogeria [drɔgɛrja]
Einkaufszentrum	centrum *n* handlowe [tsɛntrum xandlɔvɛ]
Eisenwarengeschäft	sklep z artykułami metalowymi [sklɛp z artikuwami mɛtalɔvimi]
Elektrohandlung	sklep z artykułami elektrycznymi [sklɛp zartikuwami ɛlɛktritʃnimi]
Feinkostgeschäft	delikatesy *pl* [dɛlikatɛsi]
Fischgeschäft	sklep rybny [sklɛp ribni]
Flohmarkt	pchli targ [pxli tark]
Fotogeschäft	sklep z artykułami fotograficznymi [sklɛp z artikuwami fɔtɔgrafitʃnimi]

Friseur	fryzjer [frizjer]
Gemüsehändler	warzywniak *fam* [vaʒivɲjak]
Juwelier	jubiler [jubiler]
Kaufhaus	dom towarowy [dɔm tɔvarɔvi]
Konditorei	cukiernia [tsukerɲa]
Kosmetiksalon	salon kosmetyczny [salɔn kɔsmetiʧni]
Kunstgewerbe	sztuka użytkowa [ʃtuka uʒitkɔva], rzemiosło artystyczne [ʒemjɔswɔ artistiʧnɛ]
Kunsthändler	sklep z przedmiotami sztuki użytkowej [sklep s pʃedmjɔtami ʃtuci uʒitkɔvej]
Lebensmittelgeschäft	sklep spożywczy [sklep spɔʒiftʃi]
Lederwarengeschäft	sklep z wyrobami ze skóry [sklep z virɔbami ze skuri]
Markt	rynek [rinek]
Metzgerei	sklep mięsny [sklep mjẽwsni]; rzeźnik [ʒeʑɲik] *fam*
Milchgeschäft	mleczarnia [mleʧarɲa]
Möbelgeschäft	sklep meblowy [sklep meblɔvi]
Musikgeschäft	sklep muzyczny [sklep muziʧni]
Obsthandlung	sklep z owocami [sklep z ɔvɔtsami]
Optiker	optyk [ɔptik]
Parfümerie	perfumeria [perfumerja]
Reinigung	pralnia chemiczna [pralɲa xemiʧna]
Reiseandenken	pamiątki *pl* [pamjɔntci]
Reisebüro	biuro podróży [bjurɔ pɔdruʒi]
Schallplattengeschäft	sklep z płytami gramofonowymi [sklep s pwitami gramɔfɔnɔvimi]
Schneider/in	krawiec/krawcowa [kravjeʦ/krafʦɔva]
Schreibwarengeschäft	sklep papierniczy [sklep papjerɲiʧi]

Schuhgeschäft	sklep z obuwiem [sklɛp z ɔbuvjɛm]
Schuhmacher	szewc [ʃɛfts]
Secondhand-Laden	sklep z artykułami używanymi [sklɛp z artikuwami uʒivanimi]
Selbstbedienungsladen	sklep samoobsługowy [sklɛp samɔɔpsuwgɔvi]
Spielwarengeschäft	sklep z zabawkami [sklɛp z zabafkami]
Spirituosengeschäft	sklep monopolowy [sklɛp mɔnɔpɔlɔvi]
Sportartikel	artykuły sportowe [artikuwi spɔrtɔvɛ]
Supermarkt	supermarket [supermarket]
Süßwarengeschäft	sklep ze słodyczami [sklɛp zɛ swɔditʃami]
Tabakladen	kiosk z papierosami [kʲɔsk s papjerɔsami]
Trödler	handlarz starzyzną [xandlaʃ staʒiznɔ̃w]
Uhrmacher	zegarmistrz [zɛgarmiʃtʃ]
Wäscherei	pralnia [pralɲa]
Waschsalon	pralnia samoobsługowa [pralɲa samɔɔpswugɔva]
Weinhandlung	sklep z winem [sklɛp z vinɛm]
Zeitungskiosk	kiosk z gazetami [cjɔsg z gazetami]

Haushaltswaren

Abfallbeutel	worek na śmieci [vɔrɛk na ɕmjɛtɕi]
Alufolie	folia aluminiowa [fɔlja aluminjɔva]
Bindfaden	sznurek [ʃnurɛk]
Brennspiritus	denaturat [dɛnaturat]
Dosenöffner	otwieracz do puszek [ɔtfjɛradʒ dɔ puʃɛk]

Draht	drut [drut]
Flaschenöffner	otwieracz do butelek [otʃjeradʒ dɔ butelek]
Frischhaltefolie	folia spożywcza [fɔlja spɔʒiftʃa]
Gabel	widelec [videlets]
Glas	szklanka [ʃklaŋka]
Grill	grill [gril]
Grillanzünder	rozpałka do grilla [rɔspawka dɔ grila]
Grillkohle	węgiel drzewny [vɛŋɛl dʒevni]
Haushaltswaren	artykuły gospodarstwa domowego [artikuwi gɔspɔdarstfa dɔmɔvegɔ]
Kerzen	świece [ɕfjetsɛ]
Korkenzieher	korkociąg [kɔrkɔtɕɔŋk]
Kühlelement	wkład do lodówki turystycznej [fkwad dɔ lɔdufci turistitʃnɛj]
Kühltasche	lodówka turystyczna [lɔdufka turistitʃna]
Löffel	łyżka [wiʃka]
Messer	nóż [nuʃ]
Nadel	igła [igwa]
Petroleum	nafta [nafta]
Plastikbecher	kubek plastikowy [kubek plastikɔvi]
Plastikbeutel	torebka plastikowa [tɔrepka plastikɔva]
Sicherheitsnadel	agrafka [agrafka]
Schere	nożyce *pl* [nɔʒitsɛ]
Taschenmesser	scyzoryk [stsizɔrik]
Thermosflasche®	termos [termɔs]
Wäscheklammern	spinacze do bielizny [spinatʃɛ dɔ bjelizni]
Wäscheleine	sznur do bielizny [ʃnur dɔ bjelizni]

Lebensmittel

Was darf es sein?
Co podać? [tsɔ pɔdatɕ]

Geben Sie mir bitte ...
Poproszę ... [pɔprɔʃɛ]

ein Kilo ...
kilogram ... +gen [cilɔgram]

100 Gramm ...
100 gramów, 10 dekagramów ... +gen
[stɔ gramuf, dʑɛɕɛndʑ dekagramuf]

10 Scheiben ...
10 plasterków ... +gen [dʑɛɕɛntɕ plasterkuf]

ein Stück von ...
kawałek ... +gen [kavawɛk]

eine Packung ...
paczkę ... +gen [patʃkɛ]

ein Glas ...
słoik ... +gen [swɔik]

eine Dose ...
puszkę ... +gen [puʃkɛ]

eine Flasche ...
butelkę ... +gen [butɛlkɛ]

eine Einkaufstüte.
torebkę plastikową [tɔrɛpkɛ plastikɔvɔw̃]/
fam reklamówkę [rɛklamufkɛ]

Darf es auch etwas mehr sein?
Czy może być trochę więcej? [tʃi mɔʒe bitɕ trɔxe vjɛntsej]

Darf es sonst noch etwas sein?
Czy coś jeszcze? [tʃi tsɔɕ jeʃtʃe]

Dürfte ich vielleicht etwas hiervon probieren?
Czy mógłbym *(m)*/mogłabym *(f)* spróbować?
[tʃi mugwbim/mɔgwabim sprubɔvatɕ]

Danke, das ist alles.
Dziękuję, to wszystko. [dʑɛŋkuje, tɔ fʃistkɔ]

Farben

beige	beżowy [beʒɔvi]
blau	niebieski [nebjeski]
braun	brązowy [brɔ̃zɔvi]
gelb	żółty [ʒuwti]
golden	złoty [zwɔti]
grau	szary [ʃari]
grün	zielony [ʑelɔni]
lila	lila [lila]
orange	pomarańczowy [pɔmarajntʃɔvi]
rosa	różowy [ruʒɔvi]
rot	czerwony [tʃervɔni]
schwarz	czarny [tʃarni]
silbern	srebrny [srebrni]
türkisfarben	turkusowy [turkusɔvi]
violett	fioletowy [fjɔletɔvi]
weiß	biały [bjawi]
hell ...	jasno ... [jasnɔ]
dunkel ...	ciemno ... [tɕɛmnɔ]
farbig	kolorowy [kɔlɔrɔvi]
einfarbig	jednokolorowy [jɛdnɔkɔlɔrɔvi]

Für alle Fälle

Gesundheit

In der Apotheke

Könnten Sie mir bitte sagen, wo die nächste Apotheke (mit Nachtdienst) ist?
Proszę mi powiedzieć, gdzie jest najbliższa apteka (z dyżurem nocnym)?
[prɔʃɛ mi pɔvjɛdʑɛʨ, gdʑɛ jɛst najbliʃʃa aptɛka (z‿dɨʒurɛm nɔtʃnim)]

Könnten Sie mir bitte etwas gegen ... geben?
Proszę mi dać coś na ... [prɔʃɛ mi daʨ tsɔɕ na]

Dieses Mittel ist verschreibungspflichtig.
Ten lek jest tylko na receptę. [tɛn lɛk jɛst tilkɔ na‿rɛtsɛptɛ]

Abführmittel	środek na przeczyszczenie [ɕrɔdɛk na‿pʃɛtʃiʃtʃɛɲɛ]
Aspirin	aspiryna [aspirina]
Augentropfen	krople *pl* do oczu [krɔplɛ dɔ‿ɔtʃu]
Beruhigungsmittel	środek uspokajający [ɕrɔdɛk uspɔkajɔntsi]
Brandsalbe	maść *f* na oparzenia [maɕʨ na‿ɔpaʒɛɲa]
Desinfektionsmittel	środek dezynfekujący [ɕrɔdɛg dɛzɨnfɛkujɔntsi]
Elastikbinde	bandaż elastyczny [bandaʃ ɛlastɨtʃni]
Fieberthermometer	termometr [tɛrmɔmɛtr]
Halstabletten	tabletki na gardło [tablɛtci na‿gardwɔ]
Hustensaft	syrop na kaszel [sirɔp na‿kaʃɛl]
Mittel gegen Insektenstiche	środek na ukąszenia owadów [ɕrɔdɛk na‿ukɔ̃ʃɛɲa ɔvaduf]

Insulin	insulina [insulina]
Jod(tinktur)	roztwór jodu [rɔstfur jɔdu]
Kamillentinktur	nalewka rumiankowa
	[nalɛfka rumjaŋkɔva]
Kondom	prezerwatywa [prɛzɛrvativa],
	kondom [kɔndɔm]
Kopfschmerztabletten	tabletki od bólu głowy
	[tablɛtci ɔd bulu gwɔvi]
Kreislaufmittel	środek na krążenie
	[ɕrɔdɛk na krɔ̃ʒɛɲɛ]
Läuse	wszy (głowowe) [fʃi (gwɔvɔvɛ)]
Medikament	lekarstwo [lɛkarstfɔ]
Mittel	środek [ɕrɔdɛk]
Mullbinde	gaza [gaza]
Ohrentropfen	krople pl do uszu [krɔplɛ dɔ uʃu]
Pflaster	plaster [plastɛr]
Puder	puder [pudɛr]
Rezept	recepta [rɛʦɛpta]
Salbe	maść f [maɕʨ]
Schlaftabletten	tabletki nasenne [tablɛtci nasɛnnɛ]
Schmerztabletten	tabletki przeciwbólowe
	[tablɛtci pʃɛʨivbulɔvɛ]
Sonnenbrandsalbe	maść f na oparzenie słoneczne
	[maɕʨ na ɔpaʒɛɲɛ swɔnɛʧnɛ]
Tablette	tabletka [tablɛtka],
	pigułka [piguwka]
Tropfen	krople pl [krɔplɛ]
Vitamintabletten	tabletki witaminowe
	[tablɛtci vitaminɔvɛ]
Watte	wata [vata]
Zäpfchen	czopki pl [ʧɔpci]

Ulotka informacyjna	Beipackzettel
skład	**Zusammensetzung**
wskazania/zastosowanie	**Anwendungsgebiete**
przeciwwskazania	**Gegenanzeigen**
skutki uboczne	**Nebenwirkungen**
interakcje	**Wechselwirkungen**
Dawkowanie	**Dosierungsanleitung:**
zażywać ... jeden raz/kilka razy dziennie	**1 x/mehrmals täglich ... einnehmen**
jedną tabletkę	**1 Tablette**
dwadzieścia kropli	**20 Tropfen**
jedną miarkę	**1 Messbecher**
przed jedzeniem	**vor dem Essen**
po jedzeniu	**nach dem Essen**
na czczo	**auf nüchternen Magen**
połknąć bez rozgryzania, popijając niewielką ilością płynu	**unzerkaut mit etwas Flüssigkeit einnehmen**
rozpuścić w niewielkiej ilości wody	**in etwas Wasser auflösen**
rozpuścić w ustach	**im Mund zergehen lassen**
do użytku zewnętrznego	**äußerlich**
nanieść cienką warstwę na skórę i wetrzeć	**dünn auf die Haut auftragen und einreiben**
niemowlęta	**Säuglinge**
małe dzieci (w wieku .../ do ... lat)	**Kleinkinder (bis zu ... Jahren)**
starsze dzieci	**Schulkinder**
młodzież	**Jugendliche**

dorośli/osoby dorosłe   **Erwachsene**
Przechowywać w miejscu   **Für Kinder unzugänglich**
   niedostępnym dla dzieci!   **aufbewahren!**

Beschwerden

Was für Beschwerden haben Sie?
Co panu *(m)*/pani *(f)* dolega? [t͡sɔ panu/pani dɔlega]

Ich habe Fieber.
Mam gorączkę. [mam gɔrɔnt͡ʃke]

Mir ist …
Jest mi … [jest mi]

   schlecht/übel.
   niedobrze. [ɲedɔbʒe]

   schwindlig.
   Kręci mi się w głowie. [krɛnt͡ɕi mi ɕe v‿gwɔvje]

Ich bin ohnmächtig geworden.
Zemdlał-em *(m)*/am *(f)*. [zemdlaw-ɛm/am]

Ich bin stark erkältet.
Jestem mocno przeziębion-y *(m)*/a *(f)*. [jestem mɔt͡snɔ pʃeʑembjɔn-i/a]

Ich habe Kopfschmerzen/Halsschmerzen.
Boli mnie głowa/gardło. [bɔli mɲe gwɔva/gardwɔ]

Ich habe Husten.
Mam kaszel. [mam kaʃel]

Ich bin …
Został-em *(m)*/am *(f)* … [zɔstaw-ɛm/am]

   gestochen worden.
   ukąszon-y *(m)*/a *(f)*. [ukɔ̃w̃ʃɔni/a]

gebissen worden.
pogryzion-y *(m)*/a *(f)*. [pɔgrizɔni/a]

Ich habe mir den Magen verdorben.
Mam rozstrój żołądka. [mam rɔsstruj ʒɔwɔntka]

Ich habe ...
Mam ... [mam]

> **Durchfall.**
> rozwolnienie. [rɔzvɔlɲɛɲɛ]

> **Verstopfung.**
> zatwardzenie. [zatfardzɛɲɛ]

Ich vertrage das Essen/die Hitze nicht.
Źle znoszę to jedzenie/ten upał. [ʑle znɔʃɛ tɔ jɛdzɛɲɛ/tɛn upaw]

Ich habe mich verletzt.
Skaleczył-em *(m)*/am *(f)* się. [skalɛt͡ʃiw-ɛm/am ɕɛ]

Ich bin gestürzt.
Przewrócił-em *(m)*/am *(f)* się. [pʃɛvrut͡ɕiw-ɛm/am ɕɛ]

Können Sie mir bitte etwas gegen ... geben/verschreiben?
Czy może mi pan *(m)*/pani *(f)* dać/zapisać coś na ...
[t͡ʃi mɔʒɛ mi pan/paɲi dat͡ɕ/zapisat͡ɕ t͡sɔɕ na]

Normalerweise nehme ich ...
Przeważnie biorę ... [pʃɛvaʒɲɛ bjɔrɛ]

Ich habe einen hohen/niedrigen Blutdruck.
Mam wysokie/niskie ciśnienie. [mam vɨsɔkʲe/ɲiskʲe t͡ɕiɕɲɛɲɛ]

Ich bin Diabetiker/in.
Jestem diabetykiem/diabetyczką. [jɛstɛm djabɛtɨkʲɛm/djabɛtɨt͡ʃkɔ̃w]

Ich bin schwanger.
Jestem w ciąży. [jɛstɛm f t͡ɕɔ̃w̃ʒi]

Ich hatte vor kurzem ...
Miał-em (m)/am (f) niedawno ... [mjawɛm/am ɲɛdavnɔ]

Untersuchung

Was kann ich für Sie tun?
Co mogę dla pana (m)/pani (f) zrobić?
[tsɔ mɔgɛ dla pana/paɲi zrɔbitɕ]

Wo tut es weh?
Gdzie boli? [gdʑɛ bɔli]

Ich habe hier Schmerzen.
Tu mam bóle. [tu mam bulɛ]

Bitte, machen Sie sich/Ihren Arm frei.
Proszę się rozebrać/odsłonić ramię.
[prɔʃɛ ɕɛ rɔzɛbratɕ/ɔtswɔɲitɕ ramjɛ]

Bitte tief einatmen. Atem anhalten.
Proszę głęboko oddychać. Wstrzymać oddech.
[prɔʃɛ gwɛmbɔkɔ ɔddixatɕ. fstʃimatɕ ɔddex]

Ich brauche eine Blut-/Urinprobe.
Potrzebne jest badanie krwi/moczu.
[pɔtʃɛbnɛ jezd badaɲɛ krfi/mɔtʃu]

Sie müssen geröntgt werden.
Trzeba zrobić prześwietlenie. [tʃɛba zrɔbitɕ pʃɛɕfjetlɛɲɛ]

Sie müssen operiert werden.
Musi się pan (m)/pani (f) poddać operacji.
[muɕi ɕɛ pan/paɲi pɔddatɕ ɔpɛratsji]

Sie sollten ein paar Tage Bettruhe halten.
Powinien pan (m)/Powinna pani (f) kilka dni poleżeć w łóżku.
[pɔviɲɛn pan/pɔvinna paɲi cilka dɲi pɔlɛʑɛdʑ v wuʃku]

Es ist nichts Ernstes.
To nic poważnego. [tɔ ɲits pɔvaʒnɛgɔ]

Haben Sie einen Impfschein?
Czy ma pan *(m)*/pani *(f)* świadectwo szczepień?
[tʃi ma pan/paɲi ɕɕɕ̃wʒɛtʃkɛ ʃtʃɛpjɛɲ]

Ich bin gegen ... geimpft.
Byłem szczepiony *(m)*/byłam szczepiona *(f)* przeciw ...
[biwɛm ʃtʃɛpjɔɲi/biwam ʃtʃɛpjɔna pʃɛtɕif]

Beim Zahnarzt

Ich habe (starke) Zahnschmerzen.
Mam (ostre) bóle zęba. [mam (ɔstrɛ) bulɛ zɛmba]

Dieser Zahn (oben/unten/vorn/hinten) tut weh.
Ten ząb (na górze/na dole/z przodu/z tyłu) boli.
[tɛn zɔmp (na‿guʒɛ/na‿dɔlɛ/s‿pʃɔdu/s‿tiwu) bɔli]

Ich habe eine Füllung verloren.
Wypadła mi plomba. [vipadwa mi plɔmba]

Mir ist ein Zahn abgebrochen.
Złamał mi się ząb. [zwamaw mi ɕɛ zɔmp]

Ich behandle ihn nur provisorisch.
Zrobię go tylko prowizorycznie. [zrɔbjɛ gɔ tilkɔ prɔvizɔritʃɲɛ]

Geben Sie mir bitte ...
Proszę mi ... [prɔʃɛ mi]

   eine Spritze.
   dać zastrzyk. [dadʑ zastʃik]

   keine Spritze.
   nie dawać zastrzyku. [ɲɛ‿davadʑ zastʃiku]

Backenzahn	ząb trzonowy [zɔmp tʃɔnɔvi]
Brücke	mostek [mɔstek]
Kiefer	szczęka [ʃtʃɛŋka]
Krone	koronka [kɔrɔŋka]
Loch	dziura (w zębie) [d͡ʑura (v zɛmbjɛ)]
Plombe	plomba [plɔmba]
Prothese	proteza [prɔteza]
Schneidezahn	siekacz [ɕekatʃ]
Weisheitszahn	ząb mądrości [zɔmp mɔndrɔɕtɕi]
Zahn	ząb [zɔmp]
Zahnfleisch	dziąsło [d͡ʑɔw̃swɔ]
Zahnschmerzen	ból zęba [bul zɛmba]
ziehen	wyrywać/wyrwać (ząb) [virivatɕ/virvatɕ (zɔmp)]

Bank

Wo ist hier bitte eine Bank/eine Wechselstube?
Gdzie tu jest bank/kantor (wymiany walut)?
[gd͡ʑe tu jezd baŋk/kantɔr (vimjani valut)]

Wann öffnet/schließt die Bank?
O której otwierają/zamykają bank?
[ɔ kturej ɔtfjerajɔw̃/zamikajɔw̃ baŋk]

Ich möchte ... Euro (Schweizer Franken) in ... wechseln.
Chciałbym *(m)*/Chciałabym *(f)* wymienić ... euro (franków szwajcarskich) na ...
[xtɕawbim/xtɕawabim vimjenitɕ ... ɛwrɔ (fraŋkuf ʃfajtsarscix) na]

Wie ist heute der Wechselkurs?
Jaki jest dziś kurs? [jaci jezd d͡ʑiɕ kurs]

Wie viel Zloty bekomme ich für 100 Euro?
Ile złotych dostanę za sto euro? [ile zwɔtix dɔstanε za‿stɔ εwrɔ]

Ich möchte diesen Reisescheck einlösen.
Chciałbym *(m)*/Chciałabym *(f)* zrealizować ten czek podróżny.
[xtɕawbim/xtɕawabim zrealizɔvatɕ tεn tʃεk pɔdruʒni]

Auf welchen Betrag kann ich den Scheck maximal ausstellen?
Na jaką maksymalną sumę mogę wystawić czek?
[na jakɔ̃w maksimalnɔ̃w sumε mɔgε vistavitɕ tʃεk]

Ihre Scheckkarte, bitte.
Proszę pańską *(m)*/pani *(f)* kartę czekową.
[prɔʃε paɲskɔ̃w/paɲi kartε tʃεkɔvɔ̃w]

Darf ich bitte Ihren Pass/Ausweis sehen?
Czy mogę zobaczyć pana *(m)*/pani *(f)* paszport/dowód osobisty?
[tʃi mɔgε zɔbatʃitɕ pana/paɲi paʃpɔrt/dɔvut ɔsɔbisti]

Würden Sie bitte hier unterschreiben?
Czy może pan *(m)*/pani *(f)* tu podpisać?
[tʃi mɔʒε pan/paɲi tu pɔtpisatɕ]

Wie wollen Sie das Geld haben?
W jakich wartościach chce pan *(m)*/pani *(f)* tę sumę?
[v jacix vartɔɕtɕax xtsε pan/paɲi tε sumε]

Bitte nur Scheine.
Proszę tylko banknoty. [prɔʃε tilkɔ baŋknɔti]

Auch etwas Kleingeld.
I trochę drobnych. [i trɔxε drɔbnix]

auszahlen	wypłacać/wypłacić [vipwatsatɕ/vipwatɕitɕ]
Bank	bank [baŋk]

bar	gotówką [gɔtufkɔ̃w̃], w gotówce [v gɔtuftsɛ]
Bargeld	gotówka [gɔtufka]
Betrag	suma [suma]
Devisen	dewizy [dɛvizi]
einzahlen	wpłacać/wpłacić [fpwatsatɕ/fpwatɕitɕ]
Euro	euro [ɛwrɔ]
Formular	formularz [fɔrmulaʃ], druczek [drutʃek]
Geheimzahl	kod PIN [kɔt pin]
Geld	pieniądze pl [pjɛnɔndzɛ]
Geldautomat	bankomat [baŋkɔmat]
Geldanweisung	przekaz pieniężny [pʃɛkas pjɛɲɛ̃w̃ʒni]
Geldschein	banknot [baŋknɔt]
Geldwechsel	wymiana pieniędzy [vimjana pjɛɲɛndzi]
Kleingeld	drobne pl [drɔbnɛ]
Konto	konto [kɔntɔ]
Kreditkarte	karta kredytowa [karta krɛditɔva]
Kurs	kurs [kurs]
Münze	moneta [mɔnɛta]
Provision	prowizja [prɔvizja]
Quittung	pokwitowanie [pɔkfitɔvaɲɛ], kwit [kfit]
Reisescheck	czek podróżny [tʃek pɔdruʒni]
Schalter	okienko [ɔcɛnkɔ]
Scheck	czek [tʃek]
einen Scheck ausstellen	wystawić czek [vistavitɕ tʃek]
Scheckkarte	karta czekowa [karta tʃekɔva]
Schweizer Franken	frank szwajcarski [fraŋk ʃfajtsarsci]

Sparkasse	kasa oszczędności
	[kasa ɔʃtʃendnɔɕtɕi]
Überweisung	przekaz [pʃekas], przelew [pʃelɛf]
umtauschen	wymieniać [vɪmjɛɲatɕ]
unterschreiben	podpisać [pɔtpisatɕ]
Währung	waluta [valuta]
Wechselkurs	kurs wymiany [kurs vɪmjani]
Wechselstube	kantor wymiany walut
	[kantɔr vɪmjani valut]
zahlen	płacić [pwatɕitɕ]
Zahlkarte	przekaz [pʃekas],
	blankiet nadawczy [blaɲcet nadaftʃi]
Zahlung	opłata [ɔpwata],
	płatność [pwatnɔɕtɕ]
Zahlungsanweisung	polecenie zapłaty [pɔletɕeɲe zapwati]

Internetcafé

Wo gibt es in der Nähe ein Internetcafé?
Czy jest tu w pobliżu kafejka internetowa?
[tʃi jest tu f pɔbliʒu kafejka internɛtɔva]

Wieviel kostet eine Stunde?/Viertelstunde?
Ile kosztuje godzina?/kwadrans? [ile kɔʃtuje gɔdʑina/kfadrans]

Ich möchte eine E-Mail senden.
Chciałbym *(m)*/Chciałabym *(f)* wysłać e-mail.
[xtɕawbɪm/xtɕawabɪm viswatɕ imajl]

Kann ich von hier ein Fax versenden?
Czy mógłbym *(m)*/mogłabym *(f)* tutaj wysłać faks?
[tʃi mugwbɪm/mɔgwabɪm tutaj viswatɕ faks]

Kann ich eine Seite ausdrucken?
Czy mogę wydrukować jedną stronę?
[t∫i mɔgɛ vidrukɔvat͡ɕ jɛdnɔ̃w̃ strɔnɛ]

Bei mir klappt die Verbindung nicht.
Połączenie nie funkcjonuje. [pɔwɔnt͡ʃɛɲɛ ɲɛ fuŋktsjɔnujɛ]

Ich habe Probleme mit dem Computer.
Mam problemy z komputerem. [mam prɔblɛmi s kɔmputɛrɛm]

Kann ich bei Ihnen Fotos von meiner Digitalkamera auf CD brennen?
Czy mogę przegrać zdjęcia z aparatu cyfrowego na płytę CD?
[t∫i mɔgɛ p∫ɛgrad͡ʑ zdjɛnt͡ɕa z aparatu t͡sifrɔvɛgɔ na pwitɛ si di]

Haben Sie Guthabenkarten der Mobilfunkgesellschaft ...?
Czy są karty na doładowanie operatora ...?
[t∫i sɔ̃w̃ karti na dɔwadɔvaɲɛ ɔpɛratɔra]

Polizei

Wo ist bitte das nächste Polizeirevier?
Gdzie jest najbliższy komisariat policji?
[gd͡ʑɛ jɛst najbli∫∫i kɔmisarjat pɔlit͡sji]

Ich möchte einen Diebstahl/Verlust/Unfall anzeigen.
Chciałbym (m)/Chciałabym (f) zgłosić kradzież/zgubę/wypadek.
[xt͡ɕawbim/xt͡ɕawabim zgwɔɕit͡ɕ krad͡ʑɛ∫/zgubɛ/vipadɛk]

Mir ist ... gestohlen worden.
Ukradziono mi ... [ukrad͡ʑɔnɔ mi]

die Handtasche
torebkę. [tɔrɛpkɛ]

die Brieftasche
portfel. [pɔrtfɛl]

mein Fotoapparat
mój aparat fotograficzny. [muj aparat fɔtɔgrafitʃni]

mein Auto
moje auto. [mɔjɛ awtɔ]

Mein Auto ist aufgebrochen worden.
Włamano się do mojego auta. [vwamanɔ ɕɛ dɔ mɔjɛgɔ awta]

Aus meinem Auto ist ... gestohlen worden.
Z mojego auta ukradziono ... [z mɔjɛgɔ awta ukradʑɔnɔ]

Ich habe ... verloren.
Zgubiłem (m)/Zgubiłam (f) ... [zgubiwɛm/zgubiwam]

Mein Sohn/Meine Tochter ist verschwunden.
Mój syn zaginął./Moja córka zaginęła.
[muj sɪn zaɟinɔw/mɔja tsurka zaɟinɛwa]

Dieser Mann belästigt mich.
Ten mężczyzna mnie napastuje. [tɛn mɛ̃wʃtʃizna mɲɛ napastujɛ]

Können Sie mir bitte helfen?
Czy może mi pan (m)/pani (f) pomóc?
[tʃi mɔʒɛ mi pan/paɲi pɔmuts]

Wann genau ist das passiert?
Kiedy dokładnie to się stało? [cɛdɪ dɔkwadɲɛ tɔ ɕɛ stawɔ]

Ihren Namen und Ihre Anschrift, bitte.
Pana (m)/Pani (f) nazwisko i adres proszę.
[pana/paɲi nazviskɔ i adrɛs prɔʃɛ]

**Wenden Sie sich bitte an das deutsche/österreichische/
Schweizer Konsulat.**
Proszę zwrócić się do niemieckiego/austriackiego/
szwajcarskiego konsulatu.
[prɔʃɛ zvrutɕitɕ ɕɛ dɔ ɲɛmjɛtsɛgɔ/awstrjatsɛgɔ/ʃfajtsarsɛgɔ
kɔnsulatu.]

anzeigen	zgłaszać/zgłosić [zgwaʃatɕ/zwɔɕitɕ]
aufbrechen	włamać się [vwamatɕ ɕɛ]
Autoradio	radio samochodowe [radjɔ samɔxɔdɔvɛ]
Autoschlüssel	kluczyki *pl* do samochodu [klutʃiki dɔ samɔxɔdu]
belästigen	napastować [napastɔvatɕ]
beschlagnahmen	skonfiskować [skɔnfiskɔvatɕ]
Brieftasche	portfel [pɔrtfɛl]
Dieb	złodziej [zwɔdʑɛj]
Diebstahl	kradzież [kradʑɛʃ]
Führerschein	prawo jazdy [pravɔ jazdi]
Gefängnis	więzienie [vɛ̃ʑɛɲɛ]
Geld	pieniądze *pl* [pjɛɲɔndʑɛ]
Geldbörse	portmonetka [pɔrtmɔnetka]
Kfz-Schein	dowód rejestracyjny [dɔvut rejestratsijni]
Papiere	dokumenty [dɔkumenti]
Personalausweis	dowód osobisty [dɔvut ɔsɔbisti]
Polizei	policja [pɔlitsja]
Polizeiwagen	samochód/radiowóz policyjny [samɔxut/radjɔvus pɔlitsijni]
Polizist/in	policjant/ka [pɔlitsjant/ka]
Rauschgift	narkotyk [narkɔtik]
Rechtsanwalt/-anwältin	adwokat [advɔkat]
Reisepass	paszport [paʃpɔrt]
Scheck	czek [tʃɛk]
Scheckkarte	karta czekowa [karta tʃɛkɔva]
Schlüssel	klucz [klutʃ]
Schmuggel	przemyt [pʃɛmit], szmugiel *fam* [ʃmuɟel]
Schuld	wina [vina]

Taschendieb	złodziej kieszonkowy [zwɔdʑej ceʃɔnkɔvi]
Überfall	napad [napat]
Untersuchungshaft	areszt śledczy [areʃt ɕletʧi]
Verbrechen	przestępstwo [pʃestempstfɔ]
Vergewaltigung	gwałt [gvawt]
verhaften	aresztować [areʃtɔvatɕ]
verlieren	zgubić [zgubiʨ]
zusammenschlagen	bić/pobić [biʨ/pobiʨ]

Post

Wo ist die nächste Post/der nächste Briefkasten?
Gdzie jest najbliższa poczta/najbliższa skrzynka pocztowa?
[gdʑe jest najbliʃʃa pɔʧta/najbliʃʃa skʃinka pɔʧtɔva]

Was kostet ein Brief/eine Postkarte ...
Ile kosztuje list/pocztówka ... [ile kɔʃtuje list/pɔʧtufka]

  nach Deutschland?
  do Niemiec? [dɔ ɲemjets]

  nach Österreich?
  do Austrii? [dɔ awstrji]

  in die Schweiz?
  do Szwajcarii? [dɔ ʃfajtsarji]

Drei Briefmarken zu ... Zloty, bitte.
Trzy znaczki po ... złotych, proszę. [tʃi znatʧi pɔ ... zwɔtix, prɔʃe]

Diesen Brief bitte ...
Ten list proszę ... [ten list prɔʃe]

  per Einschreiben.
  jako polecony. [jakɔ pɔletsɔni]

per Luftpost.
pocztą lotniczą [pɔtʃtɔ̃w lɔtɲitʃɔ̃w]

per Express.
jako priorytet [jakɔ prjɔritɛt]

Wie lange braucht ein Brief nach Deutschland?
Jak długo idzie list do Niemiec? [jag dwugɔ idʑe list dɔ ɲemjɛts]

Kann ich bei Ihnen auch Sondermarken bekommen?
Czy ma pan *(m)*/pani *(f)* też znaczki okolicznościowe?
[tʃi ma pan/paɲi tɛʒ znatʃci ɔkɔlitʃnɔɕtɕɔve]

Diesen Satz/Je eine Marke, bitte.
Tę serię/Po jednym znaczku, proszę.
[tɛ sɛrjɛ̃/pɔ jednim znatʃku, prɔʃe]

absenden	wysyłać/wysłać [visiwatɕ/viswatɕ]
Absender	nadawca [nadaftsa]
Adresse	adres [adrɛs]
ausfüllen	wypełniać/wypełnić [vipɛwɲatɕ/vipɛwɲitɕ]
Brief	list [list]
Briefkasten	skrzynka pocztowa [skʃinka pɔtʃtɔva]
Briefmarke	znaczek pocztowy [znatʃek pɔtʃtɔvi]
Briefmarkenautomat	automat ze znaczkami pocztowymi [awtɔmad ze znatʃkami pɔtʃtɔvimi]
Briefumschlag	koperta [kɔperta]
Eilbrief	ekspres [ɛkspres], list ekspresowy [list ɛkspresɔvi]
Einschreibebrief	list polecony [list pɔletsɔni]
Empfänger	odbiorca [ɔdbjɔrtsa]
Empfangsbestätigung	potwierdzenie odbioru [pɔtfjerdʑɛɲe ɔdbjɔru]

frankieren	ofrankować [ɔfrankɔvatɕ], nalepić znaczek [nalɛpiʥ znatʃɛk]
Gebühr	opłata [ɔpwata]
Gewicht	waga [vaga]
Hauptpost	poczta główna [pɔtʃta gwuvna]
Leerung	opróżnianie skrzynki pocztowej [ɔpruʒnaɲɛ skʃinci pɔtʃtɔvɛj]
mit Luftpost	pocztą lotniczą [pɔtʃtɔ̃w lɔtɲitʃɔ̃w]
per Nachnahme	za zaliczeniem pocztowym [za_zalitʃɛɲɛm pɔtʃtɔvim]
nachsenden	dosyłać/dosłać [dɔsiwatɕ/dɔswatɕ]
Päckchen	paczka [patʃka], paczuszka [patʃuʃka]
Paket	paczka [patʃka]
Paketkarte	formularz nadania paczki [fɔrmulaʃ nadaɲa patʃci]
Porto	porto [pɔrtɔ], opłata pocztowa [ɔpwata pɔtʃtɔva]
Post	poczta [pɔtʃta]
Postkarte	pocztówka [pɔtʃtufka]
postlagernd	poste restante [pɔst rɛstant] *form*
Postleitzahl	kod pocztowy [kɔt pɔtʃtɔvi]
Schalter	okienko [ɔcɛnkɔ]
Schalterstunden	godziny otwarcia (okienka) [gɔʥini ɔtfartɕa (ɔcɛnka)]
Sondermarke	znaczek okolicznościowy [znatʃɛk ɔkɔlitʃnɔɕtɕɔvi]
Wertangabe	wartość f [vartɔɕtɕ]
Zollerklärung	deklaracja celna [dɛklaratsja tsɛlna]

Toilette und Bad

Wo ist bitte die Toilette?
Przepraszam, gdzie jest toaleta? [pʃɛpraʃam, gdʑe jest tɔalɛta]

Dürfte ich wohl bei Ihnen die Toilette benutzen?
Czy mógłbym *(m)*/mogłabym *(f)* skorzystać z toalety?
[tʃi mugwbim/mɔgwabim skɔʒistatɕ s tɔalɛti]

Würden Sie mir bitte den Schlüssel für die Toiletten geben?
Czy mógłby pan *(m)*/mogłaby pani *(f)* dać mi klucz do toalety?
[tʃi mugwbi pan/mɔgwabi paɲi datɕ mi kludʒ dɔ tɔalɛti]

Damen	toaleta damska [tɔalɛta damska]
Herren	toaleta męska [tɔalɛta mɛw̃ska]

Wörterbuch
Polnisch - Deutsch

A

a [a] und
aby [abɨ] dass, damit
adapter [adaptɛr] Adapter
administracja [admĩɲistratsja]
  Verwaltung
adres [adrɛs] Adresse
adwokat/ka [advɔkat/ka]
  Rechtsanwalt/anwältin
aerobik [aɛrɔbik] Aerobic
agencja [agɛntsja] Agentur
agrafka [agrafka] Sicherheitsnadel
agroturystyka [agrɔturistika]
  Urlaub auf dem Bauernhof
aklimatyzować/zaaklimatyzować
  się [aklimatizɔvatɕ/
  zaaklimatizɔvatɕ sɛ̃] s.
  akklimatisieren
akt [akt] Akt
aktor/ka [aktɔr/ka] Schauspieler/
  in
aktor/ka filmow-y/a [aktɔr/ka
  filmɔv-i/a] Filmschauspieler/in
aktualny [aktualnɨ] aktuell, gültig
akurat [akurat] gerade *(zeitlich)*
akwaforta [akfafɔrta] Radierung
akwarela [akfarɛla] Aquarell
albo ... albo [albɔ...albɔ] entweder
  ... oder
albo [albɔ] oder

ale [alɛ] aber
alergia [alɛrja] Allergie
ależ tak [alɛʃ tak] doch
alfabet Braille'a [alfabɛd brajla]
  Brailleschrift
alternator [altɛrnatɔr]
  Lichtmaschine
ambasada [ambasada] Botschaft
  (dipl. Vertretung)
amfiteatr [amfitɛatr]
  Amphitheater
ananas [ananas] Ananas
angielski [aŋɛlsci] englisch
angina [aɲjina] Angina
antybiotyk [antibjɔtik]
  Antibiotikum
antyczny [antítʃɲi] antik
antykwariat [antikfarjat]
  Antiquitätengeschäft
anulować [anulɔvatɕ] stornieren
aparat [aparat] Apparat
aparat cyfrowy [aparat tsifrɔvi]
  Digitalkamera
aparat do zdjęć podwodnych
  [aparat dɔ zdjɛntɕ pɔdvɔdnix]
  Unterwasserkamera
aparat fotograficzny [aparat
  fɔtɔgrafitʃɲi] Fotoapparat
apartament [apartamɛnt]
  Apartment
apaszka [apaʃka] Halstuch

apetyt [apetit] Appetit
apopleksja [apɔplɛksja]
Gehirnschlag, Schlaganfall
apteka [aptɛka] Apotheke
arbuz [arbus] Wassermelone
archeologia [arxɛɔlɔja]
Archäologie
architekt [arçitɛkt] Architekt
architektura [arçitɛktura]
Architektur
arena [arɛna] Arena
areszt śledczy [arɛʃt clɛttʃi]
Untersuchungshaft
aresztować [arɛʃtɔvatɕ] verhaften
artykuły drogeryjne [artikuwi
drɔgɛrijnɛ] Drogerieartikel
artykuły gospodarstwa domowego
[artikuwi gɔspɔdarstfa dɔmɔvɛgɔ]
Haushaltswaren
artykuły papiernicze [artikuwi
papjɛrnitʃɛ] Schreibwaren
artykuły sportowe [artikuwi
spɔrtɔvɛ] Sportartikel
artyst-a/ka kabaretow-y/a
[artist-a/ka kabarɛtɔv-i/a]
Kabarettist/in
aspiryna [aspirina] Aspirin®
astma [astma] Asthma
atak serca [atak sɛrtsa] Herzanfall
atest [atɛst] Attest
Austria [awstrja] Österreich
Austriak/Austriaczka [awstrjak/
awstrjatʃka] Österreicher/in
auto [awtɔ] Auto
autobus [awtɔbus] Bus
autobus dalekobieżny [awtɔbuz
dalɛkɔbjɛʒni] Überlandbus

autobus lotniskowy [awtɔbus
lɔtniskɔvi] Flughafenbus
autobus miejski [awtɔbus mjɛjsci]
Stadtbus
autobus transferowy [awtɔbus
transfɛrɔvi] Transferbus
autocasco [awtɔkaskɔ] Vollkasko
automat [awtɔmat] Automat
automat biletowy [awtɔmad
bilɛtɔvi] Fahrkartenautomat
automat do kawy [awtɔmad
dɔ kavi] Kaffeemaschine
automat ze znaczkami pocztowymi
[awtɔmad zɛ znatʃkami
pɔtʃtɔvimi] Briefmarkenautomat
automatyczna sekretarka
[awtɔmatitʃna sɛkrɛtarka]
Anrufbeantworter
automatyczna skrzynia biegów
[awtɔmatitʃna skʃina bjɛguf]
Automatik(getriebe)
automatyczne otwieranie drzwi
[awtɔmatitʃnɛ ɔtfjɛranɛ dʒvi]
automatische Türöffnung
automatyczny [awtɔmatitʃni]
automatisch
autostrada [awtɔstrada] Autobahn
awaria [avarja] Panne
awokado [avɔkadɔ] Avocado

B

babcia [baptɕa], **babka** [bapka]
Großmutter
babyfon [bɛjbifɔn] Babyfon®
bać się [batɕ ɕɛ] fürchten
badanie [badanɛ] Untersuchung

badminton [badmintɔn] Badminton

bagaż [baɡaʃ] Gepäck

bagażnik [baɡaʒɲik] Kofferraum

bagno [baɡnɔ] Sumpf

bak [bak] Tank

bal [bal] Ball, Fest

balet [balɛt] Ballett

balkon [balkɔn] Balkon

balon na gorące powietrze [balɔn na ɡɔrɔntsɛ pɔvjɛtʃɛ] Heißluftballon

Bałtyk [bawtik] Ostsee

banany [banani] Bananen

bandaż [bandaʃ] Verband

bandaż elastyczny [bandaʃ ɛlastitʃni] Elastikbinde

bank [baŋk] Bank (Geldinstitut)

banknot [baŋknɔt] Geldschein

bankomat [baŋkɔmat] Geldautomat

bar [bar] Bar, Imbiss

baranina [baraɲina] Hammelfleisch

bardzo [bardzɔ] sehr

barek [barɛk] Minibar

bark [bark] Schulter

barok [barɔk] Barock

basen [basɛn] Swimmingpool

basen dla dzieci [basɛn dla dʑɛtɕi] Kinderbecken

bateria [batɛrja] Batterie

baton czekoladowy [batɔn tʃɛkɔladɔvi] Schokoriegel

bawełna [bavɛwna] Baumwolle

bawić się [bavitɕ ɕɛ] s. amüsieren, unterhalten, vergnügen; spielen

bazylia [bazilja] Basilikum

bębenek [bɛmbɛnɛk] Trommelfell

bez [bɛs] ohne

bez barier [bɛz barjɛr] barrierefrei

bez cła [bɛs tswa] zollfrei

bez przeszkód [bɛs pʃɛʃkut] barrierefrei

bezalkoholowy [bɛzalkɔxɔlɔvi] alkoholfrei

bezczelny [bɛʃtʃɛlni] unverschämt

beżowy [bɛʒɔvi] beige

bezpiecznie adv [bɛspjɛtʃɲɛ] sicher

bezpiecznik [bɛspjɛtʃɲik] (el) Sicherung

bezpieczny adj [bɛspjɛtʃni] sicher

bezpłatny [bɛspwatni] frei (kostenlos)

bezpośrednio adv [bɛspɔɕrɛdnɔ] direkt

bezpośredni adj [bɛspɔɕrɛdɲi] direkt

bezprogowy [bɛsprɔɡɔvi] ebenerdig

bezrobotny [bɛzrɔbɔtni] arbeitslos

bezsenność f [bɛssɛnnɔɕtɕ] Schlaflosigkeit

bezwartościowy [bɛzvartɔɕtɕɔvi] wertlos

bezwietrznie adv [bɛzvjɛtʃɲɛ] windstill

bezwstydny [bɛsfstidni] unverschämt

biały [bjawi] weiß

bić/pobić [bitɕ/pɔbitɕ] zusammenschlagen

bidon [bidɔn] Trinkflasche

biec [bjɛts] laufen, rennen

biedny [bjɛdni] arm

bieg [bjɛk] Gang (im Auto)

bieg jałowy [bjeg jawɔvi] Leerlauf
biegać [bjegaʨ] joggen, laufen
biegunka [bjegunka] Durchfall
biegówki [bjegufci] *fam*
  Langlaufski
bielizna [bjelizna] Unterwäsche
bikini *n* [biciɲi] Bikini
bilet [bilet] Fahrkarte, Fahrschein
bilet całodzienny [bilet
  ʦawɔʥenni] Tageskarte
bilet dla dziecka [biled dla ʥeʦka]
  Kinderfahrkarte
bilet powrotny [bilet pɔvrɔtni]
  Rückfahrkarte
bilet tygodniowy [bilet tigɔdɲɔvi]
  Wochenkarte
bilet wstępu [bilet fstɛmpu]
  Eintrittskarte
biodro [bjɔdrɔ] Hüfte
bita śmietana [bita ɕmjetana]
  Schlagsahne
biuro [bjurɔ] Büro
biuro podróży [bjurɔ pɔdruʒi]
  Reisebüro
biuro rzeczy znalezionych [bjurɔ
  ʒeʧi znalezɔnix] Fundbüro
biustonosz [bjustɔnɔʃ] BH
bizantyjski [bizantijsci]
  byzantinisch
biżuteria [biʒuterja] Schmuck
blezer [blezer] Blazer
bliski [blisci] nahe
blisko *adv* [bliskɔ] nah, nahe
blizna [blizna] Narbe
blok listowy [blok listɔvi] Block
blond [blɔnt] blond
błonica [bwɔɲiʦa] Diphtherie
blues [blus] Blues

bluzka [bluska] Bluse
błąd [bwɔnt] Fehler *(den man
  macht)*
błędny [bwɛndni] falsch
  (unrichtig)
błyskawica [bwiskaviʦa] Blitz
bo [bɔ] weil
body *n* [bɔdy] Body
Bóg [buk] Gott
bogaty [bɔgati] reich
boisko [bɔiskɔ] Sportplatz
boisko do gry w piłkę nożną [bɔiskɔ
  dɔ gri f piwkɛ nɔʒnɔw]
  Fußballplatz
bokobrody [bɔkɔbrɔdi] Koteletten
ból gardła [bul gardwa]
  Halsschmerzen
ból zęba [bul zɛmba]
  Zahnschmerzen
ból żołądka [bul ʒɔwɔntka]
  Magenschmerzen
bóle [bule] Schmerzen
bóle głowy [bule gwɔvi]
  Kopfschmerzen
bóle pleców [bule pleʦuf]
  Rückenschmerzen
boleć [bɔleʨ] schmerzen, wehtun
bon [bɔn] Gutschein
bowling [bɔvliŋk] Bowling
Boże Ciało [bɔʒe ʨawɔ]
  Fronleichnam
Boże Narodzenie [bɔʒe narɔʣeɲe]
  Weihnachten
brać/wziąć [braʨ/vzɔɲʨ] nehmen
brać udział/wziąć udział w [braʨ
  uʥaw/vzɔɲʨ uʥaw v]
  teilnehmen (an)

brać/wziąć (ze sobą) [bratɕ/vʑɔɲtɕ (zɛ ˌsɔbɔw̃)] mitnehmen
brak [brak] Mangel; Fehler
brakować [brakɔvatɕ] fehlen
brama [brama] Tor
bramka [bramka] Tor(Pfosten)
bramkarz [bramkaʃ] Torwart
branzoletka [branzɔlɛtka] Armband
brat [brat] Bruder
brąz [brɔ̃ws] Bronze
brązowy [brɔ̃wzɔvi] braun
broda [brɔda] Bart
brodzik [brɔdʑik] Planschbecken
bronchit [brɔnxit] Bronchitis
broszka [brɔʃka] Brosche
brudno adv [brudnɔ]**, brudny** adj [brudni] schmutzig
brzeg [bʐɛk] Küste, Ufer
brzoskwinie [bʐɔskfiɲɛ] Pfirsiche
brzuch [bʐux] Bauch
brzydki [bʐitci] hässlich
budka telefoniczna [butka tɛlɛfɔɲitʃna] Telefonzelle
budowa [budɔva] Baustelle
budowla [budɔvla] Bauwerk
budynek [budinɛk] Gebäude
budzić/obudzić [budʑitɕ/ɔbudʑitɕ] wecken
budzik [budʑik] Wecker
bufet sałatkowy [bufɛt sawatkɔvi] Salatbüfett
bukiet [bucɛt] (Blumen)Strauß
bułka [buwka] Brötchen
bungalow [bungalɔw] Bungalow
bursztyn [burʃtin] Bernstein
burza [buʒa] Gewitter
but [but] Schuh

butelka [butɛlka] Flasche
butelka ze smoczkiem [butɛlka zɛ ˌsmɔtʃcɛm] Saugflasche
butik [butik] Boutique
butla gazowa [butla gazɔva] Gasflasche
butla z tlenem [butla s ˌtlɛnɛm] Sauerstoffgerät
buty narciarskie [buti nartɕarscɛ] Skistiefel
być [bitɕ] sein
być głodnym [bidʑ gwɔdnim] hungrig sein
być przeciwko [bitɕ pʃɛtɕifkɔ] dagegen sein
być przyzwyczajonym [bitɕ pʃizvitʃajɔnim] gewohnt sein
być za [bidʑ za] dafür sein
być zaprzyjaźnionym [bidʑ zapʃijaʑɲɔnim] befreundet sein
bypass [bajpas] Bypass

C

całkiem adv [tɕawcɛm] ganz
całkowity [tɕawkɔviti] ganz, vollständig
całować/pocałować [tɕawɔvatɕ/ pɔtsawɔvatɕ] küssen
cały adj [tɕawi] ganz
catering [katɛriŋk] Partyservice
CD f **(płyta kompaktowa)** [si ˌdi (pwita kɔmpaktɔva)] CD/ Compactdisc
cebula [tsɛbula] Zwiebel
cel [tsɛl] Ziel
celownik [tsɛlɔvɲik] Sucher
cena [tsɛna] Preis

cena umowna [tsena umɔvna] Pauschalpreis

cena za kilometr [tsena za_cilɔmetr] Kilometerpreis

cena wstępu [tsena fstempu] Eintrittspreis

cent [tsent] Cent

centralny [tsentralni] zentral

centrum miasta [tsentrum mjasta] Stadtzentrum

centrum *n* [tsentrum] Zentrum

centymetr [tsentimetr] Zentimeter

ceramika [tseramika] Keramik

cesarz/owa [tsesaʃ/tsesaʒɔva] Kaiser/in

chcieć [xtɕetɕ] mögen, wollen

chętnie [xentɲe] gern

chirurg [çirurk] Chirurg/in

chlapacz [xlapatʃ] Schmutzfänger

chleb [xlep] Brot

chleb pszenny [xlep pʃenni] Weißbrot

chleb razowy [xlep razɔvi] Schwarzbrot

chłodnica [xwɔdɲitsa] Kühler

chłodny [xwɔdni] kühl

chłopiec [xwɔpjets] Junge

chmura [xmura] Wolke

chociaż [xɔtɕaʃ] obwohl, wenigstens

cholera [xɔlera] Cholera

chór [xur] Chor

choroba [xɔrɔba] Krankheit

choroba dziecięca [xɔroba dʑetɕentsa] Kinderkrankheit

chory [xɔri] krank

chrapać [xrapatɕ] schnarchen

chrześcijaństwo [xʃeɕtɕijaɲstfɔ] Christentum

chudy [xudi] mager

chusteczki higieniczne [xustetʃci çigjeɲitʃne] Papiertaschentücher

chustka [xustka] Tuch

chwytać/schwytać [xfitatɕ/sxfitatɕ] fangen

ciągnąć [tɕɔŋgnɔntɕ] ziehen

ciało [tɕawɔ] Körper

ciasny [tɕasni] eng

ciasteczka [tɕastetʃka] Kekse

ciasto [tɕastɔ] Kuchen

ciąża [tɕɔ̃ʒa] Schwangerschaft

cicho *adv* [tɕixɔ], **cichy** *adj* [tɕixi] leise, ruhig, still

cię [tɕe], **ciebie** [tɕebje] dich

ciecierzyca [tɕetɕeʒitsa] Kichererbsen

ciekawy [tɕekavi] interessant, neugierig

cielęcina [tɕelentɕina] Kalbfleisch

ciemno *adv* [tɕemnɔ] dunkel

ciemnoniebieski/ciemnozielony [tɕemnɔɲebjesci/tɕemnɔʑelɔni] dunkelblau/dunkelgrün

ciemny *adj* [tɕemni] dunkel

cień [tɕeɲ] Schatten

cienki [tɕenci] dünn

ciepła woda [tɕepwa vɔda] warmes Wasser

ciepło *adv* [tɕepwɔ], **ciepły** *adj* [tɕepwi] warm

cierpliwość *f* [tɕerpliwɔɕtɕ] Geduld

cieszyć się/ucieszyć się [tɕeʃitɕ ɕe/utɕeʃitɕ ɕe] sich freuen

ciężki [tɕẽẃʃci] schwer

ciężko upośledzon-a/y [tɕɛ̃wʃkɔ
upɔɕlɛdʑɔn-a/ɨ]
Schwerbehinderte/r
ciśnienie krwi [tɕiɕɲɛɲɛ krfi]
Blutdruck
cisza [tɕiʃa] Ruhe, Stille
cło [tswɔ] Zoll
cmentarz [tsmɛntaʃ] Friedhof
co [tsɔ] was
co godzinę [cɔ gɔdʑinɛ] stündlich
co najmniej [tsɔ najmɲɛj]
mindestens, wenigstens
codziennie [tsɔdʑɛɲɲɛ] täglich
córka [tsurka] Tochter
coś [tsɔɕ] etwas
cudownie *adv* [tsudɔvɲɛ] herrlich
cudowny [tsudɔvnɨ] wunderbar
cudzoziem-iec/ka [tsudzɔʑɛm-jets/
ka] Ausländer/in
cukier [tsucɛr] Zucker
cukierki [tsucɛrci] Bonbons
cukiernia [tsucɛrɲa] Konditorei
cukrzyca [tsukʃɨtsa] Diabetes
curling [karliŋk] Curling
cygaretka [tsigarɛtka] Zigarillo
cygaro [tsigarɔ] Zigarre
cykoria [tsikɔrja] Chicoree
cyrk [tsirk] Zirkus
cytryny [tsitrini] Zitronen
czapka [tʃapka] Mütze
czarny [tʃarnɨ] schwarz
czarujący [tʃarujɔntsi] bezaubernd
czas [tʃas] Zeit
czas odjazdu [tʃas ɔdjazdu]
Abfahrtszeit
czas przyjazdu/przylotu [tʃas
pʃijazdu/pʃilɔtu] Ankunftszeit
czasem [tʃasɛm] manchmal

czasopismo [tʃasɔpismɔ]
Zeitschrift
czasopismo ilustrowane [tʃasɔpismɔ
ilustrɔvanɛ] Illustrierte
czek podróżny [tʃek pɔdruʒni]
Reisescheck
czekać na [tʃekatɕ na] erwarten,
warten auf
czekać/poczekać [tʃekatɕ/
pɔtʃekatɕ] warten
czekolada [tʃekɔlada] Schokolade
czepek kąpielowy [tʃepek
kɔmpjelɔvi] Bademütze
czereśnie [tʃerɛɕɲɛ] Kirschen
czerwiec [tʃervjets] Juni
czerwony [tʃervɔnɨ] rot
czesać [tʃesatɕ] kämmen
często [tʃɛ̃wstɔ] häufig, oft
część *f* [tʃɛ̃wɕtɕ] Teil
**częściowe ubezpieczenie
autocasco** [tʃɛ̃wɕtɕɔvɛ
ubespjetɕɛɲɛ awtɔkaskɔ]
Teilkasko
człowiek [tʃwɔvjek] Mensch
czopki *pl* [tʃɔpci] Zäpfchen
czosnek [tʃɔsnek] Knoblauch
czuć [tʃutɕ] fühlen
czujny [tʃujnɨ] wach
czułość *f* **filmu** [tʃuwɔɕtɕ filmu]
Filmempfindlichkeit
czuły [tʃuwi] zärtlich
czwartek [tʃfartɛk] Donnerstag
czy [tʃi] ob, oder
czynsz [tʃinʃ] Miete
czyścić chemicznie [tʃiɕtɕitɕ
xemitʃɲɛ] chemisch reinigen
czyścić/oczyścić [tʃiɕtɕitɕ/ɔtʃiɕtɕitɕ]
reinigen

czysto adv [tʃɨstɔ], **czysty** adj [tʃɨstɨ] klar, sauber

czytać [tʃɨtatɕ] lesen

Ć

ćwiczyć [tɕfitʃɨtɕ] üben

D

dach [dax] Dach

dach odsuwany [dax ɔtsuvani] Schiebedach

dać [datɕ] fam schenken

daktyle [daktɨlɛ] Datteln

daleko [dalɛkɔ] weit (Weg)

dane osobowe [danɛ ɔsɔbɔvɛ] Personalien

danie [daɲɛ] Speise, Gang (Essen)

danie główne [daɲɛ gwuvnɛ] Hauptspeise

danie z patelni [daɲɛ s patɛlɲi] Pfannengericht

danie/potrawa dnia [daɲɛ/pɔtrava dɲa] Tagesgericht

data [data] Datum

data urodzenia [data urɔd͡zɛɲa] Geburtsdatum

dawać/dać [davatɕ/datɕ] geben

dawniej adv [davɲɛj] früher, ehemals

debel [dɛbɛl] Doppel

defekt [dɛfɛkt] Defekt

deklaracja celna [dɛklaratsja tsɛlna] Zollerklärung

delikatesy pl [dɛlikatɛsɨ] Feinkostgeschäft

delikatny [dɛlikatnɨ] fein, zart

deser [dɛsɛr] Nachtisch

deska surfingowa [dɛska serfingɔva] Surfbrett

deskorolka [dɛskɔrɔlka] Skateboard

deszcz [dɛʃtʃ] Regen

deszczowy [dɛʃtʃɔvi] regnerisch

dętka [dɛntka] Schlauch (Reifen)

dewizy [dɛvizɨ] Devisen

dezodorant [dɛzɔdɔrant] Deo(dorant)

dezynfekować [dɛzɨnfɛkɔvatɕ] desinfizieren

diabetyk [djabɛtɨk] Diabetiker

diagnoza [djagnɔza] Diagnose

dieta [djɛta] Diät, Schonkost

dla [dla] für (jdn)

dług [dwuk] Schuld (Finanzen)

długi adj [dwuji] lang

długopis [dwugɔpis] Kugelschreiber

do [dɔ] bis, nach, zu

do + gen [dɔ] in (Frage: wohin?)

do odbioru na poczcie [dɔ ɔdbjɔru na pɔtʃtɕɛ] postlagernd

do tyłu [dɔ tɨwu] rückwärts

dobrze adv [dɔbʒɛ], **dobry** adj [dɔbrɨ] gut

docierać/dotrzeć (do) [dɔtɕɛratɕ/ dɔtʃɛtɕ (dɔ)] erreichen

dodatkowy [dɔdatkɔvɨ] zusätzlich

dodawać/dodać [dodavatɕ/dɔdatɕ] hinzufügen

dojazd/zjazd [dɔjast/zjast] Auf-/ Abfahrt

dojrzały [dɔjʒawɨ] reif

dokładnie adv [dɔkwadɲɛ] genau

dokładnie tak … jak [dɔkwadɲe tak … jak] **genauso … wie**

dokładny *adj* [dɔkwadni] **genau**

dokumenty [dɔkumenti] **Papiere**

dolegliwości sercowe [dɔleglivɔɕtɕi sertsɔve] **Herzbeschwerden**

dolina [dɔlina] **Tal**

Dolny Śląsk [dɔlni ɕlɔ̃wsk] **Niederschlesien**

dom [dɔm] **Haus**

dom towarowy [dɔm tɔvarɔvi] **Kaufhaus**

dom wczasowy [dɔm ftʃasɔvi] **Ferienhaus**

dookoła [dɔɔkɔwa] **um** *(räumlich)*

dopiero [dɔpjerɔ] **erst** *(nicht früher als)*

dopłata [dɔpwata] **Zuschlag**

dopuszczalne stężenie alkoholu we krwi [dɔpuʃtʃalne stɛ̃ʒɛɲe alkɔxɔlu we krfi] **Promillegrenze**

dopuszczalny [dɔpuʃtʃalni] **zulässig**

dorosł-a/y [dɔrɔsw-a/i] **Erwachsene(r)**

dość [dɔɕtɕ] **genug, ziemlich**

dospodarstwo agroturystyczne [gɔspɔdarstfɔ agrɔturistitʃne] **Bauernhof**

dostawać/dostać [dɔstavatɕ/ dɔstatɕ] **bekommen**

dostęp bez stopni [dɔstɛmb bes stɔpɲi] **stufenloser Zugang**

dostępność *f* [dɔstɛmpnɔɕtɕ] **Zugänglichkeit**

doświadczony *adj* [dɔɕfjattʃɔni] **erfahren**

dosyć [dɔsitɕ] **genug**

dosyłać/dosłać [dɔsiwatɕ/dɔswatɕ] **nachsenden**

dotykać/dotknąć [dɔtikatɕ/ dɔtknɔ̃wtɕ] **berühren**

dowcip [dɔftɕip] **Witz**

dowiadywać się/dowiedzieć się [dɔvjadivatɕ ɕe/dɔvjedzetɕ ɕe] **erfahren**

dowód osobisty [dɔvut ɔsɔbisti] **Personalausweis**

dowód rejestracyjny [dɔvut rejestratsijni] **Kfz-Schein**

dramat [dramat] **Drama**

drążek [drɔ̃wʒek] **Zeltstange**

dreszcze *pl* [drɛʃtʃe] **Schüttelfrost**

drewno [drevnɔ] **Holz**

drobne *pl* [drɔbne] **Kleingeld, Wechselgeld**

drobny *adj* [drɔbni] **fein, dünn, zart**

droga [drɔga] **Weg, (Land)Straße**

droga boczna [drɔga bɔtʃna] **Nebenstraße**

droga okrężna [drɔga ɔkrɛ̃wʒna] **Umweg**

drogeria [drɔgerja] **Drogerie**

drogi *adj* [drɔji]**, drogo** *adv* [drɔgɔ] **teuer**

drogowskaz [drɔgɔfskas] **Wegweiser**

druczek [drutʃek] **Formular**

druga, drugi, drugie [druga, druji, druje] **zweite(r, -s)**

drut [drut] **Draht**

drużyna [druʒina] **Mannschaft**

drzewo [dʒevɔ] **Baum, Holz**

drzeworyt [dʒevɔrit] **Holzschnitt**

drzwi *pl* [dʒvi] **Tür**

duchowny [duxɔvni] **Geistlicher**

dur [dur] Typhus
duszony [duʃɔni] gedünstet, geschmort
dużo [duʒɔ] viel
duży [duʒi] groß
duży format [duʒi fɔrmat] Hochformat
dworzec [dvɔʒɛts] Bahnhof
dworzec autobusowy [dvɔʒɛts awtɔbusɔvi] Busbahnhof
dworzec główny [dvɔʒɛdz gwuvni] Hauptbahnhof
dyfteryt [difterit] Diphtherie
dymić [dimitɕ] rauchen
dynastia [dinastja] Dynastie
dynia [diɲa] Kürbis
dyrekcja [direktsja] Direktion
dyrygent/ka [dirigent/ka] Dirigent/in
dyskoteka [diskɔteka] Diskothek
dystans [distans] Entfernung
dziadek [dʑadek] Großvater
dziąsło [dʑɔ̃swɔ] Zahnfleisch
dzieci w wieku szkolnym [dʑɛtɕi v vjeku ʃkɔlnim] Schulkinder
dziecko [dʑɛtskɔ] Kind
dziedziniec [dʑɛdʑiɲɛts] Innenhof
dziękować/podziękować [dʑɛŋkɔvatɕ/pɔdʑɛŋkɔvatɕ] danken
dzielnica miasta [dʑɛlɲitsa mjasta] Stadtteil
dzień [dʑɛɲ] Tag
dzień przyjazdu [dʑɛɲ pʃijazdu] Anreisetag
dzień roboczy [dʑɛɲ rɔbɔtʃi] Werktag
dziewczyna [dʑɛftʃina] Mädchen

dziki [dʑici] wild
dzisiaj [dʑiɕaj] heute
dzisiaj rano/dzisiaj wieczorem [dʑiɕaj ranɔ/dʑiɕaj vjetʃɔrem] heute Morgen/heute Abend
dziura [dʑura] Loch
dziwić się (czemuś) [dʑivitɕ ɕɛ (tʃemuɕ)] s. wundern (über)
dzwonek [dzvɔnek] Klingel
dzwonić/zadzwonić [dzvɔɲitɕ/zadzvɔɲitɕ] anrufen, telefonieren
dźwięk [dʑvjeŋk] Ton
dżem [dʒem] Marmelade
dżinsy pl [dʒinsi] Jeans

E

eksponat [eksponat] Exponat
ekspresjonizm [ekspresjɔnizm] Expressionismus
ekstra [ekstra] extra
elegancki [elegantsci] vornehm
elektryczny [elektritʃni] elektrisch
elektryczny wózek inwalidzki [elektritʃni vuzek invalitsci] Elektrorollstuhl
element [element] Teil
epilepsja [epilepsja] Epilepsie
epoka [epoka] Epoche
euro [ewrɔ] Euro
Europa [ewrɔpa] Europa
Europejczyk/Europejka [ewrɔpejtʃik/ewrɔpejka] Europäer/in
europejski [ewrɔpejsci] europäisch

F

fabryka [fabrika] Fabrik
fair [fɛr] fair
fajerwerki pl [fajɛrvɛrci] Feuerwerk
fajka [fajka] fam Pfeife, Schnorchel
faks [faks] Fax(gerät)
fala [fala] Seegang
fala upałów [fala upawuf] Hitzewelle
fałszywy [fawʃivi] falsch (betrügerisch)
farbować [farbɔvatɕ] färben, tönen
fasada [fasada] Fassade
fasola [fasɔla] Bohnen
fasolka zielona [fasɔlka ʑelɔna] grüne Bohnen
fenkuł [fɛnkuw] Fenchel
festiwal [festival] Festival
figi [fiʑi] Feigen
figi pl [fiʑi] Unterhose (Damen)
filiżanka [filiʑaŋka] Tasse
film [film] Film
film akcji [film aktsji] Actionfilm
film animowany [film aɲimɔvani] Zeichentrickfilm
film czarnobiały [film tʃarnɔbjawi] Schwarzweißfilm
film dokumentalny [film dɔkumɛntalni] Dokumentarfilm
film krótkometrażowy [film krutkɔmɛtraʒɔvi] Kurzfilm
film wideo [film vidɛɔ] Videofilm
fioletowy [fjɔlɛtɔvi] violett
firma [firma] Firma

folia aluminiowa [fɔlja alumiɲɔva] Alufolie
folia spożywcza [fɔlja spɔʑiftʃa] Frischhaltefolie
folklor [fɔlklɔr] Folklore
forma [fɔrma] Form
format poziomy [fɔrmat pɔʑɔmi] Querformat
formularz [fɔrmulaʃ] Formular, Vordruck
fotel [fɔtɛl] Sessel
fotelik dla dziecka [fɔtɛlig dla dʑɛtska] Kindersitz
fotografia [fɔtɔɡrafja] Fotografie
fotografować [fɔtɔɡrafɔvatɕ] fotografieren
fotografowanie [fɔtɔɡrafɔvaɲɛ] Fotografieren
frank szwajcarski [fraŋk ʃfajtsarsci] Schweizer Franken
frankować [fraŋkɔvatɕ] frankieren
fryzjer [frizjɛr] Friseur
fryzura [frizura] Frisur
funkcjonować [fuŋktsjɔnɔvatɕ] funktionieren
funt [funt] Pfund

G

galeria [ɡalɛrja] Galerie
gałka muszkatołowa [ɡawka muʃkatɔvɔva] Muskatnuss
garaż [ɡaraʃ] Garage
gardło [ɡardwɔ] Hals
garncarstwo [ɡarntsarstfɔ] Töpferei
garnitur [ɡarɲitur] Anzug
gaśnica [ɡaɕɲitsa] Feuerlöscher

gaza [gaza] Mullbinde
gazeta [gazeta] Zeitung
gdy [gdi] als, wenn
gdyż [gdiʃ] denn, deshalb
gdzie indziej [gdʑe indʑej] anderswo
gimnastyka [ʲimnastika] Gymnastik
gimnastyka jazzowa [ʲimnastika dʒezova] Jazzgymnastik
glina [glina] Ton geo
głąb kraju [gwɔmp kraju] Hinterland
głęboki [gwɛmbɔci] tief
głochoniemy [gwuxɔɲemi] taubstumm
głośnik [gwɔɕɲik] Lautsprecher
głośny [gwɔɕni] laut
głowa [gwɔva] Kopf
główna ulica [gwuvna ulitsa] Hauptstraße
głównie [gwuvɲe] hauptsächlich
główny punkt programu [gwuvni punkt prɔgramu] Höhepunkt
głuch-a/y [gwux-a/i] Gehörlose/r
głuchoniem-a/y [gwuxɔɲem-a/i] Taubstumme/r
głuchy [gwuxi] gehörlos, taub
glukoza [glukɔza] Traubenzucker
głupi [gwupi] blöd, dumm
gniazdko (wtykowe) [gɲastkɔ (ftikɔvɛ)] Steckdose
godło [gɔdwɔ] Wappen
godzina [gɔdʑina] Stunde
godziny otwarcia [gɔdʑini ɔtfartɕa] Öffnungszeiten
godziny pl **przyjęć** [gɔdʑini pʃijɛntɕ] Sprechstunde

godziny pl **odwiedzin** [gɔdʑini ɔdvjedʑin] Besuchszeit
gogle pl [gɔglɛ] Skibrille
gol [gɔl] Tor (Schuss)
golarka [gɔlarka] Rasierapparat
golf [gɔlf] Golf
gołoledź f [gɔwɔlɛtɕ] Glatteis
goły [gɔwi] nackt
góra [gura] Berg
gorąco adv [gɔrɔntsɔ] heiß
gorączka [gɔrɔntʃka] Fieber
góry pl [guri] Gebirge
gorzki [gɔʃci] bitter
gość [gɔɕtɕ] Gast
gościec [gɔɕtɕets] Rheuma
gościnność f [gɔɕtɕinnɔɕtɕ] Gastfreundschaft
gospodarz/gospodyni [gɔspɔdaʃ/gɔspɔdiɲi] Gastgeber/in
gotować [gɔtɔvatɕ] kochen
gotowana szynka [gɔtɔvana ʃinka] gekochter Schinken
gotowanie [gɔtɔvaɲɛ] Kochen
gotowany [gɔtɔvani] gekocht
gotowany na parze [gɔtɔvani na paʒɛ] gedämpft
gotówką [gɔtufkɔw] bar
gotówka [gɔtufka] Bargeld
gotowy [gɔtɔvi] fertig
gotyk [gɔtik] Gotik
goździki [gɔʑdʑici] Nelken
gra [gra] Spiel
gra podwójna [gra pɔdvujna] Doppel
gra pojedyncza [gra pɔjedintʃa] Einzel
gra w bule [gra v bulɛ] Boulespiel
grać [gratɕ] spielen (Sport, Musik)

grafika [grafika] Grafik
gram [gram] Gramm
granica [graɲitsa] Grenze
gratulować [gratulɔvatɕ]
  gratulieren
grecki [grɛtski] griechisch
grejpfrut [grɛjfrut] Grapefruit
grill [gril] Grill
grób [grup] Grab
grobla [grɔbla] Deich
grobowiec [grɔbɔvjɛts] Grabmal
groch [grɔx] Erbsen
grota [grɔta] Grotte, Höhle
gruby [grubi] dick
grudzień [grudʑɛɲ] Dezember
grunt [grunt] Boden
grupa [grupa] Gruppe
grupa krwi [grupa krfi]
  Blutgruppe
grupa teatralna [grupa tɛatralna]
  Theatergruppe
gruszki [gruʃci] Birnen
grypa [gripa] Grippe
gryźć [griɕtɕ] beißen
grzanka [gʒanka] Toast
grzebień [gʒɛbjɛɲ] Kamm
grzeczny [gʒɛtʃni] höflich
grzyb [gʒip] Pilz
grzywka [gʒifka] Pony
gubić/zgubić [gubitɕ/zgubitɕ]
  verlieren
guma do żucia [guma dɔ ʒutɕa]
  Kaugummi
gumka do włosów [gumka
  dɔ vwɔsuf] Haargummi
gwałt [gvawt] Vergewaltigung
gwarancja [gvarantsja] Garantie
gwiazda [gvjazda] Stern

H

hafciarstwo [xaftɕarstfɔ] Stickerei
hak [xak] Haken
hałas [xawas] Lärm
hamulec [xamulɛts] Bremse
hamulec bezpieczeństwa [xamulɛdz
  bɛspjɛtʃɛɲstfa] Notbremse
hamulec ręczny [xamulɛts rɛntʃni]
  Handbremse
handlarz starzyzną [xandlaʃ
  staʒiznɔ̃w] Trödler
hasło [xaswɔ] Geheimzahl
herbata [xɛrbata] Tee
herbata rumiankowa [xɛrbata
  rumjankɔva] Kamillentee
historia [çistɔrja] Geschichte
hokej na lodzie [hɔkɛj na lɔdʑɛ]
  Eishockey
hol [xɔl] Empfangshalle
hulajnoga [xulajnɔga] Roller

I

i [i] und
ich *poss prn pl* [ix] ihr
idea [idɛa] Idee
igła [igwa] Nadel
imię [imjɛ] (Vor)Name
impresjonizm [imprɛsjɔnizm]
  Impressionismus
impreza [imprɛza] Party,
  Veranstaltung
inaczej [inatʃɛj] anders
incydent [intsidɛnt] Zwischenfall
infekcja [infɛktsja] Infektion
informacja [infɔrmatsja] Auskunft

informacja turystyczna [infɔrmatsja turistɨtʃna] Fremdenverkehrsamt

informować/poinformować [infɔrmɔvatɕ/pɔinfɔrmɔvatɕ] unterrichten

infuzja [infuzja] Infusion

inn-y/a/e [inn-i/a/ɛ] der/die/das andere

inscenizacja [instsɛnizatsja] Inszenierung

insekt [insɛkt] Insekt

instrukcja [instruktsja] Vorschrift, Anweisung

instruktor/ka narciarstwa [instruktɔr/ka nartɕarstfa] Skilehrer/in

instytucja [instɨtutsja] Behörde

insulina [insulina] Insulin

interesować się (czymś/kimś) [interesɔvatɕ ɕɛ (tʃɨmɕ/cimɕ)] s. interessieren (für)

interesujący [interesujɔntsɨ] interessant

Interrail [interrejl] Interrail

iść [iɕtɕ] gehen

iść/pójść [iɕtɕ/pujɕtɕ] weggehen

iść po coś/po kogoś [iɕtɕ pɔ tsɔɕ/ pɔ kɔgɔɕ] abholen

ischias [isxjas] Ischias

J

ja [ja] ich

jabłka [japka] Äpfel

jadalnia [jadalɲa] Speisesaal

jadalny [jadalni] essbar

jagnięcina [jagɲɛntɕina] Lammfleisch

jajka [jajka] Eier

jak [jak] wie

jakość f [jakɔɕtɕ] Qualität

jarmark [jarmark] Jahrmarkt

jarskie [jarscɛ] vegetarisch

jarzyny pl [jaʒini] Gemüse

jaskinia [jasciɲa] Höhle

jasne! [jasnɛ] klar!

jasnoniebieski/jasnozielony [jasnɔɲebjesci/jasnɔʑelɔni] hellblau/hellgrün

jasny [jasni] ausdrücklich, klar

jazda [jazda] Fahrt

jazda na łyżwach [jazda na wɨʒvax] Eislauf

jazz [dʒes] Jazz

jeansy [dʒins] Jeans

jechać z powrotem [jexatɕ s pɔvrɔtem] zurückfahren

jechać/jeździć [jexatɕ/jeʑdʑitɕ] fahren

jeden/jedno (jedna) [jeden/jednɔ (jedna)] ein(e)

jednak [jednak] doch, trotzdem

jednocześnie adv [jednɔtʃeɕɲe] gleichzeitig

jednokolorowy [jednɔkɔlɔrɔvi] einfarbig

jednorazowa butla gazowa [jednɔrazɔva butla gazɔva] Gaskartusche

jedwab [jedvap] Seide

jedyny [jedini] einzig

jedzenie [jedzɛɲe] Essen

jedzenie dla niemowląt [jedzɛɲe dla ɲemɔvlɔnt] Babynahrung

jej *poss prn f* [jej] ihr
jelito [jɛlitɔ] Darm
jeść [jɛɕtɕ] essen
jeść śniadanie [jɛɕtɕ ɕɲadaɲɛ] frühstücken
jesień *f* [jɛɕɛɲ] Herbst
jeśli [jɛɕli] falls, wenn
jest/są [jɛst/sɔ̃w] es gibt
jeszcze [jɛʃtʃɛ] noch
jeździć konno [jɛʑdʑitɕ kɔnnɔ] reiten
jeździć na nartach [jɛʑdʑitɕ na nartax] Ski laufen
jeździć na rowerze [jɛʑdʑitɕ na rɔvɛʒɛ] Rad fahren
jeżeli [jɛʒɛli] wenn
jezioro [jɛʑɔrɔ] See *(Binnengewässer)*
język [jɛ̃zɨk] Sprache, Zunge
język migowy [jɛ̃zɨk migɔvɨ] Gebärdensprache
jeżyny [jɛʒɨnɨ] Brombeeren
joga [jɔga] Yoga
jogurt [jɔgurt] Joghurt
jubiler [jubilɛr] Juwelier
jutro [jutrɔ] morgen
jutro rano/jutro wieczorem [jutrɔ ranɔ/jutrɔ vjɛtʃɔrɛm] morgen früh/morgen Abend
już [juʃ] bereits, schon

K

kabaret [kabarɛt] Kabarett, Kleinkunstbühne
kable rozruchowe [kablɛ rɔzruxɔvɛ] Starthilfekabel
kabina [kabina] Kabine

kabina przystosowana do wózka inwalidzkiego [kabina pʃistɔsɔvana dɔ vuska invalitskɛgɔ] Rollstuhlkabine *(Schiff)*
kajak [kajak] Paddelboot
kalafior [kalafjɔr] Blumenkohl
kałamarnica [kawamarɲitsa] Tintenfisch
kalkulator [kalkulatɔr] Taschenrechner
kalosze [kalɔʃɛ] Gummistiefel
kamera wideo [kamɛra vidɛɔ] Videokamera
kamica nerkowa [kamitsa nɛrkɔva] Nierenstein
kamień [kamjɛɲ] Stein
kamienisty [kamjɛɲisti] steinig
kamizelka [kamizɛlka] Weste
kamizelka ratunkowa [kamizɛlka ratunkɔva] Schwimmweste
kamkorder [kamkɔrdɛr] Camcorder
kanał [kanaw] Kanal
kanapka [kanapka] belegtes Brötchen
kanister na benzynę [kaɲistɛr na bɛnzinɛ] Benzinkanister
kanister na wodę [kaɲistɛr na vɔdɛ] Wasserkanister
kantor [kantɔr] Wechselstube
kanu *n* [kanu] Kanu
kapela [kapɛla] *fam* Band
kapelusz [kapɛluʃ] Hut
kapelusz przeciwsłoneczny [kapɛluʃ pʃɛtɕifswɔnɛtʃni] Sonnenhut
kąpielisko [kɔmpjɛliskɔ] Badeort

kąpielówki pl [kɔmpjɛlufci]
Badehose

kąpielowy [kɔmpjɛlɔvi]
Bademeister

kapitan [kapitan] Kapitän

kaplica [kaplitsa] Kapelle

kapusta [kapusta] Kohl

kara [kara] Strafe

karafka [karafka] Karaffe

karczochy [kartʃɔxi] Artischocken

karetka pogotowia [karetka
pɔgɔtɔvja] Krankenwagen

Karkonosze pl [karkɔnɔʃɛ]
Riesengebirge

karnawał [karnavaw] Karneval

karnet [karnɛt] Dauerkarte;
Mehrfahrtenkarte

Karpaty [karpati] Karpaten

karta chipowa [karta tʃipɔva]
Chipkarte

karta (dań) [karta (daɲ)]
Speisekarte

karta kredytowa [karta krɛditɔva]
Kreditkarte

karta płatnicza [karta pwatnitʃa]
Geldkarte

karta pokładowa [karta pɔkwadɔva]
Bordkarte

karta szczepień [karta ʃtʃɛpjɛɲ]
Impfpass

karta telefoniczna [karta
tɛlɛfɔnitʃna] Telefonkarte

karta wędkarska [karta vɛntkarska]
Angelschein

kartka [kartka] Blatt *(Papier)*

kasa [kasa] Kasse

kasa biletowa [kasa bilɛtɔva]
Fahrkartenschalter

kasa chorych [kasa xɔrix]
Krankenkasse

kąsić/ukąsić [kɔ̃wɕitɕ/ukɔ̃wɕitɕ]
stechen *(Mücke)*

kask [kask] Fahrrad-, Sturzhelm

kasownik [kasɔvnik]
Fahrscheinentwerter

kasyno gry [kasinɔ gri] Spielkasino

kaszel [kaʃɛl] Husten

katar [katar] Schnupfen

katar sienny [katar ɕɛnni]
Heuschnupfen

katedra [katɛdra] Dom,
Kathedrale

kategoria [katɛgɔrja] Klasse

kaucja [kawtsja] Kaution, Pfand

kawa [kava] Kaffee

kawał [kavaw] Witz *fam*

kawałek [kavawɛk] Stück, Teil

kawaler [kavalɛr] Junggeselle

kawiarnia [kavjarɲa] Café

każdego dnia [kaʒdɛgɔ dɲa] jeden
Tag

każdy [kaʒdi] jeder

keczup [kɛtʃup] Ketchup

kelner/ka [kɛlnɛr/ka] Kellner/in

kemping [kɛmpiŋk] Camping

kichać [cixatɕ] niesen

kiczowaty [citʃɔvati] kitschig

kiedy [cɛdi] wann; wenn; als
(zeitlich)

kiełbasa [cɛwbasa] Wurst

kiełbaski pl [cɛwbasci] Würstchen

kieliszek do wina [cɛliʃɛg dɔ vina]
Weinglas

kierowca/- [cɛrɔftsa] Fahrer/in

kierowni-k/czka [cɛrɔvɲi-k/tʃka]
Leiter/in

kierunek [cjɛrunɛk] Richtung
kierunek wiatru [cjɛrunɛg vjatru]
   Windrichtung
kierunkowskaz [cjɛrunkɔfskas]
   Blinker
kij [cij] Stock
kij golfowy [cij gɔlfɔvi]
   Golfschläger
kijki do nart [cijci dɔ nart]
   Skistöcke
kilka [cilka] ein paar, einige
kilogram [cilɔgram] Kilogramm
kilometr [cilɔmɛtr] Kilometer
kino [cinɔ] Kino
kiosk z papierosami [kjɔsk
   s papjɛrɔsami] Tabakladen
klakson [klaksɔn] Hupe
klapki kąpielowe [klapci
   kɔmpjɛlɔvɛ] Badeschuhe
klasa [klasa] Klasse
klasycyzm [klasit͡sizm]
   Klassizismus
klasyk [klasik] Klassiker
klasyka [klasika] Klassik
klasztor [klaʃtɔr] Kloster
kładka [kwatka] Steg (Brücke)
kłaniać się [kwaɲat͡ɕ ɕɛ] grüßen
kłaść się/położyć się [kwaɕt͡ɕ ɕɛ/
   pɔwɔʒit͡ɕ ɕɛ] s. hinlegen
kłaść/położyć [kwaɕt͡ɕ/pɔwɔʒit͡ɕ]
   legen
klient/ka [kliɛnt/ka] Kunde/
   Kundin
klimat [klimat] Klima
klimatyzacja [klimatizat͡sja]
   Klimaanlage
klub [klup] Klub, Clubhaus

klub golfowy [klub gɔlfɔvi]
   Golfclub
klub nocny [klup nɔt͡sni] Nachtklub
kłuć/ukłuć [kwut͡ɕ/ukwut͡ɕ]
   stechen (mit Nadel)
klucz [klut͡ʃ] Schlüssel
kluczyk zapłonowy [klut͡ʃig
   zapwɔnɔvi] Zündschlüssel
kminek [kminɛk] Kümmel
knajpa [knajpa] Kneipe
kobieta [kɔbjɛta] Frau
kochać [kɔxat͡ɕ] lieben
kochanie [kɔxaɲɛ] Liebling
   (Anrede)
kochany [kɔxani] lieb
kocher [kɔxɛr] Kocher
kocher gazowy [kɔxɛr gazɔvi]
   Gaskocher
kod otwierający drzwi [kɔt
   ɔtfjɛrajɔnt͡si dʒvi] Türcode
kod pocztowy [kɔt pɔt͡ʃtɔvi]
   Postleitzahl
kogoś o coś prosić/poprosić [kɔgɔɕ
   ɔ t͡sɔɕ prɔɕit͡ɕ/pɔprɔɕit͡ɕ] jdn um
   etw bitten
koklusz [kɔkluʃ] Keuchhusten
kolacja [kɔlat͡sja] Abendessen
kolano [kɔlanɔ] Knie
kolarstwo [kɔlarstfɔ] Radsport
kolczyki [kɔlt͡ʃici] Ohrringe
kołdra [kɔwdra] Bettdecke
kołdra wełniana [kɔwdra vɛwɲana]
   Wolldecke
kolega/koleżanka [kɔlɛga/
   kɔlɛʒaŋka] Kollege/Kollegin
kolejka [kɔlɛjka] (Warte)Schlange
kolejka linowa [kɔlɛjka linɔva]
   Seilbahn

kolejka miejska [kɔlɛjka mjɛjska] S-Bahn®

kolejka zębata [kɔlɛjka zɛmbata] Zahnradbahn

kołek do namiotu [kɔwɛg dɔ namjɔtu] Hering

kolka [kɔlka] Kolik

kolorowanka [kɔlɔrɔvanka] Malbuch

kolorowy [kɔlɔrɔvi] bunt, farbig

kolumna [kɔlumna] Säule

koło [kɔwɔ] Rad

koło ratunkowe [kɔwɔ ratunkɔvɛ] Rettungs-, Schwimmring

koło zapasowe [kɔwɔ zapasɔvɛ] Ersatzrad

komar [kɔmar] Mücke

kombinezon piankowy [kɔmbinɛzɔn pjankɔvi] Neoprenanzug

komedia [kɔmɛdja] Komödie

kometka [kɔmɛtka] Badminton

kometka [kɔmɛtka] Federball *(Spiel)*

komórka [kɔmurka] *fam* Mobiltelefon, Handy

kompakt [kɔmpakt] CD/ Compactdisc

kompas [kɔmpas] Kompass

kompetentny [kɔmpɛtɛntni] zuständig

kompozytor/ka [kɔmpɔzitɔr/ka] Komponist/in

komunikacja [kɔmunikatsja] Verkehr

komunikat meteorologiczny [kɔmunikat mɛtɛɔrɔlɔɟitʃni] Wetterbericht

koń [kɔɲ] Pferd

koncert [kɔntsɛrt] Konzert

koncert symfoniczny [kɔntsɛrt simfɔɲitʃni] Sinfoniekonzert

kondom [kɔndɔm] Kondom, Präservativ

konduktor/ka [kɔnduktɔr/ka] Schaffner/in

koniec [kɔɲɛts] Ende

koniecznie *adv* [kɔɲɛtʃɲɛ] unbedingt

konieczny [kɔɲɛtʃni] notwendig

konserwy [kɔnsɛrvi] Konserven

konsulat [kɔnsulat] Konsulat

kontakt [kɔntakt] Kontakt; Lichtschalter

konto [kɔntɔ] Konto

kontrola bezpieczeństwa [kɔntrɔla bɛspjɛtʃɛɲstfa] Sicherheitskontrolle

kontrola paszportowa [kɔntrɔla paʃpɔrtɔva] Passkontrolle

kontrola radarowa [kɔntrɔla radarɔva] Radarkontrolle

kontroler/ka [kɔntrɔlɛrka] Kontrolleur/in

kontrolować [kɔntrɔlɔvatɕ] kontrollieren

kontuzja [kɔntuzja] Verletzung, Prellung

koper włoski [kɔpɛr vwɔsci] Fenchel

koperta [kɔpɛrta] Briefumschlag

kopia [kɔpja] Kopie

kopuła [kɔpuwa] Kuppel

korek [kɔrɛk] Stau

korkociąg [kɔrkɔtɕɔŋk] Korkenzieher

korona [kɔrɔna] Krone

korzyść f [kɔʒiɕtɕɛ] Vorteil
kość f [kɔɕtɕ] Knochen
kość f **piszczelowa** [kɔɕtɕ piʃtʃɛlɔva] Schienbein
kościół [kɔɕtɕuw] Kirche
kosmyk [kɔsmik] Strähnchen
kostium [kɔstjum] Kostüm
kostium kąpielowy [kɔstjum kɔmpjɛlɔvi] Badeanzug
kostka [kɔstka] Knöchel
kosz [kɔʃ] Korb
koszt przejazdu [kɔʃt pʃɛjazdu] Fahrpreis
kosztować [kɔʃtɔvaɕtɕ] kosten
koszty [kɔʃti] Kosten
koszty dodatkowe [kɔʃti dɔdatkɔvɛ] Nebenkosten
koszula [kɔʃula] Hemd
koszulka [kɔʃulka] T-Shirt
koszyk [kɔʃik] Korb
koszykówka [kɔʃikufka] Basketball
kot [kɔt] Katze
kotlet [kɔtlɛt] Kotelett
kozaki [kɔzaci] Stiefel
kraby [krabi] Krabben
kradzież f [kradʑɛʃ] Diebstahl
kraj [kraj] Land
krajan [krajan] Landsmann
kran [kran] Wasserhahn
kraść/ukraść [kraɕtɕ/ukraɕtɕ] stehlen
krawat [kravat] Krawatte
krawiec/krawcowa [kravjɛts/kraftsɔva] Schneider/in
kreatywny [kreativni] kreativ
kręci mi się w głowie [krɛntɕi mi ɕɛ v gwɔvjɛ] mir ist schwindlig
kredka [krɛtka] Farbstift

kręgosłup [krɛŋgɔswup] Wirbelsäule
krem [krɛm] Creme
krem do opalania [krɛm dɔ ɔpalaɲa] Sonnencreme
krem do rąk [krɛm dɔ rɔnk] Handcreme
krew f [krɛf] Blut
krewetki [krevɛtci] Garnelen
król/owa [krul/ɔva] König/in
królik [krulik] Kaninchen
kromka [krɔmka] (Brot)Scheibe
krople [krɔplɛ] Tropfen
krople pl **do uszu** [krɔplɛ dɔ uʃu] Ohrentropfen
krople pl **do oczu** [krɔplɛ dɔ ɔtʃu] Augentropfen
krótki adj [krutci], **krótko** adv [krutkɔ] kurz
krótkoterminowo adv [krutkɔtɛrminɔvɔ] kurzfristig
krużganek [kruʒganɛk] Kreuzgang
krwawić [krfaviɕtɕ] bluten
krwawienie [krfavjɛɲɛ] Blutung
krwotok z nosa [krfɔtɔk z nɔsa] Nasenbluten
kryształ [kriʃtaw] Kristall
krzesło [kʃɛswɔ] Stuhl
krzesło do prysznica [kʃɛswɔ dɔ priʃɲitsa] Duschsitz
krztusiec [kʃtuɕɛts] Keuchhusten
krzyczeć/krzyknąć [kʃitʃɛtɕ/kʃiknɔntɕ] schreien
krzyż [kʃiʃ] Kreuz
ksiądz [kɕɔnts] Priester
książka [kɕɔ̃w̃ʃka] Buch
książka kucharska [kɕɔ̃w̃ʃka kuxarska] Kochbuch

książka telefoniczna [kɔʒʃka telɛfɔnitʃna] Telefonbuch
książka w wydaniu kieszonkowym [kɔʒʃka v vidaɲu ceʃɔŋkɔvim] Taschenbuch
księgarnia [kɕɛŋgarɲa] Buchhandlung
księżyc [kɕɛ̃ʒits] Mond
kształt [kʃtawt] Form
ktoś [ktɔɕ] jemand
kucha-rz/rka [kuxa-ʃ/rka] Koch/Köchin
kuchenka [kuxɛnka] Herd, Kocher
kuchenka elektryczna [kuxɛnka ɛlɛktritʃna] Elektroherd
kuchenka gazowa [kuxɛnka gazɔva] Gasherd
kuchnia [kuxɲa] Küche
kukurydza [kukuridza] Mais
kula [kula] Krücke
kultura [kultura] Kultur
kulturystyka [kulturistika] Bodybuilding
kupować [kupɔvatɕ] einkaufen
kupować/kupić [kupɔvatɕ/kupitɕ] kaufen
kurczak [kurtʃak] Hähnchen
kurek [kurɛk] Wasserhahn
kurs [kurs] Kurs
kurs językowy [kurs jɛ̃vzikɔvi] Sprachkurs
kurs narciarski [kurs nartɕarsci] Skikurs
kurs pływania [kurs pwivaɲa] Schwimmkurs
kurs wymiany [kurz vimjani] Wechselkurs
kurtka [kurtka] Jacke

kurtka skórzana [kurtka skuʒana] Lederjacke
kurz [kuʃ] Staub
kuszetka [kuʃetka] Liegewagen
kuzyn/ka [kuzin/ka] Cousin/e
kwaśna śmietana [kfaɕna ɕmjetana] saure Sahne
kwaśny [kvaɕni] sauer
kwatera [kfatɛra] Unterkunft
kwiaciarnia [kfjatɕarɲa] Blumengeschäft
kwiat [kfjat] Blume
kwiecień [kfjɛtɕɛɲ] April
kwit [kfit] Quittung
kwota [kfɔta] Betrag

L

ląd [lɔnt] Festland
lądowanie [lɔndɔvaɲɛ] Landung
lakier do paznokci [lacer dɔ paznɔktɕi] Nagellack
lampa [lampa] Lampe
lampa błyskowa [lampa bwiskɔva] Blitzgerät, Blitzlicht
lampka nocna [lampka nɔtsna] Nachttischlampe
las [las] Wald
laska [laska] Stock
laska dla niewidomych [laska dla ɲevidɔmix] Taststock
latanie lotnią [lataɲɛ lɔtɲɔ̃w] Drachenfliegen
latanie szybowcem [lataɲɛ ʃibɔftsɛm] Segelfliegen
latarnia morska [latarɲa mɔrska] Leuchtturm
lato [latɔ] Sommer

lecieć/polecieć [lɛtɕɛtɕ/pɔlɛtɕɛtɕ] fliegen

leczyć [lɛtʃitɕ] behandeln *(ärztlich)*

legginsy [lɛɡinsi] Leggings

legitymacja inwalidzka [lɛɡitimatsja invalitska] Behindertenausweis

lekarstwo [lɛkarstfɔ] Medikament, Mittel *(med)*

lekki [lɛkci] leicht

lekkoatletyka [lɛkkɔatlɛtika] Leichtathletik

lemoniada [lɛmɔnada] Limonade

len [lɛn] Leinen

leniuchować [lɛɲuxɔvatɕ] faulenzen

leniwy [lɛɲivi] faul

lepiej *adv* [lɛpjɛj], **lepszy** *adj* [lɛpʃi] besser

lew-a(y/e) [lɛv-a(i/ɛ)] linke(r, -s)

lewarek do samochodu [lɛvarɛk dɔ samɔxɔdu] Wagenheber

leżeć [lɛʒɛtɕ] liegen

liczba [litʃba] Zahl

liczyć/policzyć [litʃitɕ/pɔlitʃitɕ] zählen

liliowy [liljɔvi] lila

lina [lina] Seil

linia [liɲa] Linie

linie lotnicze *pl* [liɲjɛ lɔtnitʃɛ] Fluggesellschaft

linka holownicza [liŋka xɔlɔvɲitʃa] Abschleppseil

lipiec [lipjɛts] Juli

liść [litɕtɕ] Blatt

liść laurowy [litɕtɕ lawrɔvi] Lorbeer

list [list] Brief

list ekspresowy [list ɛksprɛsɔvi] Eilbrief

list polecony [list pɔlɛtsɔni] Einschreibebrief

listopad [listɔpat] November

literować/przeliterować [litɛrɔvatɕ/pʃɛlitɛrɔvatɕ] buchstabieren

litr [litr] Liter

lodowisko [lɔdɔviskɔ] Eisbahn

lód [lut] Eis

lodówka [lɔdufka] Kühlschrank

lodówka turystyczna [lɔdufka turistitʃna] Kühltasche

lody *pl* [lɔdi] Eis

loki [lɔci] Locken

lokówka [lɔkufka] Lockenwickler

lot [lɔt] Flug

lot krajowy [lɔt krajɔvi] Inlandsflug

lot zagraniczny [lɔt zaɡraɲitʃni] Auslandsflug

lotka [lɔtka] Federball *(Ball)*

lotnisko [lɔtɲiskɔ] Flughafen

loża [lɔʒa] Loge

lubić [lubitɕ] mögen, gern haben

lud [lut] Volk

ludzie [ludʑɛ] Leute

luksusowy [luksusɔvi] luxuriös

lumbago [lumbaɡɔ] Hexenschuss

lusterko wsteczne [lusterkɔ fstɛtʃnɛ] Rückspiegel

lustro [lustrɔ] Spiegel

luty *m* [luti] Februar

luźny [luzni] weit *(Gegenteil von eng)*

Ł

łącznik [wɔntʃɲik] Adapter
łączyć/połączyć [wɔntʃitɕ/pɔwɔntʃitɕ] verbinden, verknüpfen
ładnie adv [wadɲɛ] schön
ładny adj [wadni] schön
ładowarka [wadɔvarka] Ladegerät
łagodny [wagɔdni] mild
łąka [wɔŋka] Heide, Wiese
łańcuch [wajntsux] Kette
łańcuszek [wajntsuʃɛk] (Hals)-Kette
łatki pl **do opon** [watci dɔ ɔpɔn] Flickzeug
łatwopalny [watvɔpalni] feuergefährlich
łatwy [watfi] einfach
ławka [wafka] (Sitz)Bank
łazienka [waʑɛŋka] Badezimmer
łódź ratunkowa [wutɕ ratunkɔva] Rettungsboot
łódź f **z wiosłami** [wudʑ z vjɔswami] Ruderboot
łowić/złowić [wɔvitɕ/zwɔvitɕ] fangen *(Fische)*
łóżeczko dziecięce [wuʒɛtʃkɔ dʑɛtɕɛntsɛ] Kinderbett
łóżko [wuʃkɔ] Bett
łóżko piętrowe [wuʃkɔ pjɛntrɔvɛ] Etagenbett
łuk [wuk] Bogen
łupież [wupjɛʃ] Schuppen
łyżeczka do herbaty [wiʒɛtʃka dɔ xɛrbati] Teelöffel
łyżka [wiʃka] Löffel
łyżwy [wiʒvi] Schlittschuhe

M

mądry [mɔndri] klug
magazyn ilustrowany [magazin ilustrɔvani] Illustrierte
maj [maj] Mai
majonez [majɔnɛs] Mayonnaise
majtki pl [majtci] Unterhose
mąka [mɔŋka] Mehl
makaron [makarɔn] Nudeln
makrela [makrela] Makrele
malarstwo [malarstfɔ] Malerei
malarstwo na szkle [malarstfɔ na ʃklɛ] Glasmalerei
malarstwo olejne [malarstfɔ ɔlɛjnɛ] Ölmalerei
mala-rz/rka [mala-ʃ/rka] Maler/in
mało [mawɔ] wenig
malować/namalować [malɔvatɕ/namalɔvatɕ] malen
malowanie [malɔvaɲɛ] Malen
malowanie akwarelami [malɔvaɲɛ akfarelami] Aquarellmalen
malowanie na jedwabiu [malɔvaɲɛ na jedvabju] Seidenmalerei
malowidło [malɔvidwɔ] Gemälde
mały [mawi] klein
małże [mawʒɛ] Miesmuscheln
małżonek [mawʒɔnɛk] Ehemann
małżonka [mawʒɔnka] Ehefrau
mama [mama] Mutter
mandarynki [mandarinci] Mandarinen
mandat [mandat] Bußgeld
mapa [mapa] Landkarte
mapa drogowa [mapa drɔgɔva] Straßenkarte

mapa turystyczna [mapa turistɨtʃna] Wanderkarte

marchew f [marxɛf] Karotten

margaryna [margarina] Margarine

marmolada [marmɔlada] Marmelade

martwa natura [martfa natura] Stillleben

martwić się o [martfitɕ ɕɛ ɔ] s. sorgen um

marynarka [marinarka] Sakko *(für Männer)*

marzec [maʒɛts] März

marzenie [maʒɛɲɛ] Traum, Wunsch

marznąć [marznɔɲtɕ] frieren

masaż [masaʃ] Massage

maść f [maɕtɕ] Salbe

maść f **na oparzenia** [maɕtɕ na ɔpaʒɛɲa] Brandsalbe

maska silnika [maska ɕilɲika] Motorhaube

maślanka [maɕlanka] Buttermilch

masło [maswɔ] Butter

maszyna [maʃina] Maschine

materac [matɛrats] Matratze

materac dmuchany [matɛradz dmuxani] Luftmatratze

materiał [matɛrjaw] Stoff; Material

matka [matka] Mutter

mąż [mɔ̃ʃ] (Ehe)Mann

Mazury [mazuri] Masuren

mdłości pl [mdwɔɕtɕi] Brechreiz, Übelkeit

mebel [mɛbɛl] Möbel

mecz [mɛtʃ] Spiel, Wettkampf

mecz piłki nożnej [mɛtʃ piwci nɔʒnɛj] Fußballspiel

melon [mɛlɔn] Melone

melon żółty [mɛlɔn ʒuwti] Honigmelone

menstruacja [mɛnstruatsja] Menstruation

menu [mɛɲi] Speisekarte; Menü

metr [mɛtr] Meter

metr kwadratowy [mɛtr kfadratɔvi] Quadratmeter

metro [mɛtrɔ] U-Bahn

mewa [mɛva] Möwe

mężczyzna [mɛ̃ʃtʃizna] Mann

mgła [mgwa] Nebel

mi [mi] mir *(Kurzform nach den Verben)*

miasto [mjastɔ] Stadt

mieć [mjɛtɕ] haben

mieć chorobę morską [mjɛtɕ xɔrɔbɛ mɔrskɔ̃] seekrank sein

mieć wypadek [mjɛtɕ vipadɛk] verunglücken

między [mjɛndʑi] unter, zwischen

międzylądowanie [mjɛndʑilɔndɔvaɲɛ] Zwischenlandung

międzynarodowy [mjɛndʑinarɔdɔvi] international

miejmy nadzieję [mjɛjmi nadʑɛjɛ] hoffentlich

miejsce [mjɛjstsɛ] Ort, Platz, Raum

miejsce [mjɛjstsɛ] Sitz *(Platz, Sitzfläche)*

miejsce pamięci [mjɛjstsɛ pamjɛɲtɕi] Gedenkstätte

miejsce parkingowe dla niepełnosprawnych [mjɛjstsɛ parciŋgɔvɛ dla ɲɛpɛwnɔspravnix] Behindertenparkplatz
miejsce pielgrzymek [mjɛjstsɛ pjɛlgʒimɛk] Wallfahrtsort
miejsce przy oknie [mjɛjstsɛ pʃi ɔkɲɛ] Fensterplatz
miejsce urodzenia [mjɛjstsɛ urɔdzɛɲa] Geburtsort
miejsce w kuszetce [mjɛjstsɛ f kuʃɛttsɛ] Liegewagenplatz
miejsce zamieszkania [mjɛjstsɛ zamjɛʃkaɲa] Wohnort
miejscówka [mjɛjstsufka] Platzkarte
miejscowość f [mjɛjstsɔvɔɕtɕ] Ortschaft
miejscowość f rybacka [mjɛjstsɔvɔɕtɕ ribatska] Fischerort
miejscowy [mjɛjstsɔvi] einheimisch
miękki [mjɛɲci] weich
miesiąc [mjɛɕɔnts] Monat
miesiączka [mjɛɕɔntʃka] Menstruation
miesięcznie adv [mjɛɕɛntʃɲɛ], **miesięczny** adj [mjɛɕɛntʃni] monatlich
mięsień [mjɛ̃ɕɛɲ] Muskel
mięso [mjɛ̃wsɔ] Fleisch
mięso mielone [mjɛ̃wsɔ mjɛlɔnɛ] Hackfleisch
mieszany [mjɛʃani] gemischt
mieszkać [mjɛʃkatɕ] wohnen
mieszkać w namiocie [mjɛʃkadʑ v namjɔtɕɛ] zelten
mieszkanie [mjɛʃkaɲɛ] Wohnung

mieszkaniec/mieszkanka [mjɛʃkaɲɛts/mjɛʃkaŋka] Einwohner/in
migawka [migafka] Schnappschuss
migdały [migdawi] Mandeln
migrena [migrɛna] Migräne
mikrofalówka [mikrɔfalufka] Mikrowelle
milimetr [milimɛtr] Millimeter
miło adv [miwɔ], **miły** adj [miwi] freundlich, nett
miłość f [miwɔɕtɕ] Liebe
mimo to [mimɔ tɔ] trotzdem
minigolf [miɲigɔlf] Minigolf
minuta [minuta] Minute
miód [mjut] Honig
miska [miska] Schüssel
mleko [mlɛkɔ] Milch
mleko odtłuszczone [mlɛkɔ ɔttwuʃtʃɔnɛ] fettarme Milch
młody [mwɔdi] jung
młotek [mwɔtɛk] Hammer
mnie [mɲɛ] mich *(akk von ich)*, mir *(dat von ich)*
móc [muts] dürfen, können
mocny [mɔtsni] stark
mocz [mɔtʃ] Urin
moda [mɔda] Mode
model [mɔdɛl] Modell
modlić się [mɔdlitɕ ɕɛ] beten
modna biżuteria [mɔdna biʒutɛrja] Modeschmuck
modny [mɔdni] modern, modisch
mój [muj] mein
mokry [mɔkri] nass

molestowanie seksualne [mɔlɛstɔvaɲɛ sɛksualnɛ] sexuelle Belästigung

molo [mɔlɔ] Mole

moment [mɔmɛnt] Augenblick

moneta [mɔnɛta] Münze

morele [mɔrɛlɛ] Aprikosen

morze [mɔʒɛ] Meer, See *(Meer)*

Morze Bałtyckie [mɔʒɛ bawtɨtscɛ] Ostsee

most [mɔst]**, mostek** [mɔstɛk] Brücke

motel [mɔtɛl] Motel

motorówka [mɔtɔrufka] Motorboot

motylki do pływania [mɔtɨlci dɔ pwivaɲa] Schwimmflügel

mowa [mɔva] Sprache *(das Sprechen)*

mówić/powiedzieć [muvitɕ/pɔvjɛdʑɛtɕ] reden, sagen, sprechen

mozaika [mɔzajka] Mosaik

może [mɔʒɛ] vielleicht

mózg [musk] Gehirn

możliwy [mɔʒlivɨ] möglich

mróz [mrus] Frost

msza [mʃa] Messe *(Kirche)*

mucha [muxa] Fliege

mur [mur] Mauer

mury *pl* **miejskie** [muri mjɛjscɛ] Stadtmauer

musical [mjuzikal] Musical

muskuł [muskuw] Muskel

musli *n* [musli] Müsli

muszelka [muʃɛlka] Muschel

muszka [muʃka] Fliege

muszla [muʃla] Muschel

musztarda [muʃtarda] Senf

muzeum *n* [muzɛum] Museum

muzeum *n* **etnograficzne** [muzɛum ɛtnɔgrafitʃnɛ] Völkerkundemuseum

muzyka [muzika] Musik

muzyka ludowa [muzika ludɔva] Volksmusik

muzyka na żywo [muzika na ʒivɔ] Livemusik

muzykować [muzikɔvatɕ] musizieren

my [mi] wir

mydło [midwɔ] Seife

myjka [mijka] Waschlappen

mylić się/pomylić się [militɕ ɕɛ/ pɔmilitɕ ɕɛ] sich täuschen

mylić/pomylić [militɕ/pɔmilitɕ] verwechseln

myśleć [miɕlɛtɕ] denken, meinen

myśleć/pomyśleć o [miɕlɛtɕ/ pɔmiɕlɛtɕ ɔ] denken an

N

na [na] an, auf, für (etwas), nach

na czas [na tʃas] rechtzeitig

na dole [na dɔlɛ] unten

na dworze [na dvɔʒɛ] draußen *(außerhalb eines Raumes, Gebäudes)*

na górze [na guʒɛ] oben

na koniec [na kɔɲɛts] zuletzt *(am Schluss)*

na krótko *adv* [na krutkɔ] kurzfristig, für kurze Zeit

na lewo [na lɛvɔ] links

na pewno *adv* [na pɛvnɔ] bestimmt, sicher

na północ od [na puwnɔt͡s ɔt]
nördlich von

na południe od [na pɔwudɲɛ ɔt]
südlich von

naprawdę adv [napravdɛ] echt

na prawo [na pravɔ] rechts

naprzeciwko [napʃɛt͡ɕifkɔ]
gegenüber

na przodzie [na pʃɔd͡zɛ] vorn

na serio [na sɛrjɔ] ernst

na wschód od [na fsxut ɔt] östlich
von

na zachód od [na zaxut ɔt] westlich
von

na zewnątrz [na zɛvnɔnt͡ʃ] außen

nabrzeże [nabʒɛʒɛ] Kai

naczynia pl [nat͡ʃɨɲa] Geschirr

nad [nat] über (räumlich)

nadawca m [nadaft͡sa] Absender

naderwanie ścięgna [nadɛrvaɲɛ
ɕt͡ɕɛŋgna] Bänderriss

nadwyrężenie [nadvɨrɛw̃ʒɛɲɛ]
Zerrung

nadziewany [nad͡ʑɛvanɨ] gefüllt

nafta [nafta] Petroleum

nagi [naɟi] nackt

nagle adv [naglɛ], **nagły** adj
[nagwɨ] plötzlich

nagły przypadek [nagwɨ pʃɨpadɛk]
Notfall

nagrobek [nagrɔbɛk] Grabmal

nagroda [nagrɔda] Belohnung

najbliższ-a(y/e) [najbliʃʃ-a(i/ɛ)]
nächste(r, -s) (nächstgelegen)

najedzony [najɛd͡zɔnɨ] satt

najlepsz-a(y/e) [najlɛpʃ-a/i/ɛ]
beste(r, -s)

najpierw [najpjɛrf] (zu)erst

najwyżej [najvɨʒɛj] höchstens

nakrycie [nakrɨt͡ɕɛ] Gedeck

nalepić znaczek [nalɛpit͡ɕ znat͡ʃɛk]
frankieren

należeć [nalɛʒɛt͡ɕ] gehören

nam [nam] uns (dat von wir)

namiot [namjɔt] Zelt

napad [napat] Überfall

napastować [napastɔvat͡ɕ]
belästigen

napięcie elektryczne [napjɛnt͡ɕɛ
ɛlɛktrɨt͡ʃnɛ] Stromspannung

napis [napis] Aufschrift, Inschrift

napisy pl [napisɨ] Untertitel

napiwek [napivɛk] Trinkgeld

napój [napuj] Getränk

naprawdę adv [napravdɛ] wirklich

naprawiać/naprawić [napravjat͡ɕ/
napravit͡ɕ] reparieren

naprzód [napʃut] vorwärts

naprzykrzać się (+ dat)
[napʃɨkʃat͡ɕ ɕɛ] belästigen

nareszcie [narɛʃt͡ɕɛ] endlich

narkoza [narkɔza] Narkose

naród [narut] Volk

narty biegowe [narti bjɛgɔvɛ]
Langlaufski

narty pl [narti] Ski

narty wodne [narti vɔdnɛ]
Wasserski

narzeczon-y/a [naʒɛt͡ʃɔn-i/a] der/
die Verlobte

narzędzia pl [naʒɛnd͡za] Werkzeug

nas [nas] uns (akk von wir)

następn-a(y/e) [nastɛmpn-a(i/ɛ)]
nächste(r, -s)

nastolat-ka/tek [nastɔlat-ka/tɛk]
Jugendliche(r)

nasz *m*, **nasze** *n*, **nasza** *f*, **nasze** *pl* [naʃ, naʃɛ, naʃa, naʃɛ)] unser(e)

natura [natura] Natur

naturalnie *adv* [naturalɲɛ], **naturalny** *adj* [naturalni] natürlich

natychmiast [natixmjast] sofort

nazwa [nazva] Name *(Benennung)*

nazwisko [nazvisko] (Nach)Name, Familienname

nazwisko panieńskie [nazvisko paɲɛɲscɛ] Geburtsname

nazywać się [naziwatɕ ɕɛ] heißen

negatywny [nɛgativni] negativ

nerka [nɛrka] Niere

nerw [nɛrf] Nerv

nerwowy [nɛrvɔvi] nervös

nic [ɲits] nichts

nie [ɲɛ] nicht

nie do wiary [ɲɛ dɔ vjari] unglaublich

nie ma go/jej [ɲɛ ma gɔ/jɛj] er/sie ist nicht da

nierozstrzygnięty [ɲɛrɔstʃignɛnti] unentschieden

niebezpieczeństwo [ɲɛbɛspjɛtʃɛɲstfɔ] Gefahr

niebezpieczny [ɲɛbɛspjɛtʃni] gefährlich

niebieski [ɲɛbjɛsci] blau

niebo [ɲɛbɔ] Himmel

niedaleki *adj* [ɲɛdalɛci], **niedaleko** *adv* [ɲɛdalɛkɔ] nahe

niedawno [ɲɛdavnɔ] kürzlich

niedobrze [ɲɛdɔbʒɛ] schlecht

niedziela [ɲɛd̑ʑɛla] Sonntag

niektórzy [ɲɛktuʑi] einige

Niemcy *pl* [ɲɛmtsi] Deutschland

Niemiec/Niemka [ɲɛmjɛts/ɲɛmka] der/die Deutsche

niemiecki [ɲɛmjɛtsci] deutsch

niemowlę [ɲɛmɔvlɛ] Baby, Säugling

niemożliwy [ɲɛmɔʒlivi] unmöglich

niemy [ɲɛmi] stumm

nieodpowiedni [ɲɛɔtpɔvjɛdɲi] ungeeignet

niepalący [ɲɛpalɔntsi] Nichtraucher

niepełnosprawn-a/y ruchowo [ɲɛpɛwnɔspravn-a/i ruxɔvɔ] Mobilitätsbehinderte/r

niepełnosprawność *pl* **fizyczna** [ɲɛpɛwnɔspravnɔɕtɕ fizitʃna] Körperbehinderung

niepewny [ɲɛpevni] unsicher, unentschieden

nieporozumienie [ɲɛpɔrɔzumjɛɲɛ] Missverständnis

nieprawdopodobny [ɲɛpravdɔpɔdɔbni] unwahrscheinlich

nieprzyjemny [ɲɛpʃijemni] unangenehm

nieprzytomny [ɲɛpʃitɔmni] bewusstlos

nieśmiały [ɲɛɕmjawi] schüchtern

niestety [ɲɛstɛti] leider

nieszczęście [ɲɛʃtʃɛɲɕtɕɛ] Unglück

nieważny [ɲɛvaʒni] unwichtig

niewiarygodny *adj* [ɲɛvjarigɔdni] unglaublich

niewidom-a/y [ɲɛvidɔm-a/i] Blinde/r

niewidomy [ɲɛvidɔmi] blind

nieznośny [ɲɛznɔɕni] unerträglich

niezobowiązujący [nɛzɔbɔvjɔnzujɔntsi] unverbindlich

niezwykły [nɛzvikwi] ungewöhnlich

nigdy [nigdi] nie

nigdzie [nigd͡ʑe] nirgends

nikt [nikt] niemand

niski [nisci] nieder, niedrig, tief

niż [niʃ] als (beim Vergleich)

noc f [nɔts] Nacht

nocą [nɔtsɔ̃w] nachts

nocleg [nɔtslɛk] Übernachtung

nocleg ze śniadaniem i kolacją [nɔtslɛg zɛ ɕnadanɛm i kɔlatsjɔ̃w] Halbpension

nocować/przenocować [nɔtsɔvatɕ/ pʃɛnɔtsɔvatɕ] übernachten

noga [nɔga] Bein

normalnie [nɔrmalnɛ] normalerweise

normalnie adv [nɔrmalnɛ], **normalny** adj [nɔrmalni] normal, üblich

nos [nɔs] Nase

nosić [nɔɕitɕ] tragen

nosidełko [nɔɕidɛwkɔ] Babytrage

notebook [nɔtbuk] Notebook

nowoczesny [nɔvɔt͡ʃɛsni] modern

nowy [nɔvi] neu

Nowy Rok [nɔvi rɔk] Neujahr

nóż [nuʃ] Messer

nożyce pl [nɔʒit͡sɛ] Schere

nożyczki pl [nɔʒit͡ʃci] Schere

nożyczki pl **do paznokci** [nɔʒit͡ʃci dɔ paznɔktɕi] Nagelschere

nudny [nudni] langweilig

numer [numɛr] Nummer

numer domu [numɛr dɔmu] Hausnummer

numer kierunkowy [numɛr cɛrunkɔvi] Vorwahlnummer

numer telefonu [numɛr tɛlɛfɔnu] Telefonnummer

numer wagonu [numɛr vagɔnu] Wagennummer

nurkować [nurkɔvatɕ] tauchen

nurkować z fajką [nurkɔvatɕ s fajkɔ̃w] schnorcheln

O

o [ɔ] um (zeitlich)

o tej porze [ɔ tɛj pɔʒɛ] um diese Zeit

obaj/obie/oboje [ɔbaj/ɔbjɛ/ɔbɔjɛ] beide

obawiać się [ɔbavjatɕ ɕɛ] befürchten

obcas [ɔptsas] Absatz

obcięcie z cieniowaniem [ɔptɕɛɲt͡ɕɛ s tɕɛɲɔvanɛm] Stufenschnitt

obcy [ɔptsi] fremd

obc-y/-a [ɔpts-i/-a] der/die Fremde

oberżyny [ɔbɛrʒini] Auberginen

obiad [ɔbjat] Mittagessen

obiecywać/obiecać [ɔbjɛtsivatɕ/ ɔbjɛtsatɕ] zusagen

objazd [ɔbjast] Umleitung

objektyw [ɔbjɛktif] Objektiv

obłożnie chory [ɔbwɔʒnɛ xɔri] pflegebedürftig

obojczyk [ɔbɔjt͡ʃik] Schlüsselbein

obok [ɔbɔk] neben

obraz [ɔbras] Bild, Gemälde

obraza [ɔbraza] Beleidigung

obrus [ɔbrus] Tischtuch
obrzęk [ɔbʒɛŋk] Geschwulst, Schwellung
obsługa [ɔpswuga] Bedienung
obstrukcja [ɔpstruktsja] Verstopfung
obudzić się [ɔbudʑitɕ ɕɛ] aufwachen
obudzony [ɔbudʑɔni] wach
obuwie gimnastyczne [ɔbuvjɛ jimnastɨt͡ʃnɛ] Turnschuhe
obuwie plażowe [ɔbuvjɛ plaʒɔvɛ] Strandschuhe
obwodnica [ɔbvɔdnitsa] Umgehungsstraße
obywatel Unii Europejskiej [ɔbivatel unji ɛwrɔpejscɛj] EU-Bürger
obywatelstwo [ɔbivatelstfɔ] Staatsangehörigkeit
ocet [ɔt͡set] Essig
ochrona [ɔxrɔna] Sicherung *(Schutz)*
ochrona przeciwsłoneczna [ɔxrɔna pʃet͡ɕifswɔnet͡ʃna] Sonnenschutz
ochrona zabytków [ɔxrɔna zabitkuf] Denkmalschutz
ochrypły [ɔxripwi] heiser
oczekiwać [ɔt͡ʃecivatɕ] erwarten, rechnen mit
oczy [ɔt͡ʃi] Augen
oczywiście [ɔt͡ʃiviɕt͡ɕɛ] klar
od [ɔt] ab, seit, von *(zeitlich/von jdm)*
od czasu do czasu [ɔt t͡ʃasu dɔ t͡ʃasu] ab und zu
odbierać/odebrać [ɔdbjeratɕ/ ɔdebratɕ] abnehmen

odbiorca m [ɔdbjɔrtsa] Empfänger
odbywać się/odbyć się [ɔdbivatɕ ɕɛ/ɔdbitɕ ɕɛ] stattfinden
oddawać/oddać [ɔddavatɕ/ɔddatɕ] abgeben, zurückgeben
oddychać [ɔddixatɕ] atmen
oddział [ɔddʑaw] Station *(im Krankenhaus)*
odholować [ɔtxɔlɔvatɕ] abschleppen
odjazd [ɔdjast] Abfahrt
odjeżdżać/odjechać (do + *gen)* [ɔdjeʒdʑatɕ/ɔdjexatɕ (dɔ)] abfahren (nach)
odjeżdżać/odjechać (z) [ɔdjeʒdʑatɕ/ɔdjexatɕ (z)] abfahren (von)
odkrywać/odkryć [ɔtkrivatɕ/ ɔtkritɕ] entdecken
odległość f [ɔdlɛgwɔɕt͡ɕ] Entfernung
odlot [ɔdlɔt] Abflug
odmawiać/odmówić [ɔdmavjatɕ/ ɔdmuvitɕ] ablehnen
odmrażacz [ɔdmraʒat͡ʃ] Frostschutzmittel
odpadki pl [ɔtpatci] Abfall
odpływ (morza) [ɔdpwif (mɔʒa)] Ebbe
odpoczynek [ɔtpɔt͡ʃinek] Ruhe, Erholung
odpoczywać/odpocząć [ɔtpɔt͡ʃivatɕ/ ɔtpɔt͡ʃɔntɕ] s. ausruhen
odpowiadać/odpowiedzieć [ɔtpɔvjadatɕ/ɔtpɔvjedʑetɕ] (be)antworten

odpowiedni [ɔtpɔvjɛdni],
  odpowiednio [ɔtpɔvjɛdnɔ] richtig
odpowiedzialny [ɔtpɔvjɛdʑalni]
  verantwortlich
odprawa bagażu [ɔtprava baɡaʒu]
  Gepäckabfertigung
odprawiać się przed odlotem
  [ɔtpravjatɕ ɕɛ pʃɛd ɔdlɔtɛm]
  einchecken
odra [ɔdra] Masern
Odra [ɔdra] Oder
odszkodowanie [ɔtʃkɔdɔvaɲɛ]
  (Schaden)Ersatz
odtwarzacz CD [ɔttfaʒatʃ si di]
  CD-Spieler
odwiedzać/odwiedzić kogoś
  [ɔdvjɛdzatɕ/ɔdvjɛdʑitɕ kɔɡɔɕ]
  besuchen
odwiedziny pl [ɔdvjɛdʑini] Besuch
odwrotnie adv [ɔdvrɔtɲɛ]
  umgekehrt
odzież pl **dla dzieci** [ɔdʑeʒ
  dla dʑɛtɕi] Kinderkleidung
oferować/zaoferować [ɔfɛrɔvatɕ/
  zaɔfɛrɔvatɕ] bieten
oficjalny [ɔfitsjalni] offiziell
ogień [ɔjɛɲ] Feuer
oglądać [ɔɡlɔndatɕ] ansehen
ogórek [ɔɡurɛk] Gurke
ogród [ɔɡrud] Garten
ogród botaniczny [ɔɡrud bɔtaɲitʃni]
  botanischer Garten
ogród zoologiczny [ɔɡrut
  zɔɔlɔjitʃni] Zoo
ogrzewanie [ɔɡʒɛvaɲɛ] Heizung
ogrzewanie centralne [ɔɡʒɛvaɲɛ
  tsɛntralnɛ] Zentralheizung
ojciec [ɔjtɕɛts] Vater

ojczyzna [ɔjtʃizna] Heimat
okazjonalny adj [ɔkazjɔnalni]
  gelegentlich
okienko bagażowe [ɔcɛŋkɔ
  baɡaʒɔvɛ] Gepäckschalter
oklaski [ɔklasci] Beifall
okno [ɔknɔ] Fenster
okolica [ɔkɔlitsa] Gegend,
  Umgebung
około [ɔkɔwɔ] etwa, ungefähr
około południa [ɔkɔwɔ pɔwudɲa]
  gegen Mittag
okoń [ɔkɔɲ] Barsch
okrągły adj [ɔkrɔŋgwi] rund
okres ochronny [ɔkrɛs ɔxrɔnni]
  Schonzeit
okres posezonowy [ɔkrɛs
  pɔsɛzɔnɔvi] Nachsaison
okres przedsezonowy [ɔkrɛs
  pʃɛtsɛzɔnɔvi] Vorsaison
okropny [ɔkrɔpni] fürchterlich,
  schrecklich
okulary pl **do nurkowania** [ɔkulari
  dɔ nurkɔvaɲa] Taucherbrille
okulary pl **narciarskie** [ɔkulari
  nartɕarscɛ] Skibrille
olej [ɔlɛj] Öl
olejek do opalania [ɔlɛjɛɡ
  dɔ ɔpalaɲa] Sonnenöl
oliwa z oliwek [ɔliva z ɔlivɛk]
  Olivenöl
oliwki [ɔlifci] Oliven
ołtarz [ɔwtaʃ] Altar
omdlenie [ɔmdlɛɲɛ] Ohnmacht
on [ɔn] er
ona [ɔna] sie (3. Person sing)
oni/one [ɔɲi/ɔnɛ] sie (3. Person
  pl)

opactwo [ɔpatstfɔ] Abtei
opakowanie [ɔpakɔvaɲɛ]
  Verpackung
oparzenie [ɔpaʒɛɲɛ] Verbrennung
oparzenie słoneczne [ɔpaʒɛɲɛ
  swɔnɛtʃnɛ] Sonnenbrand
opatrunek [ɔpatrunɛk] Verband
opatrzyć [ɔpatʃɨtɕ] verbinden
opera [ɔpɛra] Oper
operacja [ɔpɛratsja] Operation
operetka [ɔpɛrɛtka] Operette
opieka dla niepełnosprawnych
  [ɔpjɛka dla ɲɛpɛwnɔspravnix]
  Betreuungsdienst
opieka nad dziećmi [ɔpjɛka
  nad‿dʑɛtɕmi] Kinderbetreuung
opiekany [ɔpjɛkani] geröstet
opiekunka do dzieci [ɔpjɛkunka
  dɔ‿dʑɛtɕi] Babysitter
opinia [ɔpiɲa] Meinung
opisywać/opisać [ɔpisivatɕ/ɔpisatɕ]
  beschreiben
opłata [ɔpwata] Porto, Zahlung
opłata celna [ɔpwata tsɛlna]
  Zollgebühr
opłata lotniskowa [ɔpwata
  lɔtɲiskɔva] Flughafengebühr
opłata manipulacyjna [ɔpwata
  maɲipulatsijna]
  Bearbeitungsgebühr
opłata za autostradę [ɔpwata
  za‿awtɔstradɛ] Autobahngebühr
opłata za bezpieczeństwo [ɔpwata
  za‿bɛspjɛtʃɛɲstfɔ]
  Sicherheitsgebühr
opłaty [ɔpwati] Gebühren
opona [ɔpɔna] Reifen

opona zimowa [ɔpɔna zimɔva]
  Winterreifen
opowiadać/opowiedzieć
  [ɔpɔvjadatɕ/ɔpɔvjɛdʑɛtɕ]
  erzählen
oprowadzanie [ɔprɔvadzaɲɛ]
  Führung
opróżnianie skrzynki pocztowej
  [ɔpruʒɲaɲɛ skʃinci pɔtʃtɔvɛj]
  Leerung
optyk [ɔptik] Optiker
opuszczać/opuścić [ɔpuʃtʃatɕ/
  ɔpuɕtɕitɕ] verlassen
order [ɔrdɛr] Orden
orkiestra [ɔrcɛstra] Orchester
orkiestra taneczna [ɔrcɛstra
  tanɛtʃna] Tanzkapelle
oryginał [ɔriɟinaw] Original
orzech kokosowy [ɔʒɛx kɔkɔsɔvi]
  Kokosnuss
orzechy [ɔʒɛxi] Nüsse
orzeźwienie [ɔʒɛʑvjɛɲɛ], **ochłoda**
  [ɔxwɔda] Erfrischung
osa [ɔsa] Wespe
ość f [ɔɕtɕ] Gräte
osiągnąć [ɔɕɔŋgnɔntɕ] erreichen
oskrzela [ɔskʃɛla] Bronchien
osoba [ɔsɔba] Person
osoba na wózku inwalidzkim [ɔsɔba
  na‿vusku invalitɕcim]
  Rollstuhlfahrer/in
osoba towarzysząca [ɔsɔba
  tɔvaʒiʃɔntsa] Begleitperson
osobiście adv [ɔsɔbiɕtɕɛ]
  persönlich
osobisty adj [ɔsɔbisti] persönlich
osobliwość [ɔsɔblivɔɕtɕi]
  Besonderheit, Seltenheit

ospa wietrzna [ɔspa vjetʃna] Windpocken

ośrodek wypoczynkowy [ɔɕrɔdɛg vipɔtʃinkɔvi] Ferienanlage

ostateczny [ɔstatɛtʃni] endgültig

ostatni raz [ɔstatni ras] zuletzt, zum letzten Mal

ostatn-ia/i/ie [ɔstatn-a/i/ɛ] letzte(r, -s)

ostrożnie adv [ɔstrɔʒnɛ] vorsichtig

ostry [ɔstri] scharf

ostrygi [ɔstriɟi] Austern

oszustwo [ɔʃustfɔ] Betrug

otoczenie [ɔtɔtʃɛnɛ] Umwelt

otrzymywać/otrzymać [ɔtʃimivatɕ/ɔtʃimatɕ] bekommen, erhalten

otwarty [ɔtfarti] auf, geöffnet, offen

otwierać/otworzyć [ɔtfjɛratɕ/ɔtfɔʒitɕ] öffnen

otwieracz do butelek [ɔtfjɛradʒ dɔ butɛlɛk] Flaschenöffner

otwieracz do puszek [ɔtfjɛradʒ dɔ puʃɛk] Dosenöffner

owoce pl [ɔvɔtsɛ] Obst

ożenić się [ɔʒɛnitɕ ɕɛ] heiraten (eine Frau)

ożywiony [ɔʒivjɔni] lebhaft (Diskussion)

P

pachnieć [paxnɛtɕ] (gut) riechen

paczka [patʃka] Paket

paczuszka [patʃuʃka] Päckchen

padaczka [padatʃka] Epilepsie

palec [palɛts] Finger

palec u nogi [palɛts u nɔɟi] Zehe

pałac [pawats] Palast

pamiątka [pamjɔntka] Mitbringsel

pan [pan] Herr, Sie

pani [pani] Frau, Sie

panie [panɛ] Damen

panna [panna] Fräulein

panowie [panɔvjɛ] Herren

państwo [paɲstfɔ] Sie (Herrschaften), Staat

papier [papjɛr] Papier

papier listowy [papjɛr listɔvi] Briefpapier

papier toaletowy [papjɛr tɔalɛtɔvi] Toilettenpapier

papieros [papjɛrɔs] Zigarette

papryka [paprika] Paprika(schote)

para [para] Paar

paraliż [paraliʃ] Lähmung

paraliż dziecięcy [paraliʒ dʑɛtɕɛntsi] Kinderlähmung

paralotnia [paralɔtna] Gleitschirm

parasol [parasɔl] Schirm

park [park] Park

park narodowy [park narɔdɔvi] Nationalpark

park rozrywki [park rɔzrifci] Freizeitpark, Vergnügungspark

parking [parciŋk] Parkplatz, Rastplatz

parkować/zaparkować [parkɔvatɕ/zaparkɔvatɕ] parken

parno adv [parnɔ] schwül

parowiec [parɔvjɛts] Dampfer

parter [partɛr] Erdgeschoss, Parkett

party n [parti] Party

pas bezpieczeństwa [pas bɛspjɛtʃɛɲstfa] Sicherheitsgurt

pas biodrowy [paz bjɔdrɔvi]
    Nierengurt
pasażer [pasaʒɛr] Fahrgast,
    Passagier
pasek [pasɛk] Gürtel
pasemko [pasɛmkɔ] Strähnchen
pasować [pasɔvatɕ] passen
pasta do butów [pasta dɔ butuf]
    Schuhcreme
pasta do zębów [pasta dɔ zɛmbuf]
    Zahnpasta
paszport [paʃpɔrt] Pass, Reisepass
patent żeglarski [patɛnt ʒɛglarsci]
    Bootsführerschein
patrzeć [patʃɛtɕ] (zu)schauen
październik [paʑdʑɛrɲik] Oktober
pchli targ [pxli tark] Flohmarkt
pęcherz (moczowy) [pɛ̃wxɛʃ
    (mɔtʃɔvi)] Harnblase
pęcherz (skórny) [pɛ̃wxɛʃ (skurɲi)]
    Hautblase
pedał gazu [pɛdaw gazu] Gaspedal
pediatra/- [pɛdiatra] Kinderarzt/
    ärztin
pędzel do golenia [pɛndʑɛl
    dɔ gɔlɛɲa] Rasierpinsel
pejzaż [pɛjzaʃ] Landschaft
pełne wyżywienie [pɛwnɛ viʒivjɛɲɛ]
    Vollpension
pełny [pɛwni] voll
pensjonat [pɛnsjɔnat] Pension
perfumeria [pɛrfumɛrja]
    Parfümerie
perfumy pl [pɛrfumi] Parfüm
perła [pɛrwa] Perle
peron [pɛrɔn] Bahnsteig
peruka [pɛruka] Perücke
petanka [pɛtaŋka] Boulespiel

pewny [pɛvni] sicher, gewiss,
    zuverlässig, bestimmt
pianka [pjaŋka] Schaum; *fam*
    Neoprenanzug
pianka do golenia [pjaŋka
    dɔ gɔlɛɲa] Rasierschaum
piaskownica [pjaskɔvɲitsa]
    Sandkasten
piątek [pjɔntɛk] Freitag
pić [pitɕ] trinken
pieczątka [pjɛtʃɔntka] Stempel
pieczony [pjɛtʃɔɲi] gebacken
pieczywo [pjɛtʃivɔ] Gebäck
piekarnia [pjɛkarɲa] Bäckerei
pięknie [pjɛŋkɲɛ] schön
piękny *adv* [pɛŋkɲi] schön, hübsch
pielęgniarka [pjɛlɛŋgɲarka]
    Krankenschwester
pielęgniarz [pjɛlɛɲɲaʃ]
    Krankenpfleger
pieluchy [pjɛluxi] Windeln
pieniądze *pl* [pjɛɲɔndʑɛ] Geld
pieprz [pjɛpʃ] Pfeffer
pierś *f* [pjɛrɕ] Brust
pierścionek [pjɛrɕtɕɔnɛk] Ring
pierwsza (pierwsz-y/e) [pjɛrʃʃa
    (pjɛrʃʃ-i/ɛ)] erste(r, -s)
pierwsze danie [pjɛrʃʃɛ daɲɛ]
    erster Gang *(Essen)*
pierwszy bieg [pjɛrʃʃi bjɛk] erster
    Gang *(im Auto)*
pies [pjɛs] Hund
pies przewodnik [pjɛs pʃɛvɔdɲik]
    Blindenhund
piesz-y/a [pjɛʃ-i/a] Fußgänger/in
piętro [pjɛntrɔ] Etage,
    Stock(werk)
pietruszka [pjɛtruʃka] Petersilie

pigułka [piguwka] Tablette
pijany [pijani] betrunken
pilnie [pilɲɛ] dringend
pilot-/ka [pilɔt/ka] Pilot/in
piłka [piwka] Ball
piłka nożna [piwka nɔʒna] Fußball
piłka ręczna [piwka rɛntʃna] Handball
PIN [pin] Geheimzahl
pincetka [pintsɛtka] Pinzette
piosenka [pjɔsɛŋka] Lied
piosenka-rz/rka [pjɔsɛŋka-ʃ/rka] Sänger/in
pisać/napisać [pisatɕ/napisatɕ] schreiben
pisanki [pisaɲci] Ostereier
pisemny [pisɛmni] schriftlich
pismo [pismɔ] Schrift
piwo [pivɔ] Bier
piwo bezalkoholowe [pivɔ bezalkɔxɔlɔvɛ] alkoholfreies Bier
plac [plats] Platz (in Stadt)
plac zabaw [pladz zabaf] Spielplatz
płacić gotówką [pwatɕitɕ gɔtufkɔ̃w] bar zahlen
płacić/zapłacić [pwatɕitɕ/zapwatɕitɕ] bezahlen
placówka socjalna [platsufka sɔtsjalna] Sozialstation
plakat [plakat] Plakat
płakać [pwakatɕ] weinen
plama (plamy) [plama (plami)] Fleck(en)
plan miasta [plan mjasta] Stadtplan
plaster [plastɛr] Pflaster

plasterek [plastɛrɛk] (Wurst) Scheibe
plastyka [plastika] (Kunst) die Plastik
płaszcz [pwaʃtʃ] Mantel
płaszcz kąpielowy [pwaʃtʃ kɔmpjɛlɔvi] Bademantel
płaszcz przeciwdeszczowy [pwaʃtʃ pʃɛtɕifdɛʃtʃɔvi] Regenmantel
płatki owsiane [pwatci ɔfɕanɛ] Haferflocken
płatność f [pwatnɔɕtɕ] Zahlung
plaża [plaʒa] Strand
plaża dla nudystów [plaʒa dla nudistuf] FKK-Strand
plecak [plɛtsak] Rucksack
plecy pl [plɛtsi] Rücken
płetwy [pwɛtfi] Schwimmflossen
plomba [plɔmba] Plombe
płuco [pwutsɔ] Lunge
płyn chłodniczy [pwin xwɔdɲitɕi] Kühlwasser
płyn do mycia naczyń [pwin dɔ mitɕa natʃiɲ] Spülmittel
płyn hamulcowy [pwin xamultsɔvi] Bremsflüssigkeit
płynny [pwinni] flüssig
płytki [pwitci] flach
pływać [pwivatɕ] schwimmen
pływać kajakiem [pwivatɕ kajacɛm] paddeln
pływa-k/czka [pwiva-k/tʃka] Schwimmer/in
po [pɔ] nach (zeitlich)
po drodze [pɔ drɔdze] unterwegs
po drugie [pɔ druɟɛ] zweitens
po polsku [pɔ pɔlsku] auf Polnisch

po południu [pɔ pɔwudɲu] nachmittags

po prostu *adv* [pɔ prɔstu] einfach

pobyt [pɔbit] Aufenthalt

pocałunek [pɔtsawunɛk] Kuss

pochmurnie [pɔxmurɲɛ] bewölkt

pochód [pɔxut] Umzug

pochodzić z [pɔxɔdʑitɕ z] stammen (aus)

pociąg [pɔtɕɔŋk] Zug

pociąg podmiejski [pɔtɕɔŋk pɔdmjɛjsci] Nahverkehrszug

pociąg z wagonami na samochody [pɔtɕɔŋk z vagɔnami na samɔxɔdi] Autoreisezug

pocić się [pɔtɕitɕ ɕɛ] schwitzen

początek [pɔtʃɔntɛk] Anfang

poczekalnia [pɔtʃɛkalɲa] Wartesaal, Wartezimmer

poczta [pɔtʃta] Post(amt)

poczta główna [pɔtʃta gwuvna] Hauptpost

pocztą lotniczą [pɔtʃtɔw lɔtɲitʃɔw] mit Luftpost

pocztówka [pɔtʃtufka] Postkarte

pod [pɔt] unter, unterhalb

pod koniec tygodnia [pɔt kɔɲɛts tigɔdɲa] gegen Ende der Woche

podanie [pɔdaɲɛ] Antrag; Angabe *(des Namens, der Adresse)*, Pass *(Sport)*

podarować [pɔdarɔvatɕ] schenken

podawać/podać [pɔdavatɕ/pɔdatɕ] servieren

podbrzusze [pɔdbʒuʃɛ] Unterleib

podczas [pɔttʃas] während

podeszwa [pɔdɛʃfa] Sohle

podgrzewacz do butelek [pɔdgʒevadʒ dɔ butɛlɛk] Fläschchenwärmer

podkoszulek [pɔtkɔʃulɛk] Unterhemd

podlegający ocleniu [pɔdlɛgajɔntsɨ ɔtslɛɲu] zollpflichtig

podłoga [pɔdwɔga] (Fuß)Boden

podnośnik [pɔdnɔɕɲik] Hublift

podobać się [pɔdɔbatɕ ɕɛ] gefallen

podobny [pɔdɔbni] ähnlich

podpaski higieniczne [pɔtpasci xiɟɛɲitʃɛ] Damenbinden

podpis [pɔtpis] Unterschrift

podpisywać/podpisać [pɔtpisivatɕ/ pɔtpisatɕ] unterschreiben

podpora namiotu [pɔtpɔra namjɔtu] Zeltstange

podróż *f* [pɔdruʃ] Reise, Tour

podróż do domu [pɔdruʒ dɔ dɔmu] Heimreise

podróż powrotna [pɔdruʃ pɔvrɔtna] Rückfahrt

podróżować [pɔdruʒɔvatɕ] reisen

podróżować autostopem [pɔdruʒɔvatɕ awtɔstɔpɛm] trampen

poduszka [pɔduʃka] Kopfkissen

poduszkowiec [pɔduʃkɔvjɛts] Luftkissenboot

podwójny [pɔdvujni] doppelt

podwórze [pɔdvuʒɛ] Hof

pogląd [pɔɡlɔnt] Meinung

pojemnik [pɔjɛmɲik] Behälter

pojemnik na śmieci [pɔjɛmɲik na ɕmjɛtɕi] Mülltonne

pójść [pujɕtɕ] gehen

pojutrze [pɔjutʃɛ] übermorgen

pokazywać/pokazać [pɔkazivatɕ/pɔkazatɕ] zeigen
pokład [pɔkwat] Deck
pokładowy wózek inwalidzki [pɔkwadɔvi vuzek invalitɕi] Bordrollstuhl
pokój [pɔkuj] Zimmer
pokój dzienny [pɔkuj dʑenni] Wohnzimmer
pokojówka [pɔkɔjufka] Zimmermädchen
pokrojona wędlina różnego rodzaju [pɔkrɔjɔna vendlina ruʐnɛɡɔ rɔdzaju] Aufschnitt
pokwitowanie [pɔkfitɔvaɲɛ] Quittung
pół [puw] halb
połączenie [pɔwɔntʃɛɲɛ] Anschluss, Verbindung
Polak [pɔlak] Pole
polaroid [pɔlarɔit] Sofortbildkamera
pole [pɔlɛ] Feld
pole karne [pɔlɛ karnɛ] Strafraum
pole kempingowe [pɔlɛ kempiŋɡɔvɛ] Campingplatz
polecać/polecić [pɔletsatɕ/pɔletɕitɕ] empfehlen
policja [pɔlitsja] Polizei
policjant/ka [pɔlitsjant/ka] Polizist/in
policzyć [pɔlitʃitɕ] berechnen
polisa ubezpieczeniowa [pɔlisa ubɛspjɛtʃɛɲɔva] grüne Versicherungskarte
Polka [pɔlka] Polin
północ f [puwnɔts] Norden
połowa [pɔwɔva] Hälfte

położenie [pɔwɔʐɛɲɛ] Lage
Polska [pɔlska] Polen
polski [pɔlsci] polnisch
południe [pɔwudɲɛ] Mittag, Süden
pomagać/pomóc komuś [pɔmagatɕ/pɔmuts kɔmuɕ] jdm helfen
pomarańcza [pɔmaraɲtʃa] Orange
pomarańcze [pɔmaraɲtʃɛ] Apfelsinen
pomarańczowy [pɔmaraɲtʃɔvi] orange
pomidory [pɔmidɔri] Tomaten
pomieszczenie [pɔmjɛʃtʃɛɲɛ] Raum
pomimo to [pɔmimɔ tɔ] trotzdem
pomoc f [pɔmɔts] Hilfe
pomoc f **drogowa** [pɔmɔdz drɔgɔva] Abschleppdienst, Pannenhilfe
pomoc f **przy wsiadaniu** [pɔmɔts pʃi fɕadaɲu] Einstiegshilfe
Pomorze [pɔmɔʐɛ] Pommern
pompa benzynowa [pɔmpa benzinɔva] Benzinpumpe
pompka [pɔmpka] Luftpumpe
pomyłka [pɔmiwka] Irrtum
pomysł [pɔmisw] Idee
ponad [pɔnat] über
pończochy [pɔɲtʃɔxi] Strümpfe
poniedziałek [pɔɲɛdʑawɛk] Montag
Poniedziałek Wielkanocny [pɔɲɛdʑawɛk vjɛlkanɔtsni] Ostermontag
Poniedziałek Zielonoświątkowy [pɔɲɛdʑawɛk zɛlɔnɔɕfjɔntkɔvi] Pfingstmontag
ponieważ [pɔɲɛvaʃ] da, weil, denn

poniżej [pɔɲiʒɛj] unterhalb

ponton [pɔntɔn] Schlauchboot

popielniczka [pɔpjɛlɲitʃka] Aschenbecher

popołudnie [pɔpɔwudɲɛ] Nachmittag

por [pɔr] Lauch

pora roku [pɔra rɔku] Jahreszeit

poranek [pɔranɛk] Morgen

porażenie słoneczne [pɔraʒɛɲɛ swɔnɛtʃnɛ] Sonnenstich

porażony poprzecznie [pɔraʒɔɲi pɔpʃɛtʃɲɛ] querschnittsgelähmt

porcelana [pɔrtsɛlana] Porzellan

porcja [pɔrtsja] Portion

porcja dziecięca [pɔrtsja dʑɛtɕɛntsa] Kinderteller

poręcz f [pɔrɛntʃ] Handlauf

poronienie [pɔrɔɲɛɲɛ] Fehlgeburt

port [pɔrt] Hafen

portal [pɔrtal] Portal

portfel [pɔrtfɛl] Brieftasche

portier [pɔrtjɛr] Portier

portmonetka [pɔrtmɔnɛtka] Geldbeutel

porto [pɔrtɔ] Porto

portret [pɔrtrɛt] Porträt

pościel f [pɔɕtɕɛl] Bettwäsche

posiłek [pɔɕiwɛk] Mahlzeit

pośpiesznie adv [pɔɕpjɛʃɲɛ] eilig

post [pɔst] Fasten

postój taksówek [pɔstuj taksuvɛk] Taxistand

postrzał [pɔstʃaw] Hexenschuss

poświadczenie ubezpieczenia na wypadek choroby [pɔɕfjattʃɛɲɛ ubɛspjɛtʃɛɲa na vipadɛk xɔrɔbi] Krankenschein

posyłać/posłać [pɔsiwatɕ/pɔswatɕ] schicken

potem [pɔtɛm] danach, dann

potrawa [pɔtrava] Gericht *(Essen)*

potrzebować [pɔtʃɛbɔvatɕ] brauchen

potwierdzać/potwierdzić [pɔtfjɛrdzatɕ/pɔtfjɛrdʑitɕ] bestätigen, zusagen

poważnie adv [pɔvaʒɲɛ], **poważny** adj [pɔvaʒni] ernst

powiedzieć [pɔvjɛdʑɛtɕ] meinen, sagen

powieść f [pɔvjɛɕtɕ] Roman

powietrze [pɔvjɛtʃɛ] Luft

powiew wiatru [pɔvjɛf vjatru] Bö

powinien m/**powinna** f/**powinno** n [pɔvinɛn/pɔvinna/pɔvinnɔ] er soll/sie soll/es soll

powód [pɔvut] Grund

powodować/spowodować [pɔvɔdɔvatɕ/spɔvɔdɔvatɕ] verursachen

powoli adv [pɔvɔli], **powolny** adj [pɔvɔlni] langsam

powrót [pɔvrut] Rückfahrt

powtarzać/powtórzyć [pɔftaʒatɕ/pɔftuʒitɕ] wiederholen

poza [pɔza] außer, außerhalb

poza tym [pɔza tim] außerdem

pozdrawiać [pɔzdravjatɕ] grüßen

później [puʑɲɛj] später

późno [puʑnɔ] spät

(po)zostać [(pɔ)zɔstatɕ] bleiben

pozostałości [pɔzɔstawɔɕtɕi] Überreste

pozostawać/pozostać [pɔzɔstavatɕ/pɔzɔstatɕ] übrig bleiben

pożyczać/pożyczyć [pɔʒitʃatɕ/ pɔʒitʃitɕ] leihen
praca [pratsa] Arbeit
pracować [pratsovatɕ] arbeiten
praćwyprać [pratɕ/vipratɕ] waschen
prąd [prɔnt] (el) Strom
praktyczny [praktitʃni] praktisch
pralka [pralka] Waschmaschine
pralnia [pralɲa] Wäscherei
pralnia chemiczna [pralɲa xɛmitʃna] Reinigung
pralnia samoobsługowa [pralɲa samɔɔpswugɔva] Waschsalon
pranie [praɲɛ] Wäsche
prasować [prasɔvatɕ] bügeln
praw-a/y/e [prav-a/i/ɛ] rechte(r, -s)
prawdopodobnie adv [pravdɔpɔdɔbɲɛ] wahrscheinlich
prawdopodobny adj [pravdɔpɔdɔbni] wahrscheinlich
prawdziwy [pravdʑivi] wahr, echt
prawidłowo adv [pravidwɔvɔ], prawidłowy adj [pravidwɔvi] richtig
prawie [praviɛ] fast, kaum
prawo jazdy [pravɔ jazdi] Führerschein
precz [prɛtʃ] weg
premiera [prɛmjɛra] Premiere
prezent [prɛzɛnt] Geschenk
prezentacja [prɛzɛntatsja] Vorstellung (Bekanntmachen)
prezerwatywa [prɛzɛrvativa] Kondom, Präservativ
próba [pruba] Probe

próbka [prupka] Probe (zum Testen)
problem [prɔblɛm] Problem, Sache (Frage, Thema)
próbować/spróbować [prubɔvatɕ/ sprubɔvatɕ] versuchen
procent [prɔtsɛnt] Prozent
procesja [prɔtsesja] Prozession
produkt [prɔdukt] Produkt
próg drzwi [prug dʒvi] Türschwelle
prognoza pogody [prɔgnɔza pɔgɔdi] Wettervorhersage
program [prɔgram] Programm, Programmheft
prom [prɔm] Fähre
propozycja [prɔpɔzitsja] Vorschlag
prośba [prɔʑba] Bitte
prospekt [prɔspɛkt] Prospekt
prosto [prɔstɔ] geradeaus
prosty adj [prɔsti] gerade; einfach
proszę wejść! [prɔʃɛ vejɕtɕ] herein!
proteza [prɔtɛza] Prothese
prowizoryczny [prɔvizɔritʃni] provisorisch
prysznic [priʃɲits] Dusche
prywatka [privatka] Party
prywatny [privatni] privat
przebierać się/przebrać się [pʃɛbjeratɕ ɕɛ/pʃɛbratɕ ɕɛ] s. umziehen
przebita opona [pʃɛbita ɔpɔna] Platten
przebywać [pʃɛbivatɕ] s. aufhalten
przechadzka [pʃɛxatska] Spaziergang
przechowalnia bagażu [pʃɛxɔvalɲa bagaʒu] Gepäckaufbewahrung

przechowywać/przechować
[pʃɛxɔvɪvatɕ/pʃɛxɔvatɕ]
aufbewahren
przeciętnie *adv* [pʃɛtɕɛntɲɛ],
  przeciętny *adj* [pʃɛtɕɛntni]
durchschnittlich
przeciw [pʃɛtɕif] gegen
przeciwieństwo [pʃɛtɕivjɛnstfɔ]
Gegenteil
przeciwstawny [pʃɛtɕifstavni]
entgegengesetzt
przed [pʃɛt] vor
przed dziesięcioma minutami
[pʃɛd dʑɛɕɛntɕɔma minutami] vor
zehn Minuten
przed południem [pʃɛt pɔwudɲɛm]
vormittags
przede wszystkim [pʃɛdɛ fʃistɕim]
hauptsächlich
przedłużać/przedłużyć
[pʃɛdwuʒatɕ/pʃɛdwuʒɪtɕ]
verlängern
przedłużacz [pʃɛdwuʒatʃ]
Verlängerungsschnur
przedłużenie o tydzień
[pʃɛdwuʒɛɲɛ ɔ tidʑɛn]
Verlängerungswoche
przedmieście [pʃɛdmjɛɕtɕɛ] Vorort
przedmiot [pʃɛdmjɔt] Gegenstand
przednia szyba [pʃɛdɲa ʃiba]
Windschutzscheibe
przedostatnia, przedostatni,
  przedostatnie [pʃɛdɔstatɲa,
pʃɛdɔstatɲi, pʃɛdɔstatɲɛ]
vorletzte(r, -s)
przedpołudnie [pʃɛtpɔwudɲɛ]
Vormittag

przedsprzedaż *f* [pʃɛtspʃɛdaʃ]
Vorverkauf
przedstawienie [pʃɛtstavjɛɲɛ]
Aufführung, Vorstellung
przedtem [pʃɛttɛm] vorher
przedwczoraj [pʃɛtftʃɔraj]
vorgestern
przedział [pʃɛdʑaw] Abteil
przedział dla niepalących [pʃɛdʑaw
dla ɲɛpalɔntsix]
Nichtraucherabteil
przedziałek [pʃɛdʑawɛk] Scheitel
przegapiać/przegapić [pʃɛgapjatɕ/
pʃɛgapitɕ] verpassen
przegrywać/przegrać [pʃɛgrivatɕ/
pʃɛgratɕ] verlieren *(nicht*
gewinnen)
przejazdem [pʃɛjazdɛm] auf der
Durchreise
przejażdżka konna [pʃɛjaʃtʃka
kɔnna] Ausritt
przejście [pʃɛjɕtɕɛ] Gang (Platz),
Übergang
przejście graniczne [pʃɛjɕtɕɛ
graɲitʃnɛ] Grenzübergang
przejście podziemne [pʃɛjɕtɕɛ
pɔdʑɛmnɛ] Unterführung *(für*
Fußgänger)
przekaz [pʃɛkas] Überweisung
przekazanie kluczy [pʃɛkazaɲɛ
klutʃi] Schlüsselübergabe
przekładać/przełożyć [pʃɛkwadatɕ/
pʃɛwɔʒitɕ] verschieben
przełęcz *f* [pʃɛwɛntʃ] Pass
przelew [pʃɛlɛf] Überweisung
przeliczyć się [pʃɛlitʃitɕ ɕɛ] s.
verrechnen

przelotny deszcz [pʃɛlɔtnɨ dɛʃtʃ]
Regenschauer
przełyk [pʃɛwik] Speiseröhre
przemyt [pʃɛmɨt] Schmuggel
przenośny odtwarzacz CD [pʃɛnɔɕnɨ
ɔttfaʒatʃ si̯di] tragbarer
CD-Spieler
przepis [pʃɛpis] Vorschrift
przepraszać/przeprosić
[pʃɛpraʃatɕ/pʃɛprɔɕitɕ]
s. entschuldigen
przeprosiny *pl* [pʃɛprɔɕinɨ]
Entschuldigung
przepuklina [pʃɛpuklina] Bruch,
Leistenbruch
przerwa [pʃɛrva] Pause
przerywać/przerwać [pʃɛrɨvatɕ/
pʃɛrvatɕ] unterbrechen
przestawać/przestać [pʃɛstavatɕ/
pʃɛstatɕ] aufhören
przestępstwo [pʃɛstɛmpstfɔ]
Verbrechen
przestraszyć (się) [pʃɛstraʃitɕ ɕɛ]
erschrecken
przestrzegać [pʃɛstʃɛgatɕ]
beachten
przesuwać/przesunąć [pʃɛsuvatɕ/
pʃɛsunɔntɕ] verschieben
prześwietlać/prześwietlić
[pʃɛɕfjɛtlatɕ/pʃɛɕfjɛtlitɕ] röntgen
prześwietlenie [pʃɛɕfjɛtlɛɲɛ]
Röntgenaufnahme
przeszkadzać/przeszkodzić
[pʃɛʃkadzatɕ/pʃɛʃkɔdzitɕ]
hindern, stören
przeszłość *f* [pʃɛʃwɔɕtɕ]
Vergangenheit

przewód indukcyjny [pʃɛvut
induktsɨni] Induktionsschleife
przewodnik [pʃɛvɔdɲik] Führer,
Reiseführer
przewodnik po kempingach
[pʃɛvɔdɲik pɔ kɛmpiŋgax]
Campingführer
przewodni-k/czka [pʃɛvɔdɲi-k/
tʃka] Fremdenführer/in
przewóz osób [pʃɛvus ɔsup]
Fahrdienst
przez [pʃɛs] durch, über, quer
przeziębienie [pʃɛʑɛmbjɛɲɛ]
Erkältung
przy [pʃɨ] an
przybić do [pʃɨbitɕ dɔ] anlegen in
przybywać/przybyć [pʃɨbɨvatɕ/
pʃɨbɨtɕ] ankommen
przychodzić/przyjść [pʃɨxɔdzitɕ/
pʃɨjɕtɕ] kommen
przyciągać/przyciągnąć
[pʃɨtɕɔŋgatɕ/pʃɨtɕɔŋgnɔntɕ]
anziehen *(Magnet, auch fig.)*
przyczepa [pʃɨtʃɛpa] Anhänger
przyczepa kempingowa [pʃɨtʃɛpa
kɛmpiŋgɔva] Wohnwagen
przyglądać się/przyjrzeć się
[pʃɨglɔndatɕ ɕɛ/pʃɨjʒɛtɕ ɕɛ]
zuschauen
przygotowywać/przygotować
[pʃɨgɔtɔvɨvatɕ/pʃɨgɔtɔvatɕ]
vorbereiten, zubereiten
przyjaciel/przyjaciółka [pʃɨjatɕɛl/
pʃɨjatɕuwka] Freund/in
przyjazd [pʃɨjast] Ankunft
przyjemnie *adv* [pʃɨjɛmɲɛ]
angenehm

przyjemność f [pʃijɛmnɔɕtɕ] Spaß, Freude, Vergnügen

przyjęty [pʃijɛnti] gebräuchlich

przyjmować/przyjąć [pʃijmɔvatɕ/ pʃijɔɲtɕ] empfangen

przyjrzeć się [pʃijʒɛtɕ ɕɛ] ansehen

przykład [pʃikwat] Beispiel

przyłączenie do sieci elektrycznej [pʃiwɔŋtʃɛɲɛ dɔ ɕɛtɕi ɛlɛktritʃnɛj] Stromanschluss

przylot [pʃilɔt] Ankunft

przynajmniej [pʃinajmɲɛj] mindestens

przynieść [pʃiɲɛɕtɕ] (her)bringen

przynosić/przynieść [pʃinɔɕitɕ/ pʃiɲɛɕtɕ] (etwas) mitbringen

przypadkowo [pʃipatkɔvɔ] zufällig

przypiekać/przypiec [pʃipjɛkatɕ/ pʃipjɛts] stechen *(Sonne)*

przypływ (morza) [pʃipwif (mɔʒa)] Flut

przypominać/przypomnieć [pʃipɔminatɕ/pʃipɔmɲɛtɕ] erinnern

przyprawa [pʃiprava] Gewürz

przyprawić [pʃipravitɕ] würzen

przyprowadzać/przyprowadzić [pʃiprɔvadzatɕ/pʃiprɔvadzitɕ] (jdn) mitbringen

przyroda [pʃirɔda] Natur

przystań f [pʃistaɲ] (Boots)Steg

przystanek [pʃistanɛk] Haltestelle, Station

przystosowany dla niepełnosprawnych [pʃistɔsɔvani dla ɲɛpewnɔspravnix] behindertengerecht

przystosowany do wózka inwalidzkiego [pʃistɔsɔvani dɔ vuska invalitskɛɡɔ] rollstuhlgerecht

przyszłość f [pʃiʃwɔɕtɕ] Zukunft

przyszły adj [pʃiʃwi] zukünftig

przytulny [pʃitulni] gemütlich

psuć/zepsuć [psutɕ/zɛpsutɕ] beschädigen

pszczoła [pʃtʃowa] Biene

ptak [ptak] Vogel

publiczny [publitʃni] öffentlich

puder [pudɛr] Puder

pulower [pulɔvɛr] Pullover

puls [puls] Puls

punkt widokowy [puŋɡd vidɔkɔvi] Aussichtspunkt

punktualnie adv [puŋktualɲɛ], **punktualny** adj [puŋktualni] pünktlich

pusty [pusti] leer

puszka [puʃka] Dose

puszysty śnieg [puʃisti ɕɲɛk] Pulverschnee

pytać/spytać [pitatɕ/spitatɕ] fragen

pytanie [pitaɲɛ] Frage

R

rabat [rabat] Rabatt

rachunek [raxunɛk] Rechnung

rada [rada] Tipp

radio [radjɔ] Radio

radio samochodowe [radjɔ samɔxɔdɔvɛ] Autoradio

rajstopy pl [rajstɔpi] Strumpfhose

rak [rak] Krebs

rakieta tenisowa [raceta tɛɲisɔva] Tennisschläger

rakietka [racetka] Schläger

ramię *n* [ramjɛ] Arm, Schulter

rampa [rampa] Rampe

rampa wjazdowa [rampa vjazdɔva] Auffahrtrampe

rana [rana] Wunde

rana cięta [rana tɕɛnta] Schnittwunde

rankiem [rancem] morgens

rann-y/a [rann-i/a] der/die Verletzte

rano [ranɔ] Morgen

ratownik [ratɔvɲik] Bademeister

ratusz [ratuʃ] Rathaus

raz [ras] einmal

razem [razem] gemeinsam, zusammen

recepcja [retsɛptsja] Rezeption

recepta [retsɛpta] Rezept

ręcznik [rɛntʃɲik] Handtuch

ręczny pedał gazu [rɛntʃni pedaw gazu] Handgas *(Auto)*

reflektor [reflektɔr] Scheinwerfer

region [rejɔn] Region

regularnie *adv* [regularɲɛ], **regularny** *adj* [regularni] regelmäßig

rejs statkiem po morzu [rejs statciem pɔ mɔʒu] Kreuzfahrt

ręka [rɛŋka] Arm, Hand

rękawiczki [rɛŋkavitʃci] Handschuhe

rękawy *pl* [rɛŋkavi] Ärmel

reklamować/zareklamować [reklamɔvatɕ/zareklamɔvatɕ] reklamieren

reklamówka [reklamufka] Tüte

religia [relijja] Religion

remisowy [remisɔvi] unentschieden *(im Spiel)*

renesans [renesans] Renaissance

repertuar [repertuar] Spielplan

reumatyzm [rɛwmatizm] Rheuma

rezerwacja [rezervatsja] Reservierung

rezerwacja [rezervatsja] Buchung

rezerwat przyrody [rezervat pʃirɔdi] Naturschutzgebiet

rezerwat ptaków [rezervat ptakuf] Vogelschutzgebiet

rezerwować/zarezerwować [rezervɔvatɕ/zarezervɔvatɕ] reservieren

reżyseria [reʒiserja] Regie

robak [rɔbak] Wurm

robić zakupy [rɔbitɕ zakupi] einkaufen

robić zdjęcia [rɔbitɕ zdjɛntɕa] fotografieren

robić/zrobić [rɔbitɕ/zrɔbitɕ] machen, tun

rock [rɔk] Rock

rocznie *adv* [rɔtʃɲɛ] jährlich

rodzaj [rɔdzaj] Art, Sorte

rodzice [rɔdʑitsɛ] Eltern

rodzimy [rɔdʑimi] einheimisch

rodzina [rɔdʑina] Familie

róg [ruk] Ecke

rok [rɔk] Jahr

rola główna [rɔla gwuvna] Hauptrolle

rolkarz [rɔlkaʃ] Inliner

ropa [rɔpa] Eiter

ropień [rɔpjɛɲ] Abszess

roślina [roɕlina] Pflanze
rower (dwu-, trójkołowy) z napędem ręcznym [rɔvɛr (dvu, trujkɔvɔvi) z napɛndɛm rɛntʃnim] Handbike
rower [rɔvɛr] Fahrrad
rower górski [rɔvɛr gurski] Mountainbike
rower trekkingowy [rɔvɛr trɛciŋgɔvi] Trekkingrad
rower wodny [rɔvɛr vɔdni] Tretboot
rower wyścigowy [rɔvɛr viɕcigɔvi] Rennrad
równina [ruvnina] Ebene
równoczesny adj [ruvnɔtʃɛsni] gleichzeitig
równy [ruvni] gleich
rozczarowany [rɔstʃarɔvani] enttäuscht
rozgałęźnik [rozgawɛ̃wẓnik] Zwischenstecker
rozkład jazdy [rɔskwad jazdi] Fahrplan
rozkoszować się [rɔskɔʃɔvatɕ ɕɛ] genießen
rozmaryn [rɔzmarin] Rosmarin
rozmawiać [rɔzmavjatɕ] reden
rozmawiać/porozmawiać [rɔzmavjatɕ/pɔrɔzmavjatɕ] s. unterhalten, sprechen
rozmiar [rɔzmjar] Größe (Kleidung)
rozmowa [rɔzmɔva] Gespräch, Unterhaltung
rozmowa międzymiastowa [rɔzmɔva mjɛndzimjastɔva] Ferngespräch

rozmowa międzynarodowa [rɔzmɔva mjɛndzinarɔdɔva] Auslandsgespräch
rozmowa miejscowa [rɔzmɔva mjɛjstsɔva] Ortsgespräch
rozmowa na koszt odbiorcy [rɔzmɔva na kɔʃt ɔdbjɔrtsi] R-Gespräch
różowy [ruʒɔvi] rosa
rozpałka do grilla [rɔspawka dɔ grila] Grillanzünder
rozrusznik [rɔzruʃnik] Anlasser
rozrusznik serca [rɔzruʃnik sertsa] Herzschrittmacher
rozstrzygać/rozstrzygnąć [rɔstʃigatɕ/rɔstʃignɔntɕ] entscheiden
roztwór elektrolitu [rɔstfur elɛktrɔlitu] Elektrolytlösung
roztwór jodu [rɔstfur jɔdu] Jod(tinktur)
rozumieć/zrozumieć [rɔzumjɛtɕ/zrɔzumjɛtɕ] verstehen
różyczka [ruʒitʃka] Röteln
ruch [rux] (Straßen)Verkehr
ruina [ruina] Ruine
rura wydechowa [rura vidɛxɔva] Auspuff
rurka [rurka] Strohhalm
rurka do oddychania [rurka dɔ ɔddixana] Schnorchel
rwa kulszowa [rva kulʃɔva] Ischias
ryba [riba] Fisch
ryba miecz [riba mjɛtʃ] Schwertfisch
ryczałt [ritʃawt] Pauschalpreis

ryczałt weekendowy [rɨtʃawd wikɛndɔvɨ] Wochenendenpauschale

ryczałt za prąd [rɨtʃawd za prɔnt] Strompauschale

rynek [rɨnɛk] Markt

rysować/narysować [rɨsɔvatɕ/ narɨsɔvatɕ] zeichnen

rysowanie aktów [rɨsɔvaɲɛ aktuf] Aktzeichnen

rysunek [rɨsunɛk] Zeichnung

ryż [rɨʃ] Reis

rząd [ʒɔnt] Regierung

rzadki adj [ʒatci], **rzadko** adv [ʒatkɔ] selten

rzecz f [ʒɛtʃ] Ding, Sache

rzeczy wartościowe [ʒɛtʃɨ vartɔɕtɕɔvɛ] Wertsachen

rzeczywiście [ʒɛtʃɨviɕtɕɛ] wirklich

rzeka [ʒɛka] Fluss, Strom

rzeźba [ʒɛʑba] Skulptur

rzeźbiarz [ʒɛʑbjaʃ] Bildhauer

rzeźnik [ʒɛʑɲik] fam Metzgerei

rzut oka [ʒut ɔka] Blick (flüchtiges Schauen)

S

sąd [sɔnt] Gericht (Justiz)

sądzić [sɔndʑitɕ] glauben, meinen

sala [sala] Saal

sala telewizyjna [sala tɛlɛvizɨjna] Fernsehraum

salami n [salami] Salami

sałata [sawata] Salat

sałata zielona [sawata ʑɛlɔna] Kopfsalat

sam [sam] allein, selbst

samochód [samɔxut] Auto

samochód ciężarowy [samɔxut tɕɛ̃w̃ʒarɔvɨ] Lastwagen

samochód holowniczy [samɔxut xɔlɔvɲitʃɨ] Abschleppwagen

samochód kempingowy [samɔxut kɛmpiŋɡɔvɨ] Wohnmobil

samochód/radiowóz policyjny [samɔxut/radjɔvus pɔlitsɨjni] Polizeiwagen

samodzielnie [samɔdʑɛlɲɛ] selbst

samoobsługa [samɔɔpswuga] Selbstbedienung

samotny [samɔtni] einsam

samowyzwalacz [samɔvɨzvalatʃ] Selbstauslöser

sandały [sandawɨ] Sandalen

sanki pl [sanci] Schlitten

sąsiad/ka [sɔ̃w̃ɕat/ka] Nachbar/in

sauna [sawna] Sauna

schnąć/wyschnąć [sxnɔntɕ/ visxnɔntɕ] trocknen (intr)

schody pl [sxɔdi] Treppe

schronisko [sxrɔɲiskɔ] Jugendherberge; Schutzhütte

scyzoryk [stsizɔrɨk] Taschenmesser

secesja [sɛtsesja] Jugendstil

sędzia [sɛndʑa] Richter/in

sejf [sɛjf] Safe

sekunda [sɛkunda] Sekunde

seler [sɛlɛr] Sellerie

sen [sɛn] Schlaf; Traum (im Schlaf)

ser [sɛr] Käse

ser kozi [sɛr kɔʑi] Ziegenkäse

ser owczy [sɛr ɔftʃɨ] Schafskäse

ser typu brie [sɛr tipu bri] Weichkäse

ser żółty [sɛr ʒuwti] Schnittkäse

serce [sɛrtsɛ] Herz
serdecznie adv [sɛrdɛt͡ʃɲɛ] herzlich
serweta [sɛrvɛta] Tischtuch
serwetka [sɛrvɛtka] Serviette
serwetki papierowe [sɛrvɛtɕi papjɛrɔvɛ] Papierservietten
serwować/zaserwować [sɛrvɔvat͡ɕ/ zasɛrvɔvat͡ɕ] servieren
sezon [sɛzɔn] Saison
show m [ʃɔw] Show
siatka [ɕatka] Netz
siatkówka [ɕatkufka] Volleyball
siatkówka plażowa [ɕatkufka plaʒɔva] Beach-Volleyball
się [ɕɛ] mich, dich; uns; euch; sich (bei reflexiven Verben)
siedzenie [ɕɛd͡zɛɲɛ] Sitz
siedziba [ɕɛd͡ziba] Sitz (Ort)
siedzieć [ɕɛd͡zɛt͡ɕ] sitzen
sierpień [ɕɛrpjɛɲ] August
sierść f [ɕɛrɕt͡ɕ] Fell
siła wiatru [ɕiwa vjatru] Windstärke
silnik [ɕilɲik] Motor
silny [ɕilni] stark
siłownia [ɕiwɔvɲa] Fitnesscenter
siostra [ɕɔstra] Schwester, fam Krankenschwester
skała [skawa] Fels
skaleczenie [skalɛt͡ʃɛɲɛ] Verletzung
skaleczyć [skalɛt͡ʃit͡ɕ] verletzen
skarpetki [skarpɛtɕi] Söckchen
skarpety [skarpɛti] Socken
skarżyć się/poskarżyć się (na + acc) [skarʒit͡ɕ ɕɛ/pɔskarʒit͡ɕ ɕɛ] s. beschweren (über), s. beklagen (über)

skasować [skasɔvat͡ɕ] entwerten
skierowanie [sɕɛrɔvaɲɛ] Überweisung (vom Arzt)
składać się z [skwadat͡ɕ ɕɛ z] bestehen aus
składany wózek inwalidzki [skwadani vuzɛk invalit͡sɕi] Faltrollstuhl
składnik [skwadɲik] Teil
sklep mięsny [sklɛp mjɛ̃wsni] Metzgerei
sklep monopolowy [sklɛp mɔnɔpɔlɔvi] Spirituosengeschäft
sklep muzyczny [sklɛp muzit͡ʃni] Musikgeschäft
sklep obuwniczy [sklɛp ɔbuvɲit͡ʃi] Schuhgeschäft
sklep papierniczy [sklɛp papjɛrɲit͡ʃi] Schreibwarengeschäft
sklep rybny [sklɛp ribni] Fischgeschäft
sklep spożywczy [sklɛp spɔʒift͡ʃi] Lebensmittelgeschäft
sklep warzywniczy [sklɛp vaʒivɲit͡ʃi] Obst- und Gemüsehändler
sklep wolnocłowy [sklɛp vɔlnɔt͡swɔvi] zollfreier Laden
sklep z artykułami elektrycznymi [sklɛp z artikuwami ɛlɛktrit͡ʃnimi] Elektrohandlung
sklep z artykułami fotograficznymi [sklɛp z artikuwami fɔtɔgrafit͡ʃnimi] Fotogeschäft
sklep z artykułami metalowymi [sklɛp z artikuwami mɛtalɔvimi] Eisenwarengeschäft

sklep z pamiątkami [sklɛp s.pamjɔntkami] Souvenirladen

sklep z winem [sklɛp z.vinɛm] Weinhandlung

sklep z wyrobami ze skóry [sklɛp z.vɪrɔbami zɛ.skurɪ] Lederwarengeschäft

sklep z zabawkami [sklɛp z.zabafkami] Spielwarengeschäft

sklep ze słodyczami [sklɛp zɛ.swɔditʃami] Süßwarengeschäft

sklep ze zdrową żywnością [sklɛp zɛ.zdrɔvɔ̃w ʒivnɔҫtҫɔ̃w] Bioladen; Reformhaus

sklepienie [sklɛpjɛnɛ] Gewölbe

skoki na bungee [skɔci na.bandʒi] Bungeejumping

skoki pl **spadochronowe** [skɔci spadɔxrɔnɔvɛ] Fallschirmspringen

skonfiskować [skɔnfiskɔvatҫ] beschlagnahmen

skóra [skura] Haut

skręcony [skrɛntsɔni] verstaucht

skrót [skrut] Abkürzung

skrytka na bagaż [skritka na.bagaʃ] Schließfach

skrzydło [skʃidwɔ] Flügel

skrzynia [skʃiɲa] Kiste

skrzynia biegów [skʃiɲa bjeguf] Getriebe

skrzynka [skʃiɲka] Kiste

skrzynka pocztowa [skʃiɲka pɔtʃtɔva] Briefkasten

skrzyżowanie [skʃiʒɔvaɲɛ] Kreuzung

skurcz [skurtʃ] Krampf

słaby [swabi] schwach

sławny [swavni] berühmt

slipy pl [slipi] Slip

słodki [swɔtci] süß

słodkie [swɔtcɛ] lieblich *(Wein)*

słodycze [swɔditʃɛ] Süßigkeiten

słodzik [swɔdʑik] Süßstoff

słomka [swɔmka] Strohhalm

słońce [swɔɲtsɛ] Sonne

słoneczny [swɔnɛtʃni] sonnig

słowo [swɔvɔ] Wort

słuch [swux] Gehör

słuchać (kogoś) [swuxatҫ (kɔgɔҫ)] jdm zuhören

słuchać [swuxatҫ] hören

słuchać muzyki [swuxatҫ muzici] Musik hören

słuchawka [swuxafka] Hörer

słuchawki [swuxafci] Kopfhörer

służba drogowa [swuʒba drɔgɔva] Pannendienst

słyszeć [swiʃɛtҫ] hören

smaczny [smatʃni] lecker

smak [smak] Geschmack

smakować [smakɔvatҫ] schmecken

smażony [smaʒɔni] gebraten, geschmort

smoczek [smɔtʃɛk] Sauger, Schnuller

smutny [smutni] traurig

snycerstwo [snitsɛrstfɔ] Schnitzerei

sobota [sɔbɔta] Samstag

soczewica [sɔtʃɛvitsa] Linsen

soczewka [sɔtʃɛfka] Linse

soczysty [sɔtʃisti] saftig

sok pomarańczowy [sɔk pɔmaraɲtʃɔvi] Orangensaft

sól f [sul] Salz
sola [sɔla] Seezunge
solarium n [sɔlarjum] Solarium
solist-a/ka [sɔlist-a/ka] Solist/in
solniczka [sɔlɲitʃka] Salzstreuer
sos [sɔs] Soße
sos do sałaty [sɔz dɔ sawati]
  Dressing
spać [spatɕ] schlafen
spacer [spatser] Spaziergang
spadać/spaść [spadatɕ/spaɕtɕ]
  stürzen, von etw fallen
spadzisty [spadʑisti] steil
spalony [spalɔni] Abseits
specjalista m/**specjalistka**
  [spetsjalista/spetsjalistka]
  Fachmann/-frau; Facharzt/
  ärztin
specjalnie adv [spetsjalɲe]
  besonders, speziell
specjalność f [spetsjalnɔɕtɕ]
  Spezialität
specjalny adj [spetsjalni] speziell
spinacze do bielizny [spinatʃe
  dɔ bjelizni] Wäscheklammern
spinka do włosów [spinka
  dɔ vwɔsuf] Haarklammer
spłuczka [spwutʃka]
  Wasserspülung
spodek [spɔdek] Untertasse
spódnica [spudɲitsa] Rock
spodnie pl [spɔdɲe] Hose
spodnie pl **narciarskie** [spɔdɲe
  nartɕarske] Skihose
spodnie pl **od dresu** [spɔdɲe
  ɔd dresu] Jogginghose
spojrzenie [spɔjʒeɲe] Blick
spokojny [spɔkɔjni] ruhig, still

spokrewniony [spɔkrevɲɔni]
  verwandt
sport [spɔrt] Sport
sportowiec/sportsmenka
  [spɔrtɔvjets/spɔrtsmenka]
  Sportler/in
spotkanie [spɔtkaɲe] Verabredung,
  Treffen
spotykać/spotkać [spɔtikatɕ/
  spɔtkatɕ] begegnen, treffen,
  begegnen
spóźnienie [spuʑɲeɲe] Verspätung
spragniony [spragɲɔni] durstig
sprawa [sprava] Sache
  (Angelegenheit)
sprawiać ból [spravjatɕ bul]
  schmerzen
sprzątać [spʃɔntatɕ] reinigen
sprzątać/posprzątać [spʃɔntatɕ/
  pɔspʃɔntatɕ] putzen
sprzątanie [spʃɔntaɲe] Reinigung
sprzątanie końcowe [spʃɔntaɲe
  kɔɲtsɔve] Endreinigung
sprzedawać/sprzedać [spʃedavatɕ/
  spʃedatɕ] verkaufen
sprzedawca dzieł sztuki [spʃedaftsa
  dʑew ʃtuci] Kunsthändler
sprzedawca gazet [spʃedaftsa gazet]
  Zeitungshändler
sprzedawca m **ryb** [spʃedaftsa rip]
  Fischhändler
sprzęgło [spʃeŋgwɔ] Kupplung
sprzęt do nurkowania [spʃend
  dɔ nurkɔvana]
  Taucherausrüstung
spuchnięty [spuxɲenti]
  geschwollen
srebro [srebrɔ] Silber

srebrzysty [srɛbʒisti] silberfarben
stać [statɕ] stehen
stać się [statɕ ɕɛ] werden
stacja końcowa [statsja kɔɲtsɔva] Endstation
stadion [stadjɔn] Stadion
stanik [staɲik] BH
stanu wolnego [stanu vɔlnɛgɔ] ledig
starać się [staratɕ ɕɛ] s. bemühen
starać się/postarać się [staratɕ ɕɛ/pɔstaratɕ ɕɛ] besorgen
stare miasto [starɛ mjastɔ] Altstadt
starożytny [starɔʒitni] antik
stary [stari] alt
statua [statua] Statue
statyw [statif] Stativ
staw [staf] Gelenk
stempel [stɛmpɛl] Stempel
steward/esa [stjuart/stjuardɛsa] Steward/ess
stłuczenie [stwutɕɛɲɛ] Prellung
stół [stuw] Tisch
stół do przewijania [stuw dɔ pʃɛvijana] Wickeltisch
stolec [stɔlɛts] Stuhlgang
stolica [stɔlitsa] Hauptstadt
stolik nocny [stɔlik nɔtsni] Nachttisch
stop! [stɔp] halt!
stopa [stɔpa] Fuß
stopień [stɔpjɛɲ] Stufe
straszny [straʃni] fürchterlich, schrecklich
straż *f* **pożarna** [straʃ pɔʒarna] Feuerwehr
strefa dla pieszych [strefa dla pjeʃix] Fußgängerzone

strój [struj] Kleidung
strój wieczorowy [struj vjetʃɔrɔvi] Abendgarderobe
stromy [strɔmi] steil
strona [strɔna] Seite
studio [studjɔ] Studio
studiować [studjɔvatɕ] studieren
studnia [studɲa] Brunnen
stulecie [stulɛtɕɛ] Jahrhundert
styczeń [stitʃɛɲ] Januar
styl [stil] Stil
sucha igła [suxa igwa] Radierung
suchy [suxi] trocken
sufit [sufit] Decke
sukienka [sucɛɲka] Kleid
suma [suma] Betrag, Summe
supermarket [supɛrmarkɛt] Supermarkt
surfować [sɛrfɔvatɕ] surfen
surogat [surɔgat] Ersatz
surowa szynka wędzona [surɔva ʃiŋka vɛndzɔna] roher, geräucherter Schinken
surowy [surɔvi] roh
suszarka do bielizny [suʃarka dɔ bjelizni] Wäschetrockner
suszarka do włosów [suʃarka dɔ vwɔsuf] Föhn
suszyć/wysuszyć [suʃitɕ/visuʃitɕ] trocknen *(trans)*
swędzenie [sfɛndzɛɲɛ] Jucken
sweter [sfɛtɛr] Pullover
sweter rozpinany [sfɛtɛr rɔspinani] Strickjacke
sygnalizator pożarowy [signalizatɔr pɔʒarɔvi] Feuermelder
symbol [simbɔl] Wahrzeichen

sympatyczny [simpatítʃni]
  sympathisch
syn [sin] Sohn
sypialnia [sipjalna] Schlafzimmer
syrop na kaszel [sirɔp na kaʃel]
  Hustensaft
system alarmowy [sistem alarmɔvi]
  Alarmanlage
syty [siti] satt
szafa [ʃafa] Schrank
szafran [ʃafran] Safran
szal [ʃal] Schal
szałwia [ʃawvja] Salbei
szampan [ʃampan] Champagner
szampon [ʃampɔn] Shampoo
szary [ʃari] grau
szatnia [ʃatna] Garderobe
szczególnie [ʃtʃegulne] besonders
szczególny [ʃtʃegulni] speziell
szczęka [ʃtʃeŋka] Kiefer
szczepienie [ʃtʃepjene] Impfung
szczęście [ʃtʃeɕʨe] Glück
szczęśliwy [ʃtʃeɕlivi] glücklich
szczoteczka [ʃtʃɔtetʃka] Bürste
szczoteczka do zębów [ʃtʃɔtetʃka
  dɔ zembuf] Zahnbürste
szczoteczka do zmywania
  [ʃtʃɔtetʃka dɔ zmivana]
  Spülbürste
szczotka [ʃtʃɔtka] Bürste
szczotka do butów [ʃtʃɔtka
  dɔ butuf] Schuhbürste
szczupły [ʃtʃupwi] dünn, schlank
szczyt [ʃtʃit] Gipfel, Höhepunkt,
  Gipfel
szczyt sezonu [ʃtʃit sezɔnu]
  Hauptsaison
szef [ʃef] Chef

szeroki [ʃerɔci] breit
szerokość f [ʃerɔkɔɕʨe] Breite
szerokość f drzwi [ʃerɔkɔɕdʒ dʒvi]
  Türbreite
szewc [ʃefts] Schuhmacher
szklanka [ʃklaŋka] Glas
szklanka wody [ʃklaŋka vɔdi]
  Wasserglas
szkoda [ʃkɔda] Schaden
szkoda! [ʃkɔda] schade!
szkoła [ʃkɔwa] Schule
szkółka jeździecka [ʃkuwka
  jezʥetska] Reitschule
szlak [ʃlak] Route
szlak turystyczny [ʃlak turisti tʃni]
  Wanderweg
szmer [ʃmer] Geräusch
szminka [ʃmiŋka] Lippenstift
szmugiel [ʃmujel] Schmuggel
sznur do bielizny [ʃnur dɔ bjelizni]
  Wäscheleine
sznur od namiotu [ʃnur ɔt namjɔtu]
  Zeltschnur
sznurek [ʃnurek] Bindfaden
sznurówka [ʃnurufka]
  Schnürsenkel
szorty [ʃɔrti] Shorts
szosa [ʃɔsa] Landstraße
szparagi [ʃparaji] Spargel
szpinak [ʃpinak] Spinat
szpital [ʃpital] Krankenhaus
sztućce pl [ʃtutɕtse] Besteck
sztuczne ognie pl [ʃtutʃne ɔgne]
  Feuerwerk
sztuka [ʃtuka] Kunst; Stück
sztuka ludowa [ʃtuka ludɔva]
  Volksstück

sztuka teatralna [ʃtuka tɛatralna]
Theaterstück

sztuka użytkowa [ʃtuka uʒitkɔva]
Kunstgewerbe

sztych [ʃtix] Radierung

szukać/poszukać [ʃukatɕ/pɔʃukatɕ]
suchen

szwagier/ka [ʃfajɛr/ka]
Schwager/Schwägerin

Szwajcar/ka [ʃfajtsar/ka]
Schweizer/in

Szwajcaria [ʃfajtsarja] Schweiz

szyba [ʃiba] (Fenster)Scheibe

szyberdach [ʃiberdax] *fam*
Schiebedach

szybki *adj* [ʃipci] schnell

szybko *adv* [ʃipkɔ] schnell

szybkość *f* [ʃipkɔɕtɕ]
Geschwindigkeit

szybkościomierz [ʃipkɔɕtɕɔmjeʃ]
Tachometer

szyć/uszyć [ʃitɕ/uʃitɕ] nähen

szyld [ʃilt] Schild

szyna [ʃina] Schiene

szynka [ʃiŋka] Schinken

Ś

ściana [ɕtɕana] Wand

ściana skalna [ɕtɕana skalna]
Felswand

ściana szczytowa [ɕtɕana ʃtʃitɔva]
Giebel

ściereczka [ɕtɕerɛtʃka] Spültuch

ścierka [ɕtɕerka] (Putz)Tuch,
Lappen

ścierka do naczyń [ɕtɕerka
dɔ natʃiɲ] Geschirrtuch

ścieżka rowerowa [ɕtɕeʃka rɔvɛrɔva]
Fahrradweg

Śląsk [ɕlɔ̃wsk] Schlesien

śledź [ɕletɕ] Hering

śliwki [ɕlifci] Pflaumen

śmiać się [ɕmjatɕ ɕɛ] lachen

śmieci *pl* [ɕmjetɕi] Abfall, Müll

śmierdzieć [ɕmjerdʑetɕ] (übel)
riechen, stinken

śmieszny [ɕmjeʃni] lächerlich,
lustig, erheiternd

śmietana [ɕmjetana] Sahne

śniadanie [ɕɲadaɲe] Frühstück

śniadanie w formie bufetu
[ɕɲadaɲe f fɔrmje bufetu]
Frühstücksbüfett

śnieg [ɕɲek] Schnee

śpieszyć się [ɕpjeʃitɕ ɕɛ] s. beeilen

śpiewać/zaśpiewać [ɕpjevatɕ/
zaɕpjevatɕ] singen

średniowiecze [ɕrɛdɲɔvjetʃe]
Mittelalter

środa [ɕrɔda] Mittwoch

środek [ɕrɔdɛk] Mitte, Mittel

środek antykoncepcyjny [ɕrɔdɛk
antikɔntsɛptsijni]
Verhütungsmittel

środek dezinfekujący [ɕrɔdɛg
dezinfekujɔntsi]
Desinfektionsmittel

środek do prania [ɕrɔdɛg dɔ praɲa]
Waschmittel

środek na krążenie [ɕrɔdɛk
na krɔ̃ʒɛɲe] Kreislaufmittel

środek na przeczyszczenie [ɕrɔdɛk
na pʃetʃiʃtʃeɲe] Abführmittel

środek owadobójczy [ɕrɔdɛk
ɔvadɔbujtʃi] Insektenmittel

środek uspokajający [ɕrɔdɛk
uspɔkajajɔ̃tsi]
Beruhigungsmittel

środowisko [ɕrɔdɔvisko] Umwelt

śruba [ɕruba] Schraube

świadek/- [ɕfjadɛk] Zeuge/
Zeugin

świat [ɕfjat] Welt

światła hamulcowe pl [ɕfjatwa
xamultsɔvɛ] Bremslichter

światła pl [ɕfjatwa] Ampel

światła pl **awaryjne** [ɕfjatwa
avarijnɛ] Warnblinkanlage

światła pl **długie** [ɕfjatwa dwuje]
Fernlicht

światła pl **mijania** [ɕfjatwa mijana]
Abblendlicht

światła pl **postojowe** [ɕfjatwa
pɔstɔjɔvɛ] Standlicht

światła pl **tylne (wsteczne)** [ɕfjatwa
tilnɛ (fstɛtʃnɛ)] Rücklicht

światło [ɕfjatwɔ] Licht

światłomierz [ɕfjatwɔmjɛʃ]
Belichtungsmesser

świątynia [ɕfjɔntina] Tempel

świeca zapłonowa [ɕfjɛtsa
zapwɔnɔva] Zündkerze

świece [ɕfjɛtsɛ] Kerzen

świetlica [ɕfjɛtlitsa]
Aufenthaltsraum

święto [ɕfjɛntɔ] Fest

święty [ɕfjɛnti] heilig

świeży [ɕfjɛʒi] frisch

świnka [ɕfinka] fam Mumps

T

ta (ten, to) [ta, tɛn, tɔ] diese(r, -s)

tabletka [tablɛtka] Tablette

tabletka antykoncepcyjna [tablɛtka
antikɔntsɛptsijna] Antibabypille

tabletki na gardło [tablɛtci
na gardwɔ] Halstabletten

tabletki nasenne [tablɛtci nasɛnnɛ]
Schlaftabletten

tabletki od bólu głowy [tablɛtci
ɔt bulu gwɔvi]
Kopfschmerztabletten

tabletki przeciwbólowe [tablɛtci
pʃɛtɕivbulɔvɛ] Schmerztabletten

tablica [tablitsa] Schild, Tafel

tablica rejestracyjna [tablitsa
rejestratsijna] Nummernschild

taki sam [taci sam] gleich,
identisch

taksówkarz/- [taksufkaʃ]
Taxifahrer/in

talerz [talɛʃ] Teller

talerz do zupy [talɛʒ dɔ zupi]
Suppenteller

talon [talɔn] Gutschein

tam [tam] da, dort

tampony [tampɔni] Tampons

tamta (tamten, tamto) [tamta
(tamtɛn, tamtɔ)] jene(r, -s)

tance-rz/rka [tantsɛ-ʃ/rka]
Tänzer/in

tańczyć/zatańczyć [tantʃitɕ/
zatantʃitɕ] tanzen

tani adj [tani], **tanio** adv [tanɔ]
billig

tankować/zatankować [tankɔvatɕ/
zatankɔvatɕ] tanken

tapczan [taptʃan] Schlafcouch

taras [taras] Terrasse

targ [tark] Markt

targi pl [tarɟi] Messe (Ausstellung)

tato [tatɔ] Vater

Tatry pl [tatri] Tatra

teatr [teatr] Theater

teatr tańca [teatr tantsa] Tanztheater

telefon [telefɔn] Anruf, Telefon

telefon komórkowy [telefɔn kɔmurkɔvi] Handy, Mobiltelefon

telefon pierwszej pomocy na autostradzie [telefɔn pjerfʃej pɔmɔtsɨ na awtɔstradʑe] Notrufsäule

telefon pokojowy [telefɔn pɔkɔjɔvi] Zimmertelefon

telefonować/zatelefonować [telefɔnɔvatɕ/zatelefɔnɔvatɕ] telefonieren

telegram [telegram] Telegramm

teleks [teleks] Telex

teleobjektyw [teleɔbjektif] Teleobjektiv

telewizor [televizɔr] Fernseher

temat [temat] Gegenstand, Thema

temperatura [temperatura] Temperatur

tenis [tenis] Tennis

tenis stołowy [tenis stɔwɔvi] Tischtennis

tenisówki [tenisufci] Turnschuhe

terakota [terakɔta] Terrakotta

teraz [teras] jetzt

teren [teren] Gelände

termin [termin] Termin

terminal [terminal] Terminal

termometr [termɔmetr] Fieberthermometer

termos [termɔs] Thermosflasche®

też [teʃ] auch

tężec [tɛ̃ʒets] Tetanus

thriller [triler] Thriller

tłumaczyć/przetłumaczyć [twumatʃitɕ/pʃetwumatʃitɕ] übersetzen

tłumik [twumik] Auspuff

tłusty [twusti] fett

to samo [tɔ samɔ] dasselbe

toaleta [tɔaleta] Toilette

toaleta dla niepełnosprawnych [tɔaleta dla nepewnɔspravnix] Behindertentoilette

toast [tɔast] Toast, Trinkspruch

tobie [tɔbje] dir

ton [tɔn] Ton

tor [tɔr] Gleis

torba [tɔrba] Tasche

torba podróżna [tɔrba pɔdruʒna] Reisetasche

torebka [tɔrepka] Handtasche, Tüte

torebka herbaty ekspresowej [tɔrepka xerbati ekspresɔvej] Teebeutel

torebka na ramię [tɔrepka na ramje] Umhängetasche

torebka plastykowa [tɔrepka plastikɔva] Plastikbeutel

tost [tɔst] Toast(Brot)

toster [tɔster] Toaster

towarzysz zabaw [tɔvaʒiʃ zabaf] Spielkamerad

towarzyszyć [tɔvaʒiʃitɕ] begleiten

tracić/stracić [tratɕitɕ/stratɕitɕ] verlieren

trafiać/trafić [trafjatɕ/trafitɕ] treffen

tragedia [tragɛdja] Tragödie

traktować [traktɔvatɕ] behandeln

tramwaj [tramvaj] Straßenbahn

trasa [trasa] Route

trasa biegu [trasa bjɛgu] Loipe

trasa szybkiego ruchu [trasa ʃipcɛgɔ ruxu] Schnellstraße

trawienie [travɛɲɛ] Verdauung

trawnik [travɲik] Rasen

trawnik do leżenia [travɲig dɔ lɛʒɛɲa] Liegewiese

treść [trɛɕtɕ] Inhalt

trochę [trɔxɛ] ein bisschen, etwas

trójkąt ostrzegawczy [trujkɔnt ɔstʃɛgaftʃi] Warndreieck

troszczyć się o [trɔʃtʃitɕ ɕɛ ɔ] s. kümmern, sorgen um

troszeczkę [trɔʃɛtʃkɛ] ein bisschen

trucizna [trutɕizna] Gift

trudności w oddychaniu [trudnɔɕtɕi v ɔddixaɲu] Atembeschwerden

trudny [trudni] schwer, schwierig

trujący [trujɔntsi] giftig

truskawki [truskafci] Erdbeeren

trwać [trfatɕ] dauern

trwała ondulacja [trfava ɔndulatsja] Dauerwelle

trwały [trfawi] haltbar

trze-cia(ci/cie) [tʃɛ-tɕa/tɕi/tɕɛ] dritte(r, -s)

trzeźwy [tʃɛzvi] nüchtern

trzymać [tʃimatɕ] halten

T-shirt [ti-ʃert] T-Shirt

tu [tu] da, hier

tuńczyk [tuɲtʃik] Thunfisch

tunel [tunɛl] Tunnel, Unterführung

turkusowy [turkusɔvi] türkis

turyst-a/ka [turist-a/ka] Tourist/in

tusz do rzęs [tuʒ dɔ ʒɛ̃ws] Wimperntusche

tutaj [tutaj] hier

tutejszy [tutɛjʃi] einheimisch

twardy [tfardi] hart

twarożek [tfarɔʒɛk] Quark

twarz f [tfaʃ] Gesicht

twierdza [tfjɛrdza] Festung

twierdzić [tfjɛrdʑitɕ] behaupten

twój/twoja/twoje [tfuj/tfɔja/tfɔjɛ] dein(e)

ty [ti] du

tydzień [tidʑɛɲ] Woche

tyfus [tifus] Typhus

tygodniowo adv [tigɔdɲɔvɔ], **tygodniowy** adj [tigɔdɲɔvi] wöchentlich

tylko [tilkɔ] nur

tymianek [timjanɛk] Thymian

typowy [tipɔvi] typisch

tytoń [titɔɲ] Tabak

U

u [u] bei (räumlich)

ubezpieczenie [ubɛspjɛtʃɛɲɛ] Versicherung

ubierać/ubrać [ubjɛratɕ/ubratɕ] anziehen (Kleidung)

ubranie [ubraɲɛ] Kleidung

ucho [uxɔ] Ohr

uchwyt [uxfit] Haltegriff

uciążliwy [utɕɔ̃ʒlivi] lästig

ucieszony (z) [utɕeʃɔni (z)] erfreut (über)

uczciwy [utʃtɕivi] fair

uczestnicy *pl* **wycieczki** [utʃestɲitɕi vitɕetʃci] Reisegesellschaft

uczucie [utʃutɕe] Gefühl

uczyć [utʃitɕ] unterrichten *(in der Schule)*

uczyć się/nauczyć się [utʃitɕ ɕe/ nautʃitɕ ɕe] lernen

udar mózgu [udar muzgu] Gehirnschlag, Schlaganfall

udar słoneczny [udar swɔnetʃni] Sonnenstich

ufryzować [ufrizɔvatɕ] frisieren

ugotowany [ugɔtɔvani] gar

ujście [ujɕtɕe] Mündung

układ [ukwat] Vertrag

układać suszarką [ukwadatɕ suʃarkɔw] föhnen

układać/ułożyć [ukwadatɕ/ uwɔʒitɕ] legen

ulica [ulitsa] Straße

uliczka [ulitʃka] Gasse

ulubieniec [ulubjenetɕ] Liebling

umawiać (się)/umówić (się) [umavjatɕ (ɕe̜)/umuvitɕ (ɕe̜)] vereinbaren; s. verabreden

umieć [umjetɕ] können, gelernt haben

umowa [umɔva] Verabredung, Vertrag

umywalka [umivalka] Handwaschbecken, Waschbecken

umywalnia [umivalɲa] Waschraum

uniwersytet [uɲiversitet] Universität

upadać/upaść [upadatɕ/upaɕtɕ] (hin)fallen, stürzen

upał [upaw] Hitze

uprawiać jogging [upravjatɕ jɔɡiŋk] joggen

uprawiać windsurfing [upravjadʑ wintserfiŋk] windsurfen

uprzednie zgłoszenie [upʃedɲe zgwɔʃeɲe] Voranmeldung

uprzejmie [upʃejmje] liebenswürdig

uprzejmy [upʃejmi] höflich

urlop [urlɔp] Urlaub

urodziny *pl* [urɔdʑini] Geburtstag

urodzony [urɔdzɔni] geboren

urząd [uʒɔnt] Amt, Behörde, Verwaltung

urządzenia sanitarne [uʒɔndzeɲa saɲitarne] Sanitäreinrichtungen

uspokajać się/uspokoić się [uspɔkajatɕ ɕe/uspɔkɔitɕ ɕe] s. beruhigen

usta *pl* [usta] Mund

uszkadzać/uszkodzić [uʃkadzatɕ/ uʃkɔdʑitɕ] beschädigen

uszkodzenie [uʃkɔdzeɲe] Schaden

utarty [utarti] gebräuchlich

utrata przytomności [utrata pʃitɔmnɔɕtɕi] Ohnmacht

utrwalacz fryzury [utrfalatʃ frizuri] Haarfestiger

uwaga! [uvaga] Achtung!, Vorsicht!

uważać (na + acc) [uvaʒatɕ (na)] aufpassen (auf)

uważać na coś [uvaʒatɕ na tsɔɕ] etw beachten

używać/użyć [uʒivatɕ/uʒitɕ]
benutzen

V

variétés *n* [varjɛtɛ] Varietee

W

w + *loc* [v] in
w ciągu dnia [f tɕɔŋgu dɲa]
tagsüber
w dni powszednie [v dɲi pɔfʂɛdɲɛ]
wochentags
w dobrej kondycji [v dɔbrɛj
kɔnditsji] fit
w dole [v dɔlɛ] unten
w domu [v dɔmu] daheim
w drodze [v drɔdzɛ] unterwegs
w górę [v gurɛ] aufwärts
w gotówce [v gɔtuftsɛ] bar
w niedzielę [v ɲedzelɛ] am
Sonntag
w pobliżu [f pɔbliʒu] bei *(in der
Nähe)*
w południe [f pɔwudɲɛ] mittags
w poprzek [f pɔpʂɛk] querdurch
w porę [f pɔrɛ] rechtzeitig
w przyszłości *adv* [f pʂiʂwɔɕtɕi]
zukünftig
w przyszłym roku [f pʂiʂwim rɔku]
nächstes Jahr
w środku [f ɕrɔtku] drin, drinnen
w tej chwili [f tɛj xfili] gerade
w tyle [f tilɛ] hinten
waciki do uszu [vatɕici dɔ uʂu]
Wattestäbchen
waga [vaga] Gewicht

wagon bez przedziałów [vagɔn
bɛs pʂɛdzawuf] Großraumwagen
**wagon dla osób na wózku
inwalidzkim** [vagɔn dla ɔsup
na vusku invalitskim]
rollstuhlgängiger Wagen *(Zug)*
wagon restauracyjny [vagɔn
rɛstawratsijni] Speisewagen
wagon sypialny [vagɔn sipjalni]
Schlafwagen
wagon z miejscami do leżenia
[vagɔn z mjejstsami dɔ lɛʒɛɲa]
Liegewagen
wakacje [vakatsjɛ] Ferien
walizka [valiska] Koffer
waluta [valuta] Währung
wanna [vanna] Badewanne
wam *dat* [vam] euch
warga [varga] Lippe
warsztat naprawczy [varʂtat
napraftʂi] Werkstatt
wartość *f* [vartɔɕtɕ] Wertangabe
warzywa *pl* [vaʒiva] Gemüse
was [vas] euch *(acc)*
wąski [vɔ̃ɕci] schmal
wąsy *pl* [vɔ̃ɕi] Schnurrbart
wasz [vaʂ] euer
wata [vata] Watte
wątroba [vɔntrɔba] Leber
wątrobianka [vɔntrɔbjanka]
Leberpastete
wątróbka [vɔntrupka] Leber
wąwóz [vɔ̃vus] Pass, Schlucht
wąż [vɔ̃ʂ] Schlange *(Tier)*
waza [vaza] Vase
ważny [vaʒni] gültig, wichtig
wchodzić [fxɔdzitɕ] hereinkommen
wcześnie *adv* [ftʂɛɕɲɛ] früh

wcześniej [ftʃɛɕnɛj] früher, eher

wczoraj [ftʃɔraj] gestern

wdowiec/wdowa [vdɔvjɛts/vdɔva] Witwer/Witwe, verwitwet

wędka [vɛntka] Angel

wędkować [vɛntkɔvatɕ] angeln

wędlina [vɛndlina] Wurst

według [vɛdwuk] nach *(gemäß)*

wędrować/powędrować [vɛndrɔvatɕ/pɔvɛndrɔvatɕ] wandern

wędrowanie [vɛndrɔvaɲɛ] Wandern

wędzony [vɛndzɔni] geräuchert

wegeteriański [vɛgɛtarjaɲsci] vegetarisch

węgiel drzewny [vɛŋɛl dʒevni] Grillkohle

węgorz [vɛŋgɔʃ] Aal

wejść [vɛjɕtɕ] hereinkommen

wejście [vɛjɕtɕɛ] Eingang, Eintritt

wejściówka na kemping [vɛjɕtɕufka na kɛmpiŋk] Campingausweis

wełna [vɛwna] Wolle

wentylator [ventilatɔr] Ventilator

wersja oryginalna [versja ɔriɟinalna] Originalfassung

wesele [vɛsɛlɛ] Hochzeit

wesołe miasteczko [vɛsɔwɛ mjastɛtʃkɔ] Kirmes

wesoły [vɛsɔwi] froh, heiter, lustig

western [western] Western

wewnątrz [vevnɔntʃ] drin(nen)

węża [vɛʒa] Turm

wiadomość f [vjadɔmɔɕtɕ] Botschaft, Mitteilung, Nachricht

wiatr [vjatr] Wind

wiązania pl **narciarskie** [vjɔ̃zaɲa nartɕarscɛ] Skibindung

wichura [vixura] Sturm

widelec [vidɛlɛts] Gabel

wideokamera [vidɛɔkamɛra] Videokamera

widok [vidɔk] Aussicht, Blick

widokówka [vidɔkufka] Ansichtskarte

widz/- [vits] Zuschauer/in

widzieć/zobaczyć [vidʑɛtɕ/ zɔbatʃitɕ] sehen

więc [vjents] also

więcej [vjentsej] mehr

wieczór [vjetʃur] Abend

wieczór folklorystyczny [vjetʃur fɔlklɔristitʃni] Folkloreabend

wieczór sylwestrowy [vjetʃur silvestrɔvi] Silvester

wieczorem [vjetʃɔrem] abends

wiedzieć [vjedʑɛtɕ] wissen

wiek [vjek] Alter, Jahrhundert

Wielkanoc f [vjelkanɔts] Ostern

wielki [vjelci] groß

Wielkopolska [vjelkɔpolska] Großpolen

wielkość f [vjelkɔɕtɕ] Größe

wieprzowina [vjepʃɔvina] Schweinefleisch

wierzyć [vjeʒitɕ] glauben

wieś f [vjeɕ] Dorf

wieś f **górska** [vjeʑ gurska] Bergdorf

wieszak [vjeʃak] Haken; Kleiderbügel

wieża kościelna [vjeʒa kɔɕtɕelna] Kirchturm

więzienie [vjɛ̃ʑɛɲɛ] Gefängnis

Wigilia [viĵilja] Heiliger Abend
wilgotny [vilgɔtni] feucht, nass
willa [villa] Villa
wina [vina] Schuld
winda [vinda] Aufzug, Fahrstuhl
wino [vinɔ] Wein
wino białe [vinɔ bjawɛ] Weißwein
wino czerwone [vinɔ tʃɛrvɔnɛ]
    Rotwein
wino różowe [vinɔ ruʒɔvɛ] Rosé
winogrona [vinɔgrɔna]
    Weintrauben
wiosło [vjɔswɔ] Ruder
wiosłować [vjɔswɔvatɕ] rudern
wiosna [vjɔsna] Frühling
wirus [virus] Virus
wisiorek [viɕɔrɛk] Anhänger
Wisła [viswa] Weichsel
wiśnie [viɕɲɛ] Kirschen
witać/powitać [vitatɕ/pɔvitatɕ]
    begrüßen
witam! [vitam] willkommen!
witryna [vitrina] Schaufenster
wiza [viza] Visum
wizyta [viʒita] (Arzt)Termin,
    Besuch
wjazd [vjast] Einfahrt, Einreise
wkład do lodówki turystycznej
    [fkwad dɔ lɔdufki turistitʃnɛj]
    Kühlelement
wkładki higieniczne [fkwatki
    ɕiɡjɛɲitʃnɛ] Slipeinlagen
wkrótce [fkruttsɛ] bald
włączać/włączyć [vwɔntʃatɕ/
    vwɔntʃitɕ] einschalten
włamywać się/włamać się
    [vwamivatɕ ɕɛ/vwamatɕ ɕɛ]
    einbrechen, aufbrechen

właściciel/ka [vwaɕtɕitɕɛl/ka]
    Besitzer/in, Eigentümer/in
właściciel/ka domu [vwaɕtɕitɕɛl/ka
    dɔmu] Hausbesitzer/in
właściwie adv [vwaɕtɕivɛ]
    eigentlich
właściwy [vwaɕtɕivi] richtig; eigen
    (für jdn typisch); zuständig
własny [vwasni] eigen
włosy pl [vwɔsi] Haar
włosy suche [vwɔsi suxɛ]
    trockenes Haar
wnęka kuchenna [vnɛnka kuxɛnna]
    Kochnische
wnuk/wnuczka [vnuk/vnutʃka]
    Enkel/in
woda [vɔda] Wasser
woda mineralna [vɔda minɛralna]
    Mineralwasser
woda pitna [vɔda pitna]
    Trinkwasser
woda po goleniu [vɔda pɔ gɔlɛɲu]
    Rasierwasser
wodolot [vɔdɔlɔt] Tragflügelboot
wodospad [vɔdɔspat] Wasserfall
wolny [vɔlni] frei
wołowina [vɔwɔvina] Rindfleisch
woreczek żółciowy [vɔrɛtʃɛk
    ʒuwtɕɔvi] Gallenblase
worek na śmieci [vɔrɛk na ɕmjɛtɕi]
    Abfallbeutel
wózek bagażowy [vuzɛg bagaʒɔvi]
    Gepäckwagen
wózek inwalidzki [vuzɛk invalitsci]
    Rollstuhl
wprost [fprɔst] direkt

wracać/wrócić [vratsatɕ/vrutɕitɕ] wiederkommen, zurückfahren, zurückkehren

wrotki pl [vrɔtɕi] Rollschuh

wrzesień [vʒɛɕɛɲ] September

wrzód [vʒut] Geschwür

wrzosowisko [vʒɔsɔviskɔ] Heide

wschód [fsxut] Osten

wściekły [fɕtɕɛkwɨ] wütend

wsiadać [fɕadatɕ] einsteigen

wspaniały [fspaɲawɨ] ausgezeichnet

wspinaczka wysokogórska [fspinatʃka vɨsɔkɔgurska] Bergsteigen

współczynnik ochrony przed promieniami słonecznymi [fspuwtʃɨɲɲik ɔxrɔɲ pʃɛt prɔmjɛɲami swɔnɛtʃnɨmi] Lichtschutzfaktor

wspólnie adv [fspulɲɛ], **wspólny** adj [fspulnɨ] gemeinsam

wstawać/wstać [fstavatɕ/fstatɕ] aufstehen

wstecz adv [fstɛtʃ] rückwärts

wsteczny bieg [fstɛtʃnɨ bjɛk] Rückwärtsgang

wstęp [fstɛmp] Eintritt

wstrząs mózgu [fstʃɔ̃ws muzgu] Gehirnerschütterung

wszędzie [fʃɛndʑɛ] überall

wszyscy [fʃɨstsɨ] alle

wszystko [fʃɨstkɔ] alles

wtedy [ftɛdɨ] da, dann, damals

wtorek [ftɔrɛk] Dienstag

wtyczka [ftɨtʃka] Stecker

wulkan [vulkan] Vulkan

wy [vɨ] pers prn ihr

wybierać/wybrać [vɨbjɛratɕ/vɨbratɕ] wählen

wybór [vɨbur] Auswahl

wybrzeże [vɨbʒɛʒɛ] Küste

wychodzić/wyjść [vɨxɔdʑitɕ/vɨjɕtɕ] ausgehen

wyciąg dla dzieci [vɨtɕɔŋg dla dʑɛtɕi] Babylift

wyciąg krzesełkowy [vɨtɕɔŋk kʃɛsɛwkɔvi] Sessellift

wyciąg orczykowy [vɨtɕɔŋg ɔrtʃɨkɔvi] Schlepplift

wycieczka [vɨtɕɛtʃka] Ausflug, Rundfahrt, Tour; fam Reisegesellschaft

wycieczka jednodniowa [vɨtɕɛtʃka jɛdnɔdɲɔva] Tagesausflug, Tagestour

wycieczka na ląd [vɨtɕɛtʃka na lɔnt] Landausflug

wycieczka po mieście [vɨtɕɛtʃka pɔ mjɛɕtɕɛ] Stadtrundfahrt

wycieczka po wyspie [vɨtɕɛtʃka pɔ vispjɛ] Inselrundfahrt

wycieczka rowerowa [vɨtɕɛtʃka rɔvɛrɔva] Radtour

wycieńczony [vɨtɕɛɲtʃɔni] erschöpft

wycieraczka samochodowa [vɨtɕɛratʃka samɔxɔdɔva] Scheibenwischer

wyczerpujący [vɨtʃɛrpujɔntsi] anstrengend

wydatki [vɨdatci] Unkosten

wydawać/wydać [vɨdavatɕ/vɨdatɕ] ausgeben

wydawanie bagażu [vɨdavaɲɛ bagaʒu] Gepäckausgabe

wydział komunikacji [vidʑaw kɔmuɲikatsji] Verkehrsamt
wygodny [vɨɡɔdni] bequem
wygrana [vɨɡrana] Gewinn
wygrywać/wygrać [vɨɡrɨvatɕ/vɨɡratɕ] gewinnen
wyjątkowy [vijɔntkɔvi] außergewöhnlich
wyjazd [vijast] Ausreise; Ausfahrt
wyjazd z autostrady [vijazd z awtɔstradi] Autobahnausfahrt
wyjeżdżać/wyjechać (w podróż) [vijeʑdʑatɕ/vijexatɕ (f pɔdruʃ)] verreisen
wyjść za mąż [vijɕtɕ za mɔ̃ʃ] heiraten *(einen Mann)*
wyjście [vijɕtɕe] Ausgang
wyjście do samolotu [vijɕtɕe dɔ samɔlɔtu] Flugsteig
wyjście awaryjne [vijɕtɕe avarijne] Notausgang
wykałaczka [vɨkawatʃka] Zahnstocher
wykopaliska [vɨkɔpaliska] Ausgrabungen
wykształcenie [vɨkʃtawtsɛɲe] Ausbildung
wylew krwi do mózgu [vilef krfi dɔ muzgu] Gehirnschlag
wyliczyć [vilitʃitɕ] berechnen
wymagający (stałej) opieki [vimagajɔntsi (stawej) ɔpjeci] pflegebedürftig
wymawiać/wymówić [vimavjatɕ/vimuvitɕ] aussprechen
wymiana [vimjana] (Geld)Wechsel
wymiana oleju [vimjana ɔleju] Ölwechsel

wymiana pieniędzy [vimjana pjeɲendzi] Geldwechsel
wymieniać/wymienić [vimjeɲatɕ/vimjeɲitɕ] umtauschen
wymieniać/wymienić [vimjeɲatɕ/vimjeɲitɕ] austauschen
wynajmować/wynająć [vinajmɔvatɕ/vinajɔntɕ] mieten; vermieten
wyobrażenie [viɔbraʒɛɲe] Vorstellung *(Gedanke)*
wypadek [vipadek] Unfall
wypełniać/wypełnić [vipewɲatɕ/vipewɲitɕ] ausfüllen
wypłacać/wypłacić [vipwatsatɕ/vipwatɕitɕ] auszahlen
wypoczywać [vipɔtʃivatɕ] s. ausruhen
wypoczywać/wypocząć [vipɔtʃivatɕ/vipɔtʃɔntɕ] s. erholen
wypożyczać/wypożyczyć [vipɔʒitʃatɕ/vipɔʒitʃitɕ] vermieten *(Auto etc)*
wyprawa żeglarska [viprava ʒeglarska] Segeltörn
wyprzedaż f [vipʃedaʃ] Ausverkauf
wyprzedzać/wyprzedzić [vipʃedzatɕ/vipʃedʑitɕ] überholen
wyrażenie [viraʒɛɲe] Ausdruck
wyraźnie *adv* [viraʑɲe] deutlich
wyraźny [viraʑni] ausdrücklich, klar, deutlich
wyrób ręczny [virup rɛntʃni] handgemacht
wyrób własny [virub vwasni] hausgemacht

wyroby garncarskie [virɔby garntsarscɛ] Töpferwaren

wyroby skórzane [virɔbi skuʒanɛ] Lederwaren

wyrywać/wyrwać [virivatɕ/virvatɕ] ziehen *(Zahn)*

wyścig [viɕtɕik] Rennen

wyścigi *pl* [viɕtɕiji] Rennen

wysiadać/wysiąść [viɕadatɕ/viɕɔ̃ɕtɕ] aussteigen

wysmażony [vismaʒɔni] durchgebraten

wysoki [visɔci] hoch

wysokie napięcie [visɔcɛ napjɛntɕɛ] Hochspannung

wysokość *f* [visɔkɔɕtɕ] Höhe

wyspa [vispa] Insel

wystawa [vistava] Ausstellung, Schaufenster

wysypka [visipka] Ausschlag

wyszukać [viʃukatɕ] aussuchen

wytrawne [vitravnɛ] trocken *(Wein)*

wywieszka [vivjeʃka] Schild

wywołać [vivɔwatɕ] aufrufen; entwickeln *(einen Film)*

wyzwalacz [vizvalatʃ] Auslöser

wyżywienie [viʒivjɛɲɛ] Verpflegung

wzbronione [vzbrɔɲɔnɛ] verboten

wzdęcia [vzdɛntɕa] Blähungen

wzgórze [vzguʒɛ] Hügel

wzniesienie [vzɲɛɕɛɲɛ] Steigung

Z

z [z] aus, von

z + *Instr* [z] mit

z beczki [z bɛtʃci] vom Fass

z góry [z guri] im Voraus

z powodu [s pɔvɔdu] wegen

z powrotem [s pɔvrɔtɛm] zurück; rückwärts

z przodu [s pʃɔdu] vorn

z rusztu/grilla [z ruʃtu/grila] vom Grill

z tyłu [s tiwu] hinten

z uszkodzeniem słuchu [z uʃkɔdzɛɲɛm swuxu] hörgeschädigt

za [za] hinter, nach *(Reihenfolge)*

za darmo [za darmɔ] gratis, kostenlos

za tydzień [za tidʑɛɲ] in einer Woche

ząb [zɔmp] Zahn

ząb mądrości [zɔmp mɔndrɔɕtɕi] Weisheitszahn

zabandażować [zabandaʒɔvatɕ] verbinden

zabawa [zabava] Spiel; Spaß; Unterhaltung *(Vergnügen)*

zabawki [zabafci] Spielsachen

zabezpieczenie [zabɛspjɛtʃɛɲɛ] Sicherung

zabierać ze sobą/zabrać ze sobą [zabjeradʑ zɛ sɔbɔw/zabradʑ zɛ sɔbɔ̃w] mitnehmen

zabłąkać się [zabwɔŋkatɕ ɕɛ] s. verirren

zaburzenia *pl* **trawienia** [zabuʒɛɲa travjɛɲa] Verdauungsstörung

zaburzenie krążenia [zabuʒɛɲa krɔ̃ʒɛɲa] Kreislaufstörung
zabytek [zabitɛk] Denkmal
zabytki [zabitci] Sehenswürdigkeiten
zachwycająco [zaxvɨtsajɔntsɔ] beeindruckend
zachwycający [zaxfɨtsajɔntsi] entzückend
zachwycony (kimś, czymś) [zaxfɨtsɔni (cimɕ, tʃimɕ)] begeistert (von)
zaczepiać (+ acc) [zatʃɛpatɕ] belästigen
zaczynać/zacząć [zatʃɨnatɕ/ zatʃɔɲtɕ] anfangen
zadowolony [zadɔvɔlɔni] froh, erfreut, zufrieden
zagranica [zagraɲitsa] Ausland
zagraniczny [zagraɲitʃni] ausländisch
zagroda chłopska [zagrɔda xwɔpska] Bauernhof
zajazd [zajast] Raststätte
zajęty [zajɛnti] besetzt
zakąska [zakɔ̃ska] Vorspeise
zakazany [zakazani] verboten
zakaźny [zakaʑni] ansteckend
zakład [zakwat] Firma
zakon [zakɔn] Orden (Rel.)
zakończyć [zakɔɲtʃitɕ] beschließen
zakręt [zakrɛnt] Kurve
zakwaterowanie [zakfatɛrɔvaɲɛ] Unterkunft
załatwić [zawatfitɕ] besorgen
zamek [zamɛk] Schloss, Burg
zamek z piasku [zamɛk s pjasku] Sandburg

zameldować [zamɛldɔvatɕ] anmelden
zameldowanie [zamɛldɔvaɲɛ] Anmeldung
zamężna [zamɛ̃ʒna] verheiratet (Frau)
zamiast [zamjiast] anstatt
zamknięty [zamkɲɛnti] geschlossen
zamówienie [zamuvjɛɲɛ] Bestellung
zamykać/zamknąć [zamɨkatɕ/ zamknɔɲtɕ] ab-, verschließen
zaniepokoić się [zaɲɛpɔkɔitɕ ɕɛ] s. beunruhigen
zanieść [zaɲɛɕtɕ] (weg)bringen
zanim [zaɲim] bevor
zanotować [zanɔtɔvatɕ] aufschreiben
zapach [zapax] Geruch
zapakować [zapakɔvatɕ] einpacken
zapalać/zapalić [zapalatɕ/zapalitɕ] anzünden
zapalenie [zapalɛɲɛ] Entzündung
zapalenie migdałków [zapalɛɲɛ migdawkuf] Mandelentzündung
zapalenie nerek [zapalɛɲɛ nɛrɛk] Nierenentzündung
zapalenie płuc [zapalɛɲɛ pwuts] Lungenentzündung
zapalenie przyusznicy [zapalɛɲɛ pʃiuʃɲitsi] Mumps
zapalenie ucha środkowego [zapalɛɲɛ uxa ɕrɔtkɔvɛgɔ] Mittelohrentzündung
zapalenie wyrostka robaczkowego [zapalɛɲɛ virɔstka rɔbatʃkɔvɛgɔ] Blinddarmentzündung

zapalenie zatok czołowych [zapalɛɲɛ zatɔk tʃɔwɔvix] Stirnhöhlenentzündung

zapałka [zapawka] Streichholz

zapas [zapas] Vorrat

zapiekany [zapjɛkani] überbacken

zapisywać/zapisać [zapisivatɕ/ zapisatɕ] auf-, verschreiben

zapłon [zapwɔn] Zündung

zapominać/zapomnieć [zapɔminatɕ/zapɔmɲɛtɕ] vergessen

zapraszać/zaprosić [zapraʃatɕ/ zaprɔɕitɕ] einladen

zaraz [zaras] gleich, sofort

zarezerwować [zarɛzɛrvɔvatɕ] buchen

zasięgać/zasięgnąć informacji [zaɕɛŋgatɕ/zaɕɛŋgnɔntɕ informatsji] s. informieren

zastaw [zastaf] Pfand

zastępować/zastąpić [zastɛmpɔvatɕ/zastɔmpitɕ] ersetzen

zastrzyk [zastʃik] Spritze

zaświadczać/zaświadczyć [zaɕfjattʃatɕ/zaɕfjattʃitɕ] bescheinigen

zaświadczenie [zaɕfjattʃɛɲɛ] Attest, Bescheinigung

zatoka [zatɔka] Bucht

zatrucie [zatrutɕɛ] Vergiftung

zatrucie krwi [zatrutɕɛ krfi] Blutvergiftung

zatrucie pokarmowe [zatrutɕɛ pɔkarmɔvɛ] Lebensmittelvergiftung

zatrzymywać się/zatrzymać się [zatʃimivatɕ ɕɛ/zatʃimatɕ ɕɛ] halten, stehen bleiben

zatrzymywać/zatrzymać [zatʃimivatɕ/zatʃimatɕ] an-, behalten

zatwardzenie [zatfardzɛɲɛ] Verstopfung

zaufanie [zaufaɲɛ] Vertrauen

zauważyć [zauvaʒitɕ] bemerken

zawał serca [zavaw sɛrtsa] Herzinfarkt

zawartość f [zavartɔɕtɕ] Inhalt

zawarty [zavarti] inbegriffen

zawiadamiać/zawiadomić [zavjadamjatɕ/zavjadɔmitɕ] benachrichtigen

zawód [zavut] Beruf

zawody pl [zavɔdi] Wettkampf

zawracać/zawrócić [zavratsatɕ/ zavrutɕitɕ] umkehren

zawroty głowy pl [zavrɔti gwɔvi] Schwindel

zawsze [zafʃɛ] immer

zbierać [zbjɛratɕ] sammeln

zbłądzić [zbwɔndzitɕ] s. verirren

zdanie [zdaɲɛ] Meinung, Satz

zdążyć (na) [zdɔ̃ʒitɕ (na)] erreichen (den Zug)

zdecydować [zdɛtsidɔvatɕ] beschließen

zdemoralizowany [zdɛmɔralizɔvani] verdorben (moralisch)

zdeponować [zdɛpɔnɔvtɕ] hinterlegen

zderzak [zdɛʒak] Stoßstange

zderzenie [zdɛʒɛɲɛ] Zusammenstoß

zdjęcie [zdjɛɲʨɛ] Bild, Foto
zdrowy [zdrɔvi] gesund
ze + gen [zɛ] aus
ze względu na mnie [zɛ_vzglɛndu na_mɲɛ] meinetwegen
zegarek na rękę [zɛgarɛk na_rɛŋkɛ] **(damski/męski** [damsci/mɛnsci]**)** Armbanduhr (für Damen/für Herren)
zegarmistrz [zɛgarmiʃʦ] Uhrmacher
zepsuty [zɛpsuti] kaputt, verdorben
zespół muzyczny [zɛspuw muziʧni] Band
zewnątrz [zɛvnɔntʃ] außen
zewnętrznie [zɛvnɛntʃɲɛ] **z wyglądu** [z_viglɔndu] äußerlich
zgaga [zgaga] Sodbrennen
zgłaszać/zgłosić [zgwaʃaʨ/ zgwɔɕiʨ] anzeigen
zielona karta [ʑɛlɔna karta] grüne Versicherungskarte
Zielone Świątki [ʑɛlɔnɛ ɕɸjɔntci] Pfingsten
zielony [ʑɛlɔni] grün
ziemia [ʑɛmja] Erde, Boden
ziemniaki [ʑɛmɲaci] Kartoffeln
zima [ʑima] Winter
zimna woda [ʑimna vɔda] kaltes Wasser
zimno [ʑimnɔ] kalt
zioła [ʑɔwa] Kräuter
ziomek [ʑɔmɛk] Landsmann
zlewozmywak [zlɛvɔzmivak] Geschirrspülbecken
złamanie kości [zwamaɲɛ kɔɕʨi] Knochenbruch

złamany [zwamani] gebrochen
złocisty [zwɔʨisti] goldfarben
złodziej [zwɔdʑɛj] Dieb
złodziej kieszonkowy [zwɔdʑɛj cɛʃɔnkɔvi] Taschendieb
złościć się (na + acc) [zwɔɕʨiʨ_ɕɛ (na)] s. ärgern über
złotnictwo [zwɔtɲiʦtfɔ] Goldschmiedekunst
złoto [zwɔtɔ] Gold
zły adj [zwi] schlecht; böse
zmęczony [zmɛnʧɔni] müde, erschöpft
zmiana [zmjana] Wechsel
zmiana warty [zmjana varti] Wachablösung
zmienić rezerwację [zmjɛɲiʨ rɛzɛrvatsjɛ] umbuchen
zmiennie adv [zmjɛɲɲɛ] wechselhaft
zmywacz do paznokci [zmivaʤ dɔ_paznɔkʨi] Nagellackentferner
zmywarka do naczyń [zmivarka dɔ_naʧiɲ] Geschirrspülmaschine
znać [znaʨ] kennen
znaczek okolicznościowy [znaʧɛk ɔkɔliʧnɔɕʨɔvi] Sondermarke
znaczek pocztowy [znaʧɛk pɔʧtɔvi] Briefmarke
znaczenie [znaʧɛɲɛ] Bedeutung
znaczyć [znaʧiʨ] heißen, bedeuten
znajdować się/znaleźć się [znajdɔvaʨ_ɕɛ/znalɛʑʨ_ɕɛ] stehen, s. befinden
znajomość f [znajɔmɔɕʨ] Bekanntschaft

znajom-y/a [znajom-i/a] der/die
Bekannte
znak [znak] Zeichen
znak rozpoznawczy państwa [znak
rɔspɔznafʧi paɲstfa]
Nationalitätskennzeichen
znakomity [znakɔmiti]
ausgezeichnet
znaleźć [znalɛʨ̑ʨ] finden
znalezisko [znalɛziskɔ] Funde
znany [znani] bekannt
znieczulenie [zɲɛʧ̑ulɛɲɛ] Narkose
zniżka [zɲiʃka] Ermäßigung
zniżka dla dzieci [zɲiʃka dla ʥɛʨi]
Kinderermäßigung
znów [znuf], **znowu** [znɔvu] wieder
zoo [zɔɔ] Zoo
zostać [zɔstaʨ̑] werden
zupa [zupa] Suppe
zużycie wody [zuʒiʨɛ vɔdi]
Wasserverbrauch
zwarcie [zvarʨɛ] Kurzschluss
zwariowany [zvarjɔvani] verrückt
związek niepełnosprawnych
[zvjõʒɛk ɲepɛwnɔspravnix]
Behindertenverband
zwiedzać/zwiedzić [zvjɛʣaʨ̑/
zvjɛʥiʨ̑] besichtigen
zwiedzanie [zvjɛʣaɲɛ]
Besichtigung
zwierzę [zvjɛʒɛ] Tier
zwierzęta domowe [zvjɛʒɛnta
dɔmɔvɛ] Haustiere
zwierzyniec [zvjɛʒiɲɛʦ] Wildpark
zwracać/zwrócić [zvraʦaʨ̑/
zvruʨiʨ̑] zurückbringen;
ersetzen (Kosten)
zwyczajny [zviʧ̑ajni] gewöhnlich

zwykle [zviklɛ] normalerweise
zwykły [zvikwi] üblich
zysk [zisk] Gewinn

Ź

źle adv [ʑlɛ] schlecht
źródło [ʑrudwɔ] Brunnen, Quelle

Ż

żaden [ʒadɛn] kein
żądlić/użądlić [ʒɔndliʨ̑/uʒɔndliʨ̑]
stechen (Wespe)
żaglówka [ʒaglufka] Segelboot
żakiet [ʒaʨɛt] Jacke, Jackett (für
Frauen)
żałować [ʒawɔvaʨ̑] bedauern
żarówka [ʒarufka] Glühbirne
żart [ʒart] Spaß, Witz
że [ʒɛ] dass
żeby [ʒɛbi] damit; um ... zu; dass
żeglować [ʒɛglɔvaʨ̑] segeln
żegnać się/pożegnać się
[ʒɛgnaʨ̑ ʨɛ/pɔʒɛgnaʨ̑ ʨɛ] s.
verabschieden
żel do kąpieli [ʒɛl dɔ kɔmpjeli]
Duschgel
żel do włosów [ʒɛl dɔ vwɔsuf]
Haargel
żołądek [ʒɔwɔndɛk] Magen
żółte strony [ʒuwtɛ strɔni] Gelbe
Seiten®
żółty [ʒuwti] gelb
żona [ʒɔna] Ehefrau
żonaty [ʒɔnati] verheiratet (Mann)
żyć [ʒiʨ̑] leben

życie [ʒiꞇɕɛ] Leben
życzenia pl [ʒiꞇʃɛɲa] Glückwunsch
życzyć [ʒiꞇʃiꞇɕ] wünschen
żylasty [ʒilasti] zäh
żyletki do golenia [ʒilɛtci
   dɔ‿gɔlɛɲa] Rasierklingen
żywy [ʒivi] lebhaft

Wörterbuch
Deutsch – Polnisch

Bei Verben werden vor dem Schrägstrich die imperfektiven, nach dem Schrägstrich die perfektiven Formen genannt.
Das Geschlecht wird nur bei nicht eindeutigen Endungen angegeben.

A

Aal węgorz [vɛŋgɔʃ]
ab od [ɔt]; **ab und zu** od czasu do czasu [ɔt t͡ʃasu dɔ t͡ʃasu]
Abblendlicht światła pl mijania [ɕfjatwa mijaɲa]
Abend wieczór [vjɛt͡ʃur]
Abendessen kolacja [kɔlatsja]
Abendgarderobe strój wieczorowy [struj vjɛt͡ʃɔrɔvi]
abends wieczorem [vjɛt͡ʃɔrɛm]
aber ale [alɛ]
abfahren (von) odjeżdżać/ odjechać (z) [ɔdjɛʒd͡ʒat͡ɕ/ɔdjɛxat͡ɕ (z)]
Abfahrt odjazd [ɔdjast]
Abfahrtszeit czas odjazdu [t͡ʃas ɔdjazdu]
Abfall odpadki pl [ɔtpatci], śmieci pl [ɕmjɛt͡ɕi]
Abfallbeutel worek na śmieci [vɔrɛk na ɕmjɛt͡ɕi]
Abflug odlot [ɔdlɔt]
Abführmittel środek na przeczyszczenie [ɕrɔdɛk na pʃɛt͡ʃiʃt͡ʃɛɲɛ]

abgeben oddawać/oddać [ɔddavat͡ɕ/ɔddat͡ɕ]
abholen *(etw/jdn)* iść po coś/po kogoś [iɕt͡ɕ pɔ t͡sɔɕ/pɔ kɔgɔɕ]
Abkürzung skrót [skrut]
ablehnen odmawiać/odmówić [ɔdmavjat͡ɕ/ɔdmuvit͡ɕ]
abnehmen odbierać/odebrać [ɔdbjɛrat͡ɕ/ɔdɛbrat͡ɕ]
abreisen (nach) odjeżdżać/ odjechać (do + *gen*) [ɔdjɛʒd͡ʒat͡ɕ/ ɔdjɛxat͡ɕ (dɔ)]
Absatz obcas [ɔptsas]
Abschleppdienst pomoc f drogowa [pɔmɔt͡s drɔgɔva]
abschleppen odholować [ɔtxɔlɔvat͡ɕ]
Abschleppseil linka holownicza [liŋka xɔlɔvɲit͡ʃa]
Abschleppwagen samochód holowniczy [samɔxut xɔlɔvɲit͡ʃi]
abschließen zamykać/zamknąć [zamikat͡ɕ/zamknɔnt͡ɕ]
Abseits spalony [spalɔni]
Absender nadawca m [nadaftsa]
Abszess ropień [rɔpjɛɲ]
Abtei opactwo [ɔpatstfɔ]

Abteil przedział [pʃɛˈdʒaw]
Achtung! uwaga! [uvaga]
Actionfilm film akcji [film akˈtsji]
Adapter adapter [adapter], łącznik [ˈwɔntʃnik]
Adresse adres [adres]
Aerobic aerobik [aɛrɔbik]
Agentur agencja [agɛntsja]
ähnlich podobny [pɔdɔbni]
akklimatisieren, s. ~ aklimatyzować/zaaklimatyzować się [aklimatizɔvatʃ/zaaklimatizɔvatɕˈɕɛ]
Akt akt [akt]
Aktzeichnen rysowanie aktów [risɔvaɲɛ aktuf]
Alarmanlage system alarmowy [sistɛm alarmɔvi]
alkoholfrei bezalkoholowy [bezalkɔxɔlɔvi]
alkoholfreies Bier piwo bezalkoholowe [pivɔ bezalkɔxɔlɔvɛ]
alle wszyscy [fʃistsi]
allein sam [sam]
Allergie alergia [alɛrjja]
alles wszystko [fʃistkɔ]
als (zeitlich) kiedy [cɛdi], gdy [gdi]; (beim Vergleich) niż [niʃ]
also więc [vjɛnts]
alt stary [stari]
Altar ołtarz [ɔwtaʃ]
Alter wiek [vjɛk]
Altstadt stare miasto [starɛ mjastɔ]
Alufolie folia aluminiowa [fɔlja aluminjɔva]
am Sonntag w niedzielę [v ˌnɛdʑɛlɛ]

am Wochenende w weekend [v ˌwikɛnt]
Ampel światła pl [ɕfjatwa]
Amphitheater amfiteatr [amfitɛatr]
Amt urząd [uʒɔnt]
amüsieren, s. ~ bawić się [bavitɕ ˌɕɛ]
an na [na], przy [pʃi]
Ananas ananas [ananas]
andere, der/die/das ~ inn-y/a/e [inn-i/a/ɛ]
anders inaczej [inatʃɛj]
anderswo gdzie indziej [gdʑɛ indʑɛj]
Anfang początek [pɔtʃɔntɛk]
anfangen zaczynać/zacząć [zatʃinatɕ/zatʃɔntɕ]
Angabe (des Namens, der Adresse) podanie [pɔdaɲɛ]
Angel wędka [vɛntka]
angeln wędkować [vɛntkɔvatɕ]
Angelschein karta wędkarska [karta vɛntkarska]
angenehm adv przyjemnie [pʃijɛmɲɛ]
Angina angina [aŋina]
anhalten zatrzymywać/zatrzymać [zatʃimivatɕ/zatʃimatɕ]
Anhänger wisiorek [viɕɔrɛk] (Schmuck); przyczepa [pʃitʃɛpa] (Wagen)
ankommen przybywać/przybyć [pʃibivatɕ/pʃibitɕ]
Ankunft przyjazd [pʃijast]; przylot [pʃilɔt] (eines Flugzeugs)
Ankunftszeit czas przyjazdu/przylotu [tʃas pʃijazdu/pʃilɔtu]
Anlasser rozrusznik [rɔzruʃnik]

anlegen in przybić do [pʃibidʒ dɔ]

anmelden zameldować [zamɛldɔvatɕ]

Anmeldung zameldowanie [zamɛldɔvaɲɛ]

Anorak kurtka [kurtka]

Anreisetag dzień przyjazdu [dʑɛɲ pʃijazdu]

Anruf telefon [tɛlɛfɔn]

Anrufbeantworter automatyczna sekretarka [awtɔmatɨtʃna sɛkrɛtarka]

anrufen dzwonić/zadzwonić [dzvɔɲitɕ/zadzvɔɲitɕ]

Anschluss połączenie [pɔwɔntʃɛɲɛ]

ansehen oglądać [ɔglɔndatɕ], przyjrzeć się [pʃijʒɛtɕ ɕɛ]

Ansichtskarte widokówka [vidɔkufka]

anstatt zamiast [zamjast]

ansteckend zakaźny [zakaʑni]

anstrengend wyczerpujący [vɨtʃɛrpujɔntɕi]

Antibabypille tabletka antykoncepcyjna [tablɛtka antɨkɔntsɛptsɨjna]

Antibiotikum antybiotyk [antɨbjɔtik]

antik antyczny [antɨtʃni], starożytny [starɔʒitni]

Antiquitätengeschäft antykwariat [antikfarjat]

antworten odpowiadać/odpowiedzieć [ɔtpɔvjadatɕ/ɔtpɔvjɛdʑɛtɕ]

anzahlen wpłacić zaliczkę [fpwatɕidʑ zalitʃkɛ]

Anzahlung zaliczka [zalitʃka]

anzeigen zgłaszać/zgłosić [zgwaʃatɕ/zgwɔɕitɕ]

anziehen (Magnet, auch fig.) przyciągać/przyciągnąć [pʃitɕɔngatɕ/pʃitɕɔngnɔntɕ]; (Kleidung) ubierać/ubrać [ubjɛratɕ/ubratɕ]

Anzug garnitur [garɲitur]

anzünden zapalać/zapalić [zapalatɕ/zapalitɕ]

Apartment apartament [apartamɛnt]

Äpfel jabłka [japka]

Apfelsinen pomarańcze [pɔmaraɲtʃɛ]

Apotheke apteka [aptɛka]

Apparat aparat [aparat]

Appetit apetyt [apɛtit]

Aprikosen morele [mɔrɛlɛ]

April kwiecień [kfjɛtɕɛɲ]

Aquarell akwarela [akfarɛla]

Aquarellmalen malowanie akwarelami [malɔvaɲɛ akfarɛlami]

Arbeit praca [pratsa]

arbeiten pracować [pratsɔvatɕ]

arbeitslos bezrobotny [bɛzrɔbɔtni]

Archäologie archeologia [arxɛɔlɔja]

Architekt architekt [arɕitɛkt]

Architektur architektura [arɕitɛktura]

Arena arena [arɛna]

ärgern, s. – über złościć się (na + acc) [zwɔɕtɕitɕ ɕɛ (na)]

arm biedny [bjɛdni]

Arm ramię n [ramjɛ], ręka [rɛŋka]

Armband branzoletka [branzɔlɛtka]

Armbanduhr zegarek na rękę [zegarek na renke]; *(für Damen/ für Herren)* damski/męski [damsci/mẽwsci]
Ärmel rękawy [renkavɨ]
Art rodzaj [rɔdzaj]
Artischocken karczochy [kartʃɔxi]
Aschenbecher popielniczka [pɔpjelnitʃka]
Aspirin® aspiryna [aspirɨna]
Asthma astma [astma]
Atembeschwerden trudności w oddychaniu [trudnɔsci v ɔddɨxaɲu]
atmen oddychać [ɔddɨxatɕ]
Attest atest [atest], zaświadczenie [zaɕfjattʃɛɲe]
Auberginen oberżyny [ɔberʒinɨ]
auch też [tɛʃ]
Auf-/Abfahrt dojazd/zjazd [dɔjast/zjast]
auf na [na]; *(offen)* otwarty [ɔtfarti]; **– Polnisch** po polsku [pɔ pɔlsku]
aufbewahren przechowywać/ przechować [pʃɛxɔvɨvatɕ/ pʃɛxɔvatɕ]
aufbrechen włamywać się/włamać się [vwamɨvatɕ ɕe/vwamatɕ ɕe]
Aufenthalt pobyt [pɔbit]
Aufenthaltsraum świetlica [ɕfjetlitsa]
Auffahrtrampe rampa wjazdowa [rampa vjazdɔva]
Aufführung przedstawienie [pʃɛtstaveɲe]
aufhalten, s. – przebywać [pʃɛbivatɕ]

aufhören przestawać/przestać [pʃɛstavatɕ/pʃɛstatɕ]
aufpassen (auf) uważać (na + *acc*) [uvaʒatɕ (na)]
Aufschnitt pokrojona wędlina różnego rodzaju [pɔkrɔjɔna vendlina ruʒnɛgɔ rɔdzaju]
aufschreiben zapisać [zapisatɕ], zanotować [zanɔtɔvatɕ]
aufstehen wstawać/wstać [fstavatɕ/fstatɕ]
aufwachen obudzić się [ɔbudʑitɕ ɕe]
aufwärts w górę [v gurɛ]
Aufzug winda [vinda]
Augen oczy [ɔtʃi]
Augenblick moment [mɔment]
Augentropfen krople *pl* do oczu [krɔple dɔ ɔtʃu]
August sierpień [ɕerpjeɲ]
aus *(Richtung, Material)* z [z], ze + *gen* [zɛ]
Ausbildung wykształcenie [vikʃtawtɕeɲe]
Ausdruck wyrażenie [vɨraʒeɲe]
ausdrücklich wyraźny [virazni], jasny [jasni]
Ausfahrt wyjazd [vɨjast]; **– freihalten** nie zastawiać wyjazdu [ɲe zastavjadʑ vijazdu]
Ausflug wycieczka [vitɕetʃka]
ausfüllen wypełniać/wypełnić [vɨpewɲatɕ/vɨpewɲitɕ]
Ausgang wyjście [vɨjɕtɕe]
ausgeben wydawać/wydać [vidavatɕ/vidatɕ]
ausgehen wychodzić/wyjść [vixɔdʑitɕ/vɨjɕtɕ]

ausgezeichnet wspaniały [ˈʃpaɲawi]; znakomity [znakɔˈmiti]
Ausgrabungen wykopaliska [vikɔpaˈliska]
Auskunft informacja [infɔrˈmatsja]
Ausland zagranica [zagraˈɲitsa]
Ausländer/in cudzoziem-iec/ka [tsudzɔˈʑɛm-jɛts/ka]
ausländisch zagraniczny [zagraˈɲitʃni]
Auslandsflug lot zagraniczny [lɔt zagraˈɲitʃni]
Auslandsgespräch rozmowa międzynarodowa [rɔzˈmɔva mjɛndzinaˈrɔdɔva]
Auslöser wyzwalacz [vizˈvalatʃ]
Auspuff rura wydechowa [ˈrura viˈdɛxɔva]
Ausreise wyjazd [ˈvijast]
Ausritt przejażdżka konna [pʃɛˈjaʃtʃka ˈkɔnna]
ausruhen, s. ~ wypoczywać [vipɔˈtʃivat͡ɕ], odpoczywać/ odpocząć [ɔtpɔˈtʃivat͡ɕ/ɔtpɔˈtʃɔɲt͡ɕ]
Ausschlag wysypka [viˈsipka]
außen na zewnątrz [na ˈzɛvnɔntʃ], zewnątrz [ˈzɛvnɔntʃ]
außer poza [ˈpɔza]
außerdem poza tym [ˈpɔza tim]
außergewöhnlich wyjątkowy [vijɔntˈkɔvi]
außerhalb poza [ˈpɔza]
äußerlich zewnętrznie [zɛvˈnɛntʃɲɛ] z wyglądu [z viˈglɔndu]
Aussicht widok [ˈvidɔk]
Aussichtspunkt punkt widokowy [puŋkt viˈdɔkɔvi]

aussprechen wymawiać/wymówić [viˈmavat͡ɕ/viˈmuvit͡ɕ]
aussteigen wysiadać/wysiąść [viˈɕadat͡ɕ/viˈɕɔ̃ɕt͡ɕ]
Ausstellung wystawa [viˈstava]
aussuchen wyszukać [viˈʃukat͡ɕ]
austauschen wymieniać/wymienić [viˈmjɛɲat͡ɕ/viˈmjɛɲit͡ɕ]
Austern ostrygi [ɔˈstriɟi]
Ausverkauf wyprzedaż f [viˈpʃɛdaʃ]
Auswahl wybór [ˈvibur]
auszahlen wypłacać/wypłacić [viˈpwatsat͡ɕ/viˈpwatɕit͡ɕ]
Auto samochód [saˈmɔxut], auto [ˈawtɔ]
Autobahn autostrada [awtɔˈstrada]
Autobahnausfahrt wyjazd z autostrady [ˈvijazd z awtɔˈstradi]
Autobahngebühr opłata za autostradę [ɔˈpwata za awtɔˈstradɛ]
Automat automat [awˈtɔmat]
Automatik(getriebe) automatyczna skrzynia biegów [awtɔmaˈtitʃna ˈskʃiɲa ˈbjɛguf]
automatisch automatyczny [awtɔmaˈtitʃni]
automatische Türöffnung automatyczne otwieranie drzwi [awtɔmaˈtitʃnɛ ɔtfjɛˈraɲɛ ˈdʒvi]
Autoradio radio samochodowe [ˈradjɔ samɔxɔˈdɔvɛ]
Autoreisezug pociąg z wagonami na samochody [ˈpɔt͡ɕɔŋg z vaɡɔˈnami na samɔˈxɔdi]
Avocado awokado [avɔˈkadɔ]

B

Baby niemowlę [ɲɛmɔvlɛ]

Babyfon® babyfon [bɛjbifɔn]

Babylift wyciąg dla dzieci [vitɕɔŋg dla dʑɛtɕi]

Babynahrung jedzenie dla niemowląt [jɛdzɛɲɛ dla ɲɛmɔvlɔnt]

Babyschale *(fürs Auto)* fotelik samochodowy [fɔtɛlig samɔxɔdɔvi]

Babysitter opiekunka do dzieci [ɔpjɛkunka dɔ dʑɛtɕi]

Bäckerei piekarnia [pjɛkarɲa]

Badeanzug kostium kąpielowy [kɔstjum kɔmpjɛlɔvi]

Badehose kąpielówki *pl* [kɔmpjɛlufci]

Bademantel płaszcz kąpielowy [pwaʃtʃ kɔmpjɛlɔvi]

Bademeister ratownik [ratɔvɲik]; kąpielowy [kɔmpjɛlɔvi]

Bademütze czepek kąpielowy [tʃɛpɛk kɔmpjɛlɔvi]

Badeort kąpielisko [kɔmpjɛliskɔ]

Badeschuhe klapki kąpielowe [klapci kɔmpjɛlɔvɛ]

Badewanne wanna [vanna]

Badezimmer łazienka [waʑɛŋka]

Badminton badminton [badminton], kometka [kɔmɛtka]

Bahnhof dworzec [dvɔʑɛts]

Bahnsteig peron [pɛrɔn]

bald wkrótce [fkruttsɛ]

Balkon balkon [balkɔn]

Ball piłka [piwka]; *(Fest)* bal [bal]

Ballett balet [balɛt]

Bananen banany [banani]

Band zespół muzyczny [zɛspuw muzitʃni]; *fam* kapela [kapɛla]

Bänderriss naderwanie ścięgna [nadɛrvaɲɛ ɕtɕɛŋgna]

Bank *(Geldinstitut)* bank [baŋk]; *(Sitz~)* ławka [wafka]

bar zahlen płacić gotówką [pwatɕidʑ gɔtufkɔ̃]

Bar bar [bar]

bar gotówką [gɔtufkɔ̃w], w gotówce [v gɔtuftsɛ]

Bargeld gotówka [gɔtufka]

Barock barok [barɔk]

barrierefrei bez barier [bɛz barjɛr], bez przeszkód [bɛs pʃɛʃkut]

Barsch okoń [ɔkɔɲ]

Bart broda [brɔda]

Basilikum bazylia [baziljа]

Basketball koszykówka [kɔʃikufka]

Batterie bateria [batɛrja]

Bauch brzuch [bʒux]

Bauernhof zagroda chłopska [zagrɔda xwɔpska], dospodarstwo agroturystyczne [gɔspɔdarstfɔ agrɔturistitʃnɛ], *(Urlaub auf dem ~)* agroturystyka [agrɔturistika]

Baum drzewo [dʒɛvɔ]

Baumwolle bawełna [bavɛwna]

Baustelle budowa [budɔva]

Bauwerk budowla [budɔvla]

beachten przestrzegać [pʃɛstʃɛgatɕ], uważać na coś [uvaʒatɕ na tsɔɕ]

Beach-Volleyball siatkówka plażowa [ɕatkufka plaʒɔva]

beantworten odpowiadać/ odpowiedzieć [ɔtpɔvjadatɕ/ ɔtpɔvjɛdʑɛtɕ]

Bearbeitungsgebühr opłata manipulacyjna [ɔpwata manipulatsɨjna]

bedauern żałować [ʒawɔvatɕ]

Bedeutung znaczenie [znatʃɛɲɛ]

Bedienung obsługa [ɔpswuga]

beeilen, s. ~ śpieszyć się [ɕpjɛʃɨtɕ ɕɛ]

beeindruckend adv zachwycająco [zaxvɨtsajɔntsɔ]

befinden, s. ~ znajdować się/ znaleźć się [znajdɔvatɕ ɕɛ/ znalɛɕtɕ ɕɛ]

befreundet sein być zaprzyjaźnionym [bɨtɕ zapʃɨjaʑɲɔnim]

befürchten obawiać się [ɔbavjatɕ ɕɛ]

begegnen spotykać/spotkać [spɔtɨkatɕ/spɔtkatɕ]

begeistert (von) zachwycony (kimś, czymś) [zaxfɨtsɔni (cimɕ, tʃimɕ)]

begleiten towarzyszyć [tɔvaʒiʃitɕ]

Begleitperson osoba towarzysząca [ɔsɔba tɔvaʒiʃɔntsa]

begrüßen witać/powitać [vitatɕ/ pɔvitatɕ], kłaniać się [kwaɲatɕ ɕɛ]

behalten zatrzymywać/zatrzymać [zatʃimivatɕ/zatʃimatɕ]

Behälter pojemnik [pɔjɛmɲik]

behandeln traktować [traktɔvatɕ], (ärztlich) leczyć [lɛtʃitɕ]

behaupten twierdzić [tfjɛrdʑitɕ]

Behindertenausweis legitymacja inwalidzka [lɛʝitimatsja invalitska]

behindertengerecht przystosowany dla niepełnosprawnych [pʃistɔsɔvani dla ɲɛpɛwnɔspravnix]

Behindertenparkplatz miejsce parkingowe dla niepełnosprawnych [mjɛjstsɛ parciŋgɔvɛ dla ɲɛpɛwnɔspravnix]

Behindertentoilette toaleta dla niepełnosprawnych [tɔalɛta dla ɲɛpɛwnɔspravnix]

Behindertenverband związek niepełnosprawnych [zvjɔ̃zɛk ɲɛpɛwnɔspravnix]

Behörde urząd [uʒɔnt], instytucja [institutsja]

bei (in der Nähe) w pobliżu [f pɔbliʒu], (bei jdm) u [u]

beide obaj/obie/oboje [ɔbaj/ɔbjɛ/ ɔbɔjɛ]

Beifall oklaski [ɔklasci]

beige beżowy [bɛʒɔvi]

Bein noga [nɔga]

Beispiel przykład [pʃikwat]

beißen gryźć [grɨɕtɕ]

bekannt znany [znani]

Bekannte, der/die ~ znajom-y/a [znajɔm-i/a]

Bekanntschaft znajomość f [znajɔmɔɕtɕ]

beklagen, s. ~ (über) skarżyć się/ poskarżyć się (na) [skarʒitɕ ɕɛ/ pɔskarʒitɕ ɕɛ (na)]

bekommen otrzymywać/otrzymać [ɔtʃimivatɕ/ɔtʃimatɕ], dostawać/ dostać [dɔstavatɕ/dɔstatɕ]

belästigen napastować
[napastɔvat͡ɕ]; **zaczepiać** (+ acc)
[zat͡ʃɛpjat͡ɕ], **naprzykrzać się**
(+ dat) [napʃikʃat͡ɕ͜ɕɛ]

belegtes Brötchen kanapka
[kanapka]

Beleidigung obraza [ɔbraza]

Belichtungsmesser światłomierz
[ɕfjatwɔmjɛʃ]

Belohnung nagroda [nagrɔda]

bemerken zauważyć [zauvaʒit͡ɕ]

bemühen, s. ~ starać się
[starat͡ɕ͜ɕɛ]

benachrichtigen zawiadamiać/
zawiadomić [zavjadamjat͡ɕ/
zavjadɔmit͡ɕ]

benutzen używać/użyć [uʒivat͡ɕ/
uʒit͡ɕ]

Benzinkanister kanister na
benzynę [kanistɛr na benzinɛ]

Benzinpumpe pompa benzynowa
[pɔmpa benzinɔva]

bequem wygodny [vigɔdni]

berechnen policzyć [pɔlit͡ʃit͡ɕ],
wyliczyć [vilit͡ʃit͡ɕ]

bereits już [juʃ]

Berg góra [gura]

Bergdorf wieś f górska [vjɛɕ
gurska]

Bergsteigen wspinaczka
wysokogórska [fspinat͡ʃka
visɔkɔgurska]

Bernstein bursztyn [burʃtin]

Beruf zawód [zavut]

beruhigen, s. ~ uspokajać się/
uspokoić się [uspɔkajat͡ɕ͜ɕɛ/
uspɔkɔit͡ɕ͜ɕɛ]

Beruhigungsmittel środek
uspokajający [ɕrɔdɛk
uspɔkajajɔnt͡ɕi]

berühmt sławny [swavni]

berühren dotykać/dotknąć
[dɔtikat͡ɕ/dɔtknɔnt͡ɕ]

beschädigen uszkadzać/uszkodzić
[uʃkadzat͡ɕ/uʃkɔdʑit͡ɕ], psuć/
zepsuć [psut͡ɕ/zepsut͡ɕ]

bescheinigen zaświadczać/
zaświadczyć [zaɕfjatt͡ʃat͡ɕ/
zaɕfjatt͡ʃit͡ɕ]

Bescheinigung zaświadczenie
[zaɕfjatt͡ʃɛɲɛ]

beschlagnahmen skonfiskować
[skɔnfiskɔvat͡ɕ]

beschließen zdecydować
[zdɛt͡sidɔvat͡ɕ], zakończyć
[zakɔɲt͡ʃit͡ɕ]

beschreiben opisywać/opisać
[ɔpisivat͡ɕ/ɔpisat͡ɕ]

beschweren, s. ~ (über) skarżyć
się/poskarżyć się (na + acc)
[skarʒit͡ɕ͜ɕɛ/pɔskarʒit͡ɕ͜ɕɛ (na)]

besetzt zajęty [zajenti]

besichtigen zwiedzać/zwiedzić
[zvjɛdzat͡ɕ/zvjɛdʑit͡ɕ]

Besichtigung zwiedzanie
[zvjɛdzaɲɛ]

Besitzer/in właściciel/ka
[vwaɕt͡ɕit͡ɕɛl/ka]

besonders specjalnie [spɛt͡sjalɲɛ],
szczególnie [ʃt͡ʃɛgulɲɛ]

besorgen starać się/postarać się
[starat͡ɕ͜ɕɛ/pɔstarat͡ɕ͜ɕɛ], załatwić
[zawatfit͡ɕ]

besser adj lepszy [lɛpʃi]; adv lepiej
[lɛpjɛj]

bestätigen potwierdzać/
potwierdzić [pɔtfjɛrdzatɕ/
pɔtfjɛrdʑitɕ]

beste(r, -s) najlepsz-a(y/e)
[najlɛpʃ-a/i/ɛ]

Besteck sztućce pl [ʃtutɕtsɛ]

bestehen aus składać się z
[skwadatɕ ɕɛ z]

Bestellung zamówienie
[zamuvjɛɲɛ]

bestimmt adj pewny [pɛvni]; adv
na pewno [na pɛvnɔ]

Besuch odwiedziny pl [ɔdvjɛdʑini],
wizyta [vizita]

besuchen, jdn ~ odwiedzać/
odwiedzić kogoś [ɔdvjɛdzatɕ/
ɔdvjɛdʑitɕ kɔgɔɕ]

Besuchszeit godziny pl odwiedzin
[gɔdʑini ɔdvjɛdʑin]

beten modlić się [mɔdlitɕ ɕɛ]

Betrag kwota [kfɔta], suma [suma]

Betreuungsdienst opieka dla
niepełnosprawnych [ɔpjɛka
dla ɲepɛwnɔspravnix]

Betrug oszustwo [ɔʃustfɔ]

betrunken pijany [pijani]

Bett łóżko [wuʒkɔ]

Bettdecke kołdra [kɔwdra]

Bettwäsche pościel f [pɔɕtɕel]

beunruhigen, s. ~ zaniepokoić się
[zaɲepɔkɔitɕ ɕɛ]

bevor zanim [zaɲim]

bewölkt adv pochmurnie
[pɔxmurɲe]

bewusstlos nieprzytomny
[ɲepʃitɔmni]

bezahlen płacić/zapłacić
[pwatɕitɕ/zapwatɕitɕ]

bezaubernd czarujący [tʃarujɔntɕi]

BH biustonosz [bjustɔnɔʃ], stanik
[staɲik]

Biene pszczoła [pʃtʃɔwa]

Bier piwo [pivɔ]

bieten oferować/zaoferować
[ɔfɛrɔvatɕ/zaɔfɛrɔvatɕ]

Bikini bikini n [biciɲi]

Bild obraz [ɔbras], (Foto) zdjęcie
[zdjɛntɕe]

Bildhauer rzeźbiarz [ʒɛʑbjaʃ]

billig adj tani [taɲi]; adv tanio
[taɲɔ]

Bindfaden sznurek [ʃnurɛk]

Bioladen sklep ze zdrową
żywnością [sklɛp zɛ zdrɔvɔ̃w
ʒivnɔɕtɕɔ̃w]

Birnen gruszki [gruʃci]

bis do [dɔ]

bisschen, ein ~ trochę [trɔxɛ],
troszeczkę [trɔʃɛtʃkɛ]

Bitte prośba [prɔʑba]

bitten, jdn um etw ~ kogoś o coś
prosić/poprosić [kɔgɔɕ ɔ tsɔɕ
prɔɕitɕ/pɔprɔɕitɕ]

bitter gorzki [gɔʃci]

Blähungen wzdęcia [vzdɛntɕa]

Blase (Harnblase) pęcherz
(moczowy) [pɛ̃wxɛʃ (mɔtʃɔvi)];
(Hautblase) (skórny) [skurni]

Blatt liść [liɕtɕ], (Papier) kartka
[kartka]

blau niebieski [ɲebjɛsci]

Blazer blezer [blɛzɛr]

bleiben (po)zostać [(pɔ)zɔstatɕ]

Blick spojrzenie [spɔjʒɛɲe], rzut
oka [ʒut ɔka]; (Aussicht) widok
[vidɔk]

blind niewidomy [nɛvidɔmi]
Blinddarmentzündung zapalenie wyrostka robaczkowego [zapalɛɲɛ virɔstka rɔbatʃkɔvɛgɔ]
Blinde/r niewidom-a/y [nɛvidɔm-a/i]
Blindenhund pies przewodnik [pjɛs pʃɛvɔdɲik]
Blinker kierunkowskaz [cɛrunkɔfskas]
Blitz błyskawica [bwiskavitsa]
Blitzgerät lampa błyskowa [lampa bwiskɔva]
Block *(Schreibblock)* blok listowy [blɔk listɔvi]
blöd głupi [gwupi]
blond blond [blɔnt]
Blues blues [blus]
Blume kwiat [kfjat]
Blumengeschäft kwiaciarnia [kfjatɕarɲa]
Blumenkohl kalafior [kalafjɔr]
Bluse bluzka [bluska]
Blut krew f [krɛf]
Blutdruck ciśnienie krwi [tɕiɕɲɛɲɛ krfi]
bluten krwawić [krfavitɕ]
Blutgruppe grupa krwi [grupa krfi]
Blutung krwawienie [krfavɛɲɛ]
Blutvergiftung zatrucie krwi [zatrutɕɛ krfi]
Bö powiew wiatru [pɔvjɛv vjatru]
Boden ziemia [ʑɛmja], grunt [grunt]; *(Fuß~)* podłoga [pɔdwɔga]
Body body n [bɔdi]
Bodybuilding kulturystyka [kulturistika]

Bogen łuk [wuk]
Bohnen fasola [fasɔla]
Bonbons cukierki [tsucɛrci]
Bootsführerschein patent żeglarski [patɛnt ʒɛglarsci]
Bordkarte karta pokładowa [karta pɔkwadɔva]
Bordrollstuhl pokładowy wózek inwalidzki [pɔkwadɔvi vuzek invaliʦci]
böse zły [zwi]
botanischer Garten ogród botaniczny [ɔgrud bɔtaɲitʃni]
Botschaft wiadomość f [vjadɔmɔɕtɕ]; *(dipl. Vertretung)* ambasada [ambasada]
Boulespiel gra w bule [gra v_bulɛ], petanka [pɛtaŋka]
Boutique butik [butik]
Bowling bowling [bɔwliŋk]
Brailleschrift alfabet Braille'a [alfabɛd brajla]
Brandsalbe maść f na oparzenia [maɕtɕ na_ɔpaʒɛɲa]
brauchen potrzebować [pɔtʃɛbɔvatɕ]
braun brązowy [brɔ̃zɔvi]
Brechreiz mdłości pl [mdwɔɕtɕi]
breit szeroki [ʃɛrɔci]
Breite szerokość f [ʃɛrɔkɔɕtɕ]
Bremse hamulec [xamulɛts]
Bremsflüssigkeit płyn hamulcowy [pwin xamulʦɔvi]
Bremslichter światła hamulcowe pl [ɕfjatwa xamulʦɔvɛ]
Brennspiritus denaturat [dɛnaturat]
Brief list [list]

Briefkasten skrzynka pocztowa [skʃiŋka pɔtʃtɔva]
Briefmarke znaczek pocztowy [znatʃek pɔtʃtɔvi]
Briefmarkenautomat automat do znaczków pocztowych [awtɔmat dɔ znatʃkuf pɔtʃtɔvix]
Briefpapier papier listowy [papjer listɔvi]
Brieftasche portfel [pɔrtfel]
Briefumschlag koperta [kɔperta]
bringen (her~) przynieść [pʃineɕtɕ]; (weg~) zanieść [zaɲeɕtɕ]
Brombeeren jeżyny [jeʒini]
Bronchien oskrzela [ɔskʃela]
Bronchitis bronchit [brɔnxit], zapalenie oskrzeli [zapaleɲe ɔskʃeli]
Bronze brąz [brɔ̃s]
Brosche broszka [brɔʃka]
Brot chleb [xlep]
Brötchen bułka [buwka]
Bruch złamanie [zwamaɲe]; przepuklina [pʃepuklina]
Brücke most [mɔst]; mostek [mɔstek]
Bruder brat [brat]
Brunnen studnia [studɲa], źródło [ʑrudwɔ]
Brust pierś f [pjerɕ]
Buch książka [kɕɔ̃ʃka]
buchen zarezerwować [zarezervɔvatɕ]
Buchhandlung księgarnia [kɕeŋgarɲa]
buchstabieren literować/ przeliterować [literɔvatɕ/ pʃeliterɔvatɕ]

Bucht zatoka [zatɔka]
Buchung rezerwacja [rezervatsja]
bügeln prasować [prasɔvatɕ]
Bungalow bungalow [bungalɔw]
Bungeejumping skoki na bungee [skɔci na bandʒi]
bunt kolorowy [kɔlɔrɔvi]
Burg zamek [zamek]
Büro biuro [bjurɔ]
Bürste szczotka [ʃtʃɔtka], szczoteczka [ʃtʃɔtetʃka]
Bus autobus [awtɔbus]
Busbahnhof dworzec autobusowy [dvɔʒets awtɔbusɔvi]
Bußgeld mandat [mandat]
Butter masło [maswɔ]
Buttermilch maślanka [maɕlaŋka]
Bypass bypass [bajpas]
byzantinisch bizantyjski [bizantijsci]

C

Café kawiarnia [kavjarɲa]
Camcorder kamkorder [kamkɔrder]
Camping kemping [kempiŋk]
Campingausweis wejściówka na kemping [vejɕtɕufka na kempiŋk]
Campingführer przewodnik po kempingach [pʃevɔdɲik pɔ kempiŋgax]
Campingplatz pole kempingowe [pɔle kempiŋgɔve]
CD/Compactdisc CD f (płyta kompaktowa) [si di (pwita kɔmpaktɔva)], fam kompakt [kɔmpakt]

CD-Spieler odtwarzacz CD
  [ɔttfaʒatʃ si di]
Cent cent [tsɛnt]
Champagner szampan [ʃampan]
Check-in odprawa [ɔtprava]
Chef szef [ʃef]
chemisch reinigen czyścić
  chemicznie [tʃiɕtɕitɕɛ xɛmitʃɲɛ]
Chicoree cykoria [tsikɔrja]
Chipkarte karta chipowa [karta
  tʃipɔva]
Chirurg/in chirurg/- [çirurg]
Cholera cholera [xɔlɛra]
Chor chór [xur]
Christentum chrześcijaństwo
  [xʃɛɕtɕijaɲstfɔ]
Clubhaus klub [klup]
Cousin/e kuzyn/ka [kuzin/ka]
Creme krem [krɛm]
Curling curling [karliŋk]

D

da *(dort)* tam [tam]; *(hier)* tu [tu],
  tutaj [tutaj]; *(dann)* wtedy [ftɛdi];
  (weil) ponieważ [pɔɲevaʃ]
Dach dach [dax]
dafür sein być za [bitɕ za]
dagegen sein być przeciwko [bitɕ
  pʃɛtɕifkɔ]
daheim w domu [v dɔmu]
damals wtedy [ftɛdi]
Damen panie [paɲe]
Damenbinden podpaski
  higieniczne [pɔtpaɕi xiɟeɲitʃɲɛ]
Dampfer parowiec [parɔvjets]
danach potem [pɔtɛm]

danken dziękować/podziękować
  [dʑɛŋkɔvatɕ/pɔdʑɛŋkɔvatɕ]
dann potem [pɔtɛm]
Darm jelito [jelitɔ]
dass że [ʒɛ]; *(damit)* aby [abi],
  żeby [ʒɛbi]
dasselbe to samo [tɔ samɔ]
Datteln daktyle [daktilɛ]
Datum data [data]
dauern trwać [trfatɕ]
Dauerwelle trwała ondulacja
  [trfava ɔndulatsja]
Deck pokład [pɔkwat]
Decke sufit [sufit]
Defekt defekt [dɛfɛkt]
Deich grobla [grɔbla]
dein(e) twój/twoja/twoje [tfuj/
  tfɔja/tfɔjɛ]
denken an myśleć/pomyśleć o
  [miɕletɕ/pɔmiɕletɕ ɔ]
Denkmal pomnik [pɔmɲik];
  zabytek [zabitɛk]
Denkmalschutz ochrona zabytków
  [ɔxrɔna zabitkuf]
denn bo [bɔ], ponieważ [pɔɲevaʃ],
  gdyż [gdiʃ]
Deo(dorant) dezodorant
  [dɛzɔdɔrant]
deshalb dlatego [dlatɛgɔ]
Desinfektionsmittel środek
  dezynfekujący [ɕrɔdɛk
  dɛzinfɛkujɔntsi]
desinfizieren dezynfekować
  [dɛzinfɛkɔvatɕ]
deutlich *adv* wyraźnie [viraʒɲɛ]
deutsch niemiecki [ɲemjetski]
Deutsche, der/die – Niemiec/
  Niemka [ɲemjets/ɲemka]

Deutschland Niemcy pl [ɲɛmtsi]
Devisen dewizy [dɛvizi]
Dezember grudzień [grudʑɛɲ]
Diabetes cukrzyca [tsukʃitsa]
Diabetiker/in diabetyk/
diabetyczka [djabɛtik/djabɛtitʃka]
Diagnose diagnoza [djagnɔza]
Diät dieta [djɛta]
dich cię [tɕɛ], ciebie [tɕɛbjɛ]
dick gruby [grubi]
Dieb złodziej [zwɔʥɛj]
Diebstahl kradzież f [kraʥɛʃ]
Dienstag wtorek [ftɔrɛk]
diese(r, -s) ta (ten, to) [ta, tɛn, tɔ]
Digitalkamera aparat cyfrowy
[aparat tsifrɔvi]
Ding rzecz f [ʒɛtʃ]
Diphtherie dyfteryt [diftɛrit],
błonica [bwɔɲitsa]
dir tobie [tɔbjɛ]
direkt adj bezpośredni
[bɛspɔɕrɛdɲi]; adv bezpośrednio
[bɛspɔɕrɛdnɔ], wprost [fprɔst]
Direktion dyrekcja [dirɛktsja]
Dirigent/in dyrygent/ka [dirigɛnt/
ka]
Diskothek dyskoteka [diskɔtɛka]
doch ależ tak [alɛʃ tak]; (trotzdem)
jednak [jɛdnak]
Dokumentarfilm film
dokumentalny [film
dɔkumɛntalni]
Dom katedra [katɛdra]
Donnerstag czwartek [tʃfartɛk]
Doppel gra podwójna [gra
pɔdvujna], debel [dɛbɛl]
doppelt podwójny [pɔdvujni]
Dorf wieś f [vjɛɕ]

dort tam [tam]
Dose puszka [puʃka]
Dosenöffner otwieracz do puszek
[ɔtfjɛraʧ dɔ puʃɛk]
Drachenfliegen latanie lotnią
[lataɲɛ lɔtɲɔ̃]
Draht drut [drut]
Drama dramat [dramat]
draußen (außerhalb eines Raumes,
Gebäudes) na zewnątrz
[na zɛvnɔntʃ]
Dressing sos do sałaty [sɔs
dɔ sawati]
drin, drinnen w środku [f ɕrɔtku],
wewnątrz [vɛvnɔntʃ]
dringend adv pilnie [pilɲɛ]
dritte(r, -s) trze-cia(ci/cie) [tʃɛ-
tɕa/tɕi/tɕɛ]
Drogerie drogeria [drɔgɛrja]
Drogerieartikel artykuły
drogeryjne [artikuwi drɔgɛrijnɛ]
du ty [ti]
dumm głupi [gwupi]
dunkel adj ciemny [tɕɛmni]; adv
ciemno [tɕɛmnɔ]
dunkelblau/dunkelgrün
ciemnoniebieski/ciemnozielony
[tɕɛmnɔɲɛbjɛski/tɕɛmnɔʑɛlɔni]
dünn cienki [tɕɛnci]; (schlank)
szczupły [ʃtʃupwi]
durch (räumlich, auch Mittel,
Ursache) przez [pʃɛs]
Durchfahrt przejazd [pʃɛjast];
~ verboten przejazd wzbroniony
[pʃɛjast vzbrɔnɔni]
Durchfall biegunka [bjɛguŋka]
durchgebraten wysmażony
[vismaʒɔni]

Durchreise, auf der ~ przejazdem [pʃejazdɛm]

durchschnittlich adj przeciętny [pʃɛtɕɛntni]; adv przeciętnie [pʃɛtɕɛntnɛ]

dürfen móc [muts]

durstig spragniony [spragnɔni]

Dusche prysznic [priʃnits]

Duschgel żel do kąpieli [ʒɛl dɔ kɔmpjɛli]

Duschsitz krzesło do prysznica [kʃɛswɔ dɔ priʃnitsa]

Dynastie dynastia [dinastja]

E

Ebbe odpływ (morza) [ɔdpwif (mɔʒa)]

Ebene równina [ruvnina]

ebenerdig bezprogowy [bɛsprɔgɔvi]

echt adj prawdziwy [pravdʑivi]; adv naprawdę [napravdɛ]

Ecke róg [ruk]

Ehefrau żona [ʒɔna], małżonka [mawʒɔnka]

Ehemann mąż [mɔw̃ʃ], małżonek [mawʒɔnɛk]

Eier jajka [jajka]

eigen adj własny [vwasni]; (für jdn typisch) właściwy [vwaɕtɕivi]

eigentlich adv właściwie [vwaɕtɕivjɛ]

Eigentümer/in właściciel/ka [vwaɕtɕitɕɛl/ka]

Eilbrief list ekspresowy [list ɛksprɛsɔvi]

eilig adv pośpiesznie [pɔɕpjɛʃnɛ]

ein(e) jeden/jedno (jedna) [jɛdɛn/ jɛdnɔ (jɛdna)]

einchecken odprawiać się przed odlotem [ɔtpravjatɕ ɕɛ pʃɛd ɔdlɔtɛm]

einfach adj prosty [prɔsti], łatwy [watfi]; adv po prostu [pɔ_prɔstu]

Einfahrt wjazd [vjast]

einfarbig jednokolorowy [jɛdnɔkɔlɔrɔvi]

Eingang wejście [vɛjɕtɕɛ]

einheimisch tutejszy [tutɛjʃi], miejscowy [mjɛjstsɔvi], rodzimy [rɔdʑimi]

einige kilka [cilka], niektórzy [nɛktuʒi]

einkaufen robić zakupy [rɔbitɕ zakupi], kupować [kupɔvatɕ]

einladen zapraszać/zaprosić [zapraʃatɕ/zaprɔɕitɕ]

einmal raz [ras]

einpacken zapakować [zapakɔvatɕ]

Einreise wjazd [vjast]

einsam samotny [samɔtni]

einschalten włączać/włączyć [vwɔntʃatɕ/vwɔntʃitɕ]

Einschreibebrief list polecony [list pɔlɛtsɔni]

einsteigen wsiadać [fɕadatɕ]

Einstiegshilfe pomoc f przy wsiadaniu [pɔmɔts pʃi_fɕadaɲu]

Eintritt wstęp [fstɛmp], wejście [vɛjɕtɕɛ]

Eintrittskarte bilet wstępu [bilɛt fstɛmpu]

Eintrittspreis cena wstępu [tsɛna fstɛmpu]

Einwohner/in mieszkaniec/ mieszkanka [mjeʃkaɲɛts/ mjeʃkaŋka]

Einzel gra pojedyncza [gra pɔjedɨntʃa]

einzig jedyny [jedɨnɨ]

Eis lód [lut], pl lody [lɔdɨ]

Eisbahn lodowisko [lɔdɔvisko]

Eisenwarengeschäft sklep z artykułami metalowymi [sklɛp z artikuwami metalɔvimi]

Eishockey hokej na lodzie [hɔkej na lɔdʑe]

Eislauf jazda na łyżwach [jazda na wɨʒvax]

Eiter ropa [rɔpa]

Elastikbinde bandaż elastyczny [bandaʃ elastɨtʃnɨ]

elektrisch elektryczny [ɛlɛktrɨtʃnɨ]

Elektrohandlung sklep z artykułami elektrycznymi [sklɛp z artikuwami ɛlɛktrɨtʃnimi]

Elektroherd kuchenka elektryczna [kuxɛnka ɛlɛktrɨtʃna]

Elektrolytlösung roztwór elektrolitu [rɔstfur ɛlɛktrɔlitu]

Elektrorollstuhl elektryczy wózek inwalidzki [ɛlɛktrɨtʃɨ vuzek invalitsci]

Eltern rodzice [rɔdʑitsɛ]

empfangen przyjmować/przyjąć [pʃijmɔvatɕ/pʃijɔntɕ]

Empfänger odbiorca m [ɔdbjɔrtsa]

Empfangshalle hol [xɔl]

empfehlen polecać/polecić [pɔletsatɕ/pɔletɕitɕ]

Ende koniec [kɔɲɛts]

endgültig ostateczny [ɔstatɛtʃnɨ]

endlich narescie [narɛʃtɕɛ]

Endreinigung sprzątanie końcowe [spʃɔntaɲɛ kɔɲtsɔvɛ]

Endstation stacja końcowa [statsja kɔɲtsɔva]

eng ciasny [tɕasni]

englisch angielski [aŋɟelsci]

Enkel/in wnuk/wnuczka [vnuk/ vnutʃka]

entdecken odkrywać/odkryć [ɔtkrɨvatɕ/ɔtkrɨtɕ]

Entfernung odległość f [ɔdlɛgwɔɕtɕ], dystans [distans]

entgegengesetzt przeciwstawny [pʃɛtɕifstavni]

entscheiden rozstrzygać/ rozstrzygnąć [rɔstʃigatɕ/ rɔstʃignɔntɕ]

entschuldigen, s. ~ przepraszać/ przeprosić [pʃɛpraʃatɕ/pʃɛprɔɕitɕ]

Entschuldigung przeprosiny pl [pʃɛprɔɕinɨ]

enttäuscht rozczarowany [rɔstʃarɔvani]

entweder ... oder ... albo ... albo [albɔ…albɔ]

entwerten skasować [skasɔvatɕ]

entwickeln (einen Film) wywołać [vivɔwatɕ]

entzückend zachwycający [zaxfitsajɔntɕi]

Entzündung zapalenie [zapalɛɲɛ]

Epilepsie epilepsja [epilepsja], padaczka [padatʃka]

Epoche epoka [ɛpɔka]

er on [ɔn]

Erbsen groch [grɔx]

Erdbeeren truskawki [truskafci]

Erde ziemia [ʒɛmja]
Erdgeschoss parter [partɛr]
erfahren dowiadywać się/
dowiedzieć się [dɔvjadivaʨ ʨɛ/
dɔvjɛʥɛʨɛ ʨɛ]; *adj* doświadczony
[dɔɕfjatʧɔni]
erfreut (über) ucieszony (z)
[uʨɛʃɔni (z)]
Erfrischung orzeźwienie
[ɔʒɛʑvjɛɲɛ], ochłoda [ɔxwɔda]
erhalten otrzymywać/otrzymać
[ɔtʃimivaʨ/ɔtʃimaʨ]
erholen, s. ~ wypoczywać/
wypocząć [vipɔtʃivaʨ/vipɔtʃɔɲʨɛ]
erinnern przypominać/
przypomnieć [pʃipɔminaʨ/
pʃipɔmɲɛʨ]
Erkältung przeziębienie
[pʃɛʑɛmbjɛɲɛ]
erlauben zezwalać [zɛzvalaʨ];
Haustiere (nicht) erlaubt
zwierzęta (nie)dozwolone
[zvjɛʒɛnta (ɲɛ)dɔzvɔlɔnɛ]
Ermäßigung zniżka [zɲiʃka]
ernst *adj* poważny [pɔvaʒni]; *adv*
poważnie [pɔvaʒɲɛ], **na serio** [na
sɛrjɔ]
erreichen docierać/dotrzeć (do)
[dɔʨɛraʨ/dɔtʃɛʨ (dɔ)], osiągnąć
[ɔɕɔŋgnɔɲʨ]; *(den Zug)* zdążyć
(na) [zdɔɲʑiʨ (na)]
Ersatz surogat [surɔgat];
(Schaden~) odszkodowanie
[ɔtʃkɔdɔvaɲɛ]
Ersatzrad koło zapasowe [kɔwɔ
zapasɔvɛ]
erschöpft zmęczony [zmɛntʃɔni],
wycieńczony [vitʃɛɲtʃɔni]

erschrecken przestraszyć (się)
[pʃɛstraʃiʨ (sɛ̃)]
ersetzen zastępować/zastąpić
[zastɛmpɔvaʨ/zastɔmpiʨ];
(Unkosten) zwrócić [zvruʨiʨ]
erst *(zuerst)* najpierw [najpjɛrf];
(nicht früher als) dopiero [dɔpjɛrɔ]
erste(r, -s) pierwsza (pierwsz-y/e)
[pjɛrʃa (pjɛrʃ-i/e)]
erster Gang *(im Auto)* pierwszy
bieg [pjɛrʃi bjɛk]; *(Essen)*
pierwsze danie [pjɛrʃɛ daɲɛ]
Erwachsene(r) dorosł-a/y
[dɔrɔsw-a/i]
erwarten *(warten auf)* czekać na
[tʃɛkaʨ na]; *(rechnen mit)*
oczekiwać [ɔtʃɛcivaʨ]
erzählen opowiadać/opowiedzieć
[ɔpɔvjadaʨ/ɔpɔvjɛʥɛʨ]
essbar jadalny [jadalni]
Essen jedzenie [jɛdzɛɲɛ]
essen jeść [jɛʨʨ]
Essig ocet [ɔʦɛt]
Etage piętro [pjɛntrɔ]
Etagenbett łóżko piętrowe [wuʃkɔ
pjɛntrɔvɛ]
etwa około [ɔkɔwɔ]
etwas coś [ʦɔɕ]; *(ein wenig)* trochę
[trɔxɛ]
EU-Bürger obywatel Unii
Europejskiej [ɔbivatɛl uɲji
ɛwrɔpɛjscɛj]
euch *acc* was [vas]; *dat* wam [vam]
euer wasz [vaʃ]
Euro euro [ɛwrɔ]
Europa Europa [ɛwrɔpa]

Europäer/in Europejczyk/
Europejka [ɛwrɔpejtʃik/
ɛwrɔpejka]
europäisch europejski [ɛwrɔpejsci]
Exponat eksponat [ɛkspɔnat]
Expressionismus ekspresjonizm
[ɛkspresjɔnizm]
extra ekstra [ɛkstra]

F

Fabrik fabryka [fabrika]
Facharzt/ärztin lekarz specjalista
[lekaʃ spetsjalista]
Fahrdienst przewóz osób [pʃevus
ɔsup]
Fähre prom [prɔm]
fahren jechać/jeździć [jexatɕ/
jeʑdʑitɕ]
Fahrer/in kierowca/- [cerɔftsa]
Fahrgast pasażer [pasaʒer]
Fahrkarte bilet [bilet]
Fahrkartenautomat automat
biletowy [awtɔmat biletɔvi]
Fahrkartenschalter kasa biletowa
[kasa biletɔva]
Fahrplan rozkład jazdy [rɔskwad
jazdi]
Fahrpreis koszt przejazdu [kɔʃt
pʃejazdu]
Fahrrad rower [rɔver]
Fahrradhelm kask [kask]
Fahrradweg ścieżka rowerowa
[ɕtɕeʃka rɔverɔva]
Fahrschein bilet [bilet]
Fahrscheinentwerter kasownik
[kasɔvɲik]
Fahrstuhl winda [vinda]

Fahrt jazda [jazda]
fair fair [fɛr], uczciwy [utʃtɕivi]
fallen upadać/upaść [upadatɕ/
upaɕtɕ]
falls jeśli [jeɕli]
Fallschirmspringen skoki *pl*
spadochronowe [skɔci
spadɔxrɔnɔve]
falsch *(unrichtig)* błędny [bwendni];
(betrügerisch) fałszywy [fawʃivi]
Faltrollstuhl składany wózek
inwalidzki [skwadani vuzek
invalitsci]
Familie rodzina [rɔdʑina]
Familienname nazwisko [nazviskɔ]
fangen chwytać/schwytać [xfitatɕ/
sxfitatɕ]; *(Fische)* łowić/złowić
[wɔvitɕ/zwɔvitɕ]
färben farbować [farbɔvatɕ]
farbig kolorowy [kɔlɔrɔvi]
Farbstift kredka [kretka]
Fassade fasada [fasada]
fast prawie [pravje]
Fasten post [pɔst]
faul leniwy [lɛɲivi]
faulenzen leniuchować
[lɛɲuxɔvatɕ]
Fax faks [faks]
Faxgerät faks [faks]
Februar luty *m* [luti]
Federball *(Ball)* lotka [lɔtka],
(Spiel) kometka [kmetka]
fehlen brakować [brakɔvatɕ]
Fehler *(den man macht)* błąd
[bwɔnt]; *(Mangel)* brak [brak]
Fehlgeburt poronienie [pɔrɔɲɛɲe]
Feigen figi [fiɡi]

fein *(dünn, zart)* drobny [drɔbni], delikatny [dɛlikatni]

Feinkostgeschäft delikatesy *pl* [dɛlikatɛsi]

Feld pole [pɔlɛ]

Fell sierść *f* [ɕɛrɕtɕ]

Fels skała [skawa]

Felswand ściana skalna [ɕtɕana skalna]

Fenchel koper włoski [kɔpɛr vwɔɕci], fenkuł [fɛnkuw]

Fenster okno [ɔknɔ]

Fensterplatz miejsce przy oknie [mjɛjstsɛ pʃi ɔknɛ]

Ferien wakacje [vakatsjɛ]

Ferienanlage ośrodek wypoczynkowy [ɔɕrɔdɛg vipɔtʃinkɔvi]

Ferienhaus dom wczasowy [dɔm ftʃasɔvi]

Ferienwohnung apartament wakacyjny [apartamɛnd vakatsijni]

Ferngespräch rozmowa międzymiastowa [rɔzmɔva mjɛndzimjastɔva]

Fernlicht światła *pl* długie [ɕfjatwa dwujɛ]

Fernseher telewizor [tɛlɛvizɔr]

Fernsehraum sala telewizyjna [sala tɛlɛvizijna]

fertig gotowy [gɔtɔvi]

Fest święto [ɕfjɛntɔ]

Festival festiwal [fɛstival]

Festland ląd [lɔnt]

Festung twierdza [tfjɛrdza]

fett tłusty [twusti]

fettarme Milch mleko odtłuszczone [mlɛkɔ ɔttwuʃtʃɔnɛ]

feucht wilgotny [vilgɔtni]

Feuer ogień [ɔjɛɲ]

feuergefährlich łatwopalny [watvɔpalni]

Feuerlöscher gaśnica [gaɕɲitsa]

Feuermelder sygnalizator pożarowy [signalizatɔr pɔʒarɔvi]

Feuerwehr straż *f* pożarna [straʃ pɔʒarna]

Feuerwerk fajerwerki *pl* [fajɛrvɛrci], sztuczne ognie *pl* [ʃtutʃnɛ ɔgɲɛ]

Fieber gorączka [gɔrɔntʃka]

Fieberthermometer termometr [tɛrmɔmɛtr]

Film film [film]

Filmempfindlichkeit czułość *f* filmu [tʃuwɔɕtɕ filmu]

Filmschauspieler/in aktor/ka filmow-y/a [aktɔr/ka filmɔv-i/a]

finden znaleźć [znalɛɕtɕ]

Finger palec [palɛts]

Firma firma [firma], zakład [zakwat]

Fisch ryba [riba]

Fischerort miejscowość *f* rybacka [mjɛjstsɔvɔɕtɕ ribatska]

Fischgeschäft sklep rybny [sklɛp ribni]

Fischhändler sprzedawca *m* ryb [spʃɛdaftsa rip]

fit w dobrej kondycji [v dɔbrɛj kɔnditsji]

Fitnesscenter siłownia [ɕiwɔvɲa]

FKK-Strand plaża dla nudystów [plaʒa dla nudistuf]

flach płytki [pwitci]

Fläschchenwärmer podgrzewacz do butelek [pɔdgʒɛvadʒ dɔ butelɛk]

Flasche butelka [butelka]

Flaschenöffner otwieracz do butelek [otfjeradʒ dɔ butelɛk]

Flaute flauta [flawta]

Fleck(en) plama (plamy) [plama (plami)]

Fleisch mięso [mjɛ̃wsɔ]

Flickzeug łatki pl do opon [watci dɔ ɔpɔn]

Fliege mucha [muxa], muszka [muʃka]

fliegen lecieć/polecieć [lɛtɕɛtɕ/ pɔlɛtɕɛtɕ]

Flohmarkt pchli targ [pxli tark]

Flug lot [lɔt]

Flügel skrzydło [skʃidwɔ]

Fluggesellschaft linie lotnicze pl [linjɛ lɔtnitʃɛ]

Flughafen lotnisko [lɔtniskɔ]

Flughafenbus autobus lotniskowy [awtɔbus lɔtniskɔvi]

Flughafengebühr opłata lotniskowa [ɔpwata lɔtniskɔva]

Flugsteig wyjście do samolotu [vijɕtɕɛ dɔ samɔlɔtu]

Flugzeug samolot [samɔlɔt]

Fluss rzeka [ʒɛka]

flüssig płynny [pwinni]

Flut przypływ (morza) [pʃipwif (mɔʒa)]

Föhn suszarka do włosów [suʃarka dɔ vwɔsuf]

föhnen układać suszarką [ukwadatɕ suʃarkɔ̃w]

Folklore folklor [fɔlklɔr]

Folkloreabend wieczór folklorystyczny [vjetʃur fɔlklɔristitʃni]

Form forma [fɔrma], kształt [kʃtawt]

Formular formularz [fɔrmulaʃ], druczek [drutʃɛk]

fort (er/sie ist fort) nie ma go/jej [ɲɛ ma gɔ/jɛj]

Foto zdjęcie [zdjɛntɕɛ]

Fotoapparat aparat fotograficzny [aparat fɔtɔgrafitʃni]

Fotogeschäft sklep z artykułami fotograficznymi [sklɛp s artikuwami fɔtɔgrafitʃnimi]

Fotografie fotografia [fɔtɔgrafja]

fotografieren fotografować [fɔtɔgrafɔvatɕ], robić zdjęcia [rɔbidʒ zdjɛntɕa]

Fotografieren fotografowanie [fɔtɔgrafɔvaɲɛ]

Frage pytanie [pitaɲɛ]

fragen pytać/spytać [pitatɕ/ spitatɕ]

frankieren ofrankować [ɔfrankɔvatɕ], nalepić znaczek [nalɛpidʒ znatʃɛk]

Frau pani [paɲi], kobieta [kɔbjeta]

Fräulein panna [panna]

frei wolny [vɔlni]; (kostenlos) bezpłatny [bɛspwatni]

Freitag piątek [pjɔntɛk]

Freizeitpark park rozrywki [park rɔzrifci]

fremd obcy [ɔptsi]

Fremde, der/die ~ obc-y/a [ɔpʦ-i/a]

Fremdenführer/in przewodni-k/czka [pʃɛvɔdɲi-k/tʃka]

Fremdenverkehrsamt informacja turystyczna [informaʦja turistitʃna]

Fremdenzimmer kwatera prywatna [kfatera privatna]

freuen, sich~ cieszyć się/ucieszyć się [ʨɛɕiʨ ɕɛ/uʨɛɕiʨ ɕɛ]

Freund/in przyjaciel/przyjaciółka [pʃijaʨɛl/pʃijaʨuwka]

freundlich adj miły [miwi]; adv miło [miwɔ]

Friedhof cmentarz [ʦmɛntaʃ]

frieren marznąć [marznɔɲʨ]

frisch świeży [ɕfjɛʒi]

Frischhaltefolie folia spożywcza [fɔlja spɔʒiftʃa]

Friseur fryzjer [frizjer]

frisieren uczesać [utʃɛsaʨ], ufryzować [ufrizɔvaʨ]

Frisur fryzura [frizura]

froh (heiter) wesoły [vesɔwi]; (erfreut, zufrieden) zadowolony [zadɔvɔlɔni]

Fronleichnam Boże Ciało [bɔʒe ʨawɔ]

Frost mróz [mrus]

Frostschutzmittel odmrażacz [ɔdmraʒatʃ]

früh wcześnie [ftʃɛɕɲe]

früher adv (ehemals) dawniej [davɲej]; (eher) wcześniej [ftʃɛɕɲej]

Frühling wiosna [vjɔsna]

Frühstück śniadanie [ɕɲadaɲe]

frühstücken jeść śniadanie [jɛɕʨ ɕɲadaɲe]

Frühstücksbüfett śniadanie w formie bufetu [ɕɲadaɲe f fɔrmje bufetu]

Frühstücksraum sala śniadaniowa [sala ɕɲadaɲɔva]

fühlen czuć [tʃuʨ]

Führer (Person, Buch) przewodnik [pʃevɔdɲik]

Führerschein prawo jazdy [pravɔ jazdi]

Führung oprowadzanie [ɔprɔvadzaɲe]

Fundbüro biuro rzeczy znalezionych [bjurɔ ʒetʃi znalezɔnix]

Funde znalezisko [znalezɪskɔ]

funktionieren funkcjonować [funktsjɔnɔvaʨ]

für (für jdn) dla [dla]; (für etwas) na [na]

fürchten bać się [baʨ ɕɛ]

fürchterlich straszny [straʃni], okropny [ɔkrɔpni]

Fuß stopa [stɔpa]

Fußball piłka nożna [piwka nɔʒna]

Fußballplatz boisko do gry w piłkę nożną [bɔiskɔ dɔ gri f piwke nɔʒnɔ̃w]

Fußballspiel mecz piłki nożnej [metʃ piwci nɔʒnej]

Fußgänger/in piesz-y/a [pjɛɕ-i/a]

Fußgängerzone strefa dla pieszych [strefa dla pjeʃix]

G

Gabel widelec [videleʦ]
Galerie galeria [galerja]
Gallenblase woreczek żółciowy [vɔreʧeg ʒuwʧovi]
Gang (im Auto) bieg [bjek]; (Essen) danie [daɲe]; (Platz) przejście [pʃejʨe]
ganz adj cały [ʦawi]; (vollständig) całkowity [ʦawkɔviti]; adv całkiem [ʦawcem]
gar ugotowany [ugɔtɔvani]
Garage garaż [garaʃ]
Garantie gwarancja [gvaranʦja]
Garderobe szatnia [ʃatɲa]
Garnelen krewetki [krevetci]
Garten ogród [ɔgrut]
Gasflasche butla gazowa [butla gazɔva]
Gasherd kuchenka gazowa [kuxenka gazɔva]
Gaskartusche jednorazowa butla gazowa [jednɔrazɔva butla gazɔva]
Gaskocher kocher gazowy [kɔxer gazɔvi]
Gaspedal pedał gazu [pedaw gazu]
Gasse uliczka [uliʧka]
Gast gość [gɔɕʨ]
Gastfreundschaft gościnność f [gɔɕʨinnɔɕʨ]
Gastgeber/in gospodarz/ gospodyni [gɔspɔdaʃ/gɔspɔdiɲi]
Gebäck pieczywo [pjeʧivɔ]
gebacken pieczony [pjeʧɔni]
Gebäude budynek [budinek]
geben dawać/dać [davaʨ/daʨ]

Gebirge góry pl [guri]
geboren urodzony [urɔdzɔni]
gebraten smażony [smaʒɔni]
gebräuchlich utarty [utarti], przyjęty [pʃijenti]
gebrochen złamany [zwamani]
Gebühren opłaty [ɔpwati]
Geburtsdatum data urodzenia [data urɔdzeɲa]
Geburtsname nazwisko panieńskie [nazviskɔ paɲeɲsce]
Geburtsort miejsce urodzenia [mjejsʦe urɔdzeɲa]
Geburtstag urodziny pl [urɔdziɲi]
Gedeck nakrycie [nakriʦe]
Gedenkstätte miejsce pamięci [mjejsʦe pamjenʨi]
Geduld cierpliwość f [ʨerplivɔɕʨ]
gedünstet duszony [duʃɔni]
Gefahr niebezpieczeństwo [ɲebespjeʧeɲstfɔ]
gefährlich niebezpieczny [ɲebespjeʧni]
gefallen podobać się [pɔdɔbaʨ ɕe]
Gefängnis więzienie [vjeŋʒeɲe]
Gefühl uczucie [uʧuʨe]
gefüllt nadziewany [nadzevani]
gegen Mittag około południa [ɔkɔwɔ pɔwudɲa]
gegen przeciw [pʃeʨif]
Gegend okolica [ɔkɔlisa]
Gegenstand przedmiot [pʃedmjɔt]; (Thema) temat [temat]
Gegenteil przeciwieństwo [pʃeʨivjeɲstfɔ]

gegenüber naprzeciwko [napʃɛtɕifkɔ]

Geheimzahl hasło [xaswɔ], PIN [pin]

gehen iść [iɕtɕ], pójść [pujɕtɕ]

Gehirn mózg [musk]

Gehirnerschütterung wstrząs mózgu [fstʃɔ̃s muzgu]

Gehirnschlag wylew krwi do mózgu [vilɛf krfi dɔ muzgu], apopleksja [apɔplɛksja], udar mózgu [udar muzgu]

Gehör słuch [swux]

gehören należeć [nalɛʒɛtɕ]

gehörlos głuchy [gwuxi]

Gehörlose/r głuch-a/y [gwux-a/i]

gekocht gotowany [gɔtɔvani]

gekochter Schinken gotowana szynka [gɔtɔvana ʃiŋka]

Gelände teren [tɛrɛn]

gelb żółty [ʒuwti]

Gelbe Seiten® branżowy katalog firm [branʒɔvi katalɔg firm]

Geld pieniądze pl [pjɛɲɔndzɛ]

Geldanweisung przekaz pieniężny [pʃɛkas pjɛɲɛ̃ʒni]

Geldautomat bankomat [baŋkɔmat]

Geldbeutel portmonetka [pɔrtmɔnɛtka]

Geldkarte karta płatnicza [karta pwatɲitʃa]

Geldschein banknot [baŋknɔt]

Geldwechsel wymiana pieniędzy [vimjana pjɛɲɛndʑi]

gelegentlich adj okazjonalny [ɔkazjɔnalni]; adv od czasu do czasu [ɔt tʃasu dɔ tʃasu]

Gelenk staw [staf]

Gemälde obraz [ɔbras], malowidło [malɔvidwɔ]

gemeinsam adj wspólny [fspulni]; adv wspólnie [fspulɲɛ], razem [razɛm]

gemischt mieszany [mjɛʃani]

Gemüse warzywa pl [vaʒiva], jarzyny pl [jaʑini]

gemütlich przytulny [pʃitulni]

genau adj dokładny [dɔkwadni]; adv dokładnie [dɔkwadɲɛ]

genauso ... wie dokładnie tak ... jak [dɔkwadɲɛ tak ... jak]

genießen rozkoszować się [rɔskɔʃɔvatɕ ɕɛ]

genug dosyć [dɔsɨtɕ], dość [dɔɕtɕ]

geöffnet otwarty [ɔtfarti]

Gepäck bagaż [bagaʃ]

Gepäckabfertigung odprawa bagażu [ɔtprava bagaʒu]

Gepäckaufbewahrung przechowalnia bagażu [pʃɛxɔvalɲa bagaʒu]

Gepäckausgabe wydawanie bagażu [vidavaɲɛ bagaʒu]

Gepäckschalter okienko bagażowe [ɔɕɛŋkɔ bagaʒɔvɛ]

Gepäckwagen wózek bagażowy [vuzɛg bagaʒɔvi]

gerade prosty [prɔsti]; (zeitlich) akurat [akurat], w tej chwili [f tɛj xfili]

geradeaus prosto [prɔstɔ]

geräuchert wędzony [vɛndzɔni]

Geräusch szmer [ʃmɛr]
Gericht (Essen) potrawa [pɔtrava];
(Justiz) sąd [sɔnt]
gern chętnie [xɛntɲɛ]
geröstet opiekany [ɔpjɛkani]
Geruch zapach [zapax]
Geschenk prezent [prɛzɛnt]
Geschichte historia [çistɔrja]
Geschirr naczynia pl [naʧiɲa]
Geschirrspülbecken zlewozmywak
[zlɛvɔzmivak]
Geschirrspülmaschine zmywarka
do naczyń [zmivarka dɔ naʧiɲ]
Geschirrtuch ścierka do naczyń
[ɕʨɛrka dɔ naʧiɲ]
geschlossen zamknięty
[zamkɲɛnti]
Geschmack smak [smak]
geschmort duszony [duʃɔni],
smażony [smaʒɔni]
Geschwindigkeit szybkość f
[ʃipkɔɕʨ]
geschwollen spuchnięty
[spuxɲɛnti]
Geschwulst obrzęk [ɔbʒɛŋk]
Geschwür wrzód [vʒut]
Gesicht twarz f [tfaʃ]
Gespräch rozmowa [rɔzmɔva]
gestern wczoraj [fʧɔraj]
gesund zdrowy [zdrɔvi]
Getränk napój [napuj]
Getriebe skrzynia biegów [skʃiɲa
bjɛguf]
Gewicht waga [vaga]
Gewinn zysk [zisk], wygrana
[vigrana]
gewinnen wygrywać/wygrać
[vigrivaʨ/vigraʨ]

Gewitter burza [buʒa]
gewöhnlich zwyczajny [zviʧajni]
gewohnt sein być
przyzwyczajonym [biʨ
pʃizviʧajɔnim]
Gewölbe sklepienie [sklɛpjɛɲɛ]
Gewürz przyprawa [pʃiprava]
gibt, es – jest/są [jɛst/sɔ̃w]
Giebel ściana szczytowa [ɕʨana
ʃʧitova]
Gift trucizna [truʨizna]
giftig trujący [trujɔnʦi]
Gipfel szczyt [ʃʧit]
Glas szklanka [ʃklaŋka]
Glasmalerei malarstwo na szkle
[malarstfɔ na ʃklɛ]
Glatteis gołoledź f [gɔwɔlɛʨ]
glauben wierzyć [vjɛʒiʨ]; (meinen)
sądzić [sɔndʑiʨ]
gleich równy [ruvni]; (identisch)
taki sam [taci sam]; (sofort) zaraz
[zaras]
gleichzeitig adj równoczesny
[ruvnɔʧɛsni]; jednocześnie adv
[jɛdnɔʧɛɕɲɛ]
Gleis tor [tɔr]
Gleitschirm paralotnia [paralɔtɲa]
Glück szczęście [ʃʧɛ̃ɕʨɛ]
glücklich szczęśliwy [ʃʧɛ̃ɕlivi]
Glückwunsch życzenia pl [ʒiʧɛɲa]
Glühbirne żarówka [ʒarufka]
Gold złoto [zwɔtɔ]
goldfarben złocisty [zwɔʨisti]
Goldschmiedekunst złotnictwo
[zwɔtɲiʦtfɔ]
Golf [gɔlf]
Golfclub klub golfowy [klub
gɔlfɔvi]

Golfschläger kij golfowy [cij gɔlfɔvi]
Gotik gotyk [gɔtik]
Gott Bóg [buk]
GPS nawigacja (GPS) [navigatsja d͡ʒi‿pi‿es]
Grab grób [grup]
Grabmal nagrobek [nagrɔbɛk], grobowiec [grɔbɔvjɛts]
Grafik grafika [grafika]
Gramm gram [gram]
Grapefruit grejpfrut [grɛjfrut]
Gräte ość f [ɔɕt͡ɕ]
gratis za darmo [za darmɔ]
gratulieren gratulować [gratulɔvat͡ɕ]
grau adj szary [ʃari]
Grenze granica [graɲit͡sa]
Grenzübergang przejście graniczne [pʃɛjɕt͡ɕɛ graɲit͡ʃnɛ]
griechisch grecki [grɛt͡ski]
Grill grill [gril]
Grillanzünder rozpałka do grilla [rɔspawka dɔ grila]
Grillkohle węgiel drzewny [vɛŋɡʲɛl d͡ʒɛvni]
Grippe grypa [gripa]
groß duży [duʒi], wielki [vjɛlci]
Größe wielkość f [vjɛlkɔɕt͡ɕ]; (Kleidung) rozmiar [rɔzmjar]
Großmutter babka [bapka], babcia [bapt͡ɕa]
Großpolen Wielkopolska [vjɛlkɔpɔlska]
Großraumwagen wagon bez przedziałów [vagɔn bɛs pʃɛd͡ʒawuf]
Großvater dziadek [d͡ʑadɛk]

Grotte grota [grɔta]
grün zielony [zɛlɔni]
Grund powód [pɔvut]
grüne Bohnen fasolka zielona [fasɔlka zɛlɔna]
grüne Versicherungskarte polisa ubezpieczeniowa [pɔlisa ubɛspjɛt͡ʃɛɲɔva], zielona karta [zɛlɔna karta]
Gruppe grupa [grupa]
grüßen pozdrawiać [pɔzdravjat͡ɕ]
gültig ważny [vaʒni], aktualny [aktualni]
Gummistiefel kalosze [kalɔʃɛ]
Gurke ogórek [ɔgurɛk]
Gürtel pasek [pasɛk]
gut adj dobry [dɔbri]; adv dobrze [dɔbʒɛ]
Gutschein bon [bɔn], talon [talɔn]
Gymnastik gimnastyka [ɡʲimnastika]

H

Haar włosy pl [vwɔsi]
Haarfestiger utrwalacz fryzury [utrfalat͡ʃ frizuri]
Haargel żel do włosów [ʒɛl dɔ vwɔsuf]
Haargummi gumka do włosów [gumka dɔ vwɔsuf]
Haarklammer spinka do włosów [spinka dɔ vwɔsuf]
haben mieć [mjɛt͡ɕ]
Hackfleisch mięso mielone [mjɛ̃wsɔ mjelɔnɛ]
Hafen port [pɔrt]

Haferflocken płatki owsiane [pwatci ɔfçanɛ]

Hähnchen kurczak [kurtʃak]

Haken hak [xak], wieszak [vjeʃak]

halb pół [puw]

Halbpension nocleg ze śniadaniem i kolacją [nɔtsleg zɛ çnadanɛm i kɔlatsjõw]

Hälfte połowa [pɔwɔva]

Hals gardło [gardwɔ]

Halsschmerzen ból gardła [bul gardwa]

Halstabletten tabletki na gardło [tabletci na gardwɔ]

Halstuch apaszka [apaʃka]

halt! stop! [stɔp]

haltbar trwały [trfawi]

Haltegriff uchwyt [uxfit]

halten trzymać [tʃimatɕ]; *(stehen bleiben)* zatrzymywać się/ zatrzymać się [zatʃimivatɕ ɕɛ/ zatʃimatɕ ɕɛ]; **~ verboten** zakaz zatrzymywania się [zakaz zatʃimivana ɕɛ]

Haltestelle przystanek [pʃistanɛk]

Hammelfleisch baranina [baranina]

Hammer młotek [mwɔtɛk]

Hand ręka [rɛnka]

Handball piłka ręczna [piwka rɛntʃna]

Handbike rower (dwu-, trójkołowy) z napędem ręcznym [rɔvɛr (dvu, trujkɔwɔvi) z napɛndɛm rɛntʃnim]

Handbremse hamulec ręczny [xamulɛts rɛntʃni]

Handcreme krem do rąk [krɛm dɔ rɔŋk]

Handgas *(Auto)* ręczny pedał gazu [rɛntʃni pɛdaw gazu]

handgemacht wyrób ręczny [virup rɛntʃni]

Handlauf poręcz f [pɔrɛntʃ]

Handschuhe rękawiczki [rɛŋkavitɕci]

Handtasche torebka [tɔrɛpka]

Handtuch ręcznik [rɛntʃnik]

Handwaschbecken umywalka [umivalka]

Handy telefon komórkowy [tɛlɛfɔn kɔmurkɔvi], *fam* komórka [kɔmurka]

hart twardy [tfardi]

hässlich brzydki [bʒitci]

häufig często [tʃɛ̃wstɔ]

Hauptbahnhof dworzec główny [dvɔʒɛdz gwuvni]

Hauptpost poczta główna [pɔtʃta gwuvna]

Hauptrolle rola główna [rɔla gwuvna]

hauptsächlich głównie [gwuvnɛ], przede wszystkim [pʃɛdɛ fʃistcim]

Hauptsaison szczyt sezonu [ʃtʃit sɛzɔnu]

Hauptspeise danie główne [danɛ gwuvnɛ]

Hauptstadt stolica [stɔlitsa]

Hauptstraße główna ulica [gwuvna ulitsa]

Haus dom [dɔm]

Hausbesitzer/in właściciel/ka domu [vwaɕtɕitɕɛl/ka dɔmu]

hausgemacht wyrób własny [virub vwasni]

Haushaltswaren artykuły gospodarstwa domowego [artikuwi gɔspɔdarstfa dɔmɔvɛgɔ]

Hausnummer numer domu [numer dɔmu]

Haustiere zwierzęta domowe [zvjɛʒɛnta dɔmɔvɛ]

Haut skóra [skura]

Heide wrzosowisko [vʒɔsɔviskɔ]

heilig święty [ɕfjɛnti]

Heiliger Abend Wigilia [vijilja]

Heimat ojczyzna [ɔjtʃizna]

Heimreise podróż do domu [pɔdruʒ dɔ dɔmu]

heiraten *(eine Frau)* ożenić się [ɔʒɛɲitɕ ɕɛ]; *(einen Mann)* wyjść za mąż [vijdʑ za mɔw̃ʃ]

heiser ochrypły [ɔxrɨpwi]

heiß adv gorąco [gɔrɔntsɔ]

heißen nazywać się [nazivatɕ ɕɛ]; *(bedeuten)* znaczyć [znatɕitɕ]

Heißluftballon balon na gorące powietrze [balɔn na gɔrɔntsɛ pɔvjɛtʃɛ]

Heizung ogrzewanie [ɔgʒɛvaɲɛ]

helfen, jdm – pomagać/pomóc komuś [pɔmagatɕ/pɔmuts kɔmuɕ]

hellblau/hellgrün jasnoniebieski/jasnozielony [jasnɔɲɛbjɛsci/jasnɔʑɛlɔni]

Hemd koszula [kɔʃula]

Herbst jesień f [jɛɕɛɲ]

Herd kuchenka [kuxɛŋka]

herein! proszę wejść! [prɔʃɛ vɛjɕtɕ]

hereinkommen wejść [vɛjɕtɕ], wchodzić [fxɔdʑitɕ]

Hering śledź [ɕlɛtɕ], kołek do namiotu [kɔwɛk dɔ namjɔtu]

Herr pan [pan]

Herren panowie [panɔvjɛ]

herrlich adv cudownie [tsudɔvɲɛ]

Herz serce [sɛrtsɛ]

Herzanfall atak serca [atak sɛrtsa]

Herzbeschwerden dolegliwości sercowe [dɔlɛglivɔɕtɕi sɛrtsɔvɛ]

Herzinfarkt zawał serca [zavaw sɛrtsa]

herzlich adv serdecznie [sɛrdɛtʃɲɛ]

Herzschrittmacher rozrusznik serca [rɔzruʃɲik sɛrtsa]

Heuschnupfen katar sienny [katar ɕɛnni]

heute Morgen/heute Abend dzisiaj rano/dzisiaj wieczorem [dʑiɕaj ranɔ/dʑiɕaj vjɛtʃɔrɛm]

heute dzisiaj [dʑiɕaj]

Hexenschuss postrzał [pɔstʃaw], lumbago [lumbagɔ]

hier tutaj [tutaj]

Hilfe pomoc f [pɔmɔts]

Himmel niebo [ɲɛbɔ]

hindern przeszkadzać/przeszkodzić [pʃɛʃkadzatɕ/pʃɛʃkɔdʑitɕ]

hinlegen, s. – kłaść się/położyć się [kwaɕtɕ ɕɛ/pɔwɔʒitɕ ɕɛ]

hinten z tyłu [s tiwu], w tyle [f tilɛ]

hinter za [za]

Hinterland głąb kraju [gwɔmp kraju]

hinterlegen zdeponować [zdɛpɔnɔvtɕ]

hinzufügen dodawać/dodać [dodavatɕ/dɔdatɕ]

Hitze upał [upaw]
Hitzewelle fala upałów [fala upawuf]
hoch wysoki [visɔci]
Hochformat duży format [duʒi fɔrmat]
Hochspannung wysokie napięcie [visɔce napjɛntɕe]
höchstens najwyżej [najviʒej]
Hochzeit wesele [vesele]
Hof podwórze [pɔdvuʒe]
hoffentlich miejmy nadzieję [mjejmi nadʑeje]
höflich grzeczny [gʒetʃni], uprzejmy [upʃejmi]
Höhe wysokość f [visɔkɔɕtɕ]
Höhepunkt główny punkt programu [gwuvni punkt prɔgramu]; *(Gipfel)* szczyt [ʃtʃit]
Höhle jaskinia [jascina], grota [grɔta]
Holz drzewo [dʒevɔ], drewno [drevnɔ]
Holzschnitt drzeworyt [dʒevɔrit]
Honig miód [mjut]
hören słuchać [swuxatɕ], słyszeć [swiʃetɕ]
Hörer słuchawka [swuxafka]
hörgeschädigt z uszkodzeniem słuchu [z uʃkɔdʑenem swuxu]
Hose spodnie pl [spɔdɲe]
Hotel hotel [xɔtel]
Hublift podnośnik [pɔdnɔɕnik]
hübsch piękny [pjɛnkni]
Hüfte biodro [bjɔdrɔ]
Hügel wzgórze [vzguʒe]
Hund pies [pjes]

hungrig sein być głodnym [bidʑ gwɔdnim]
Hupe klakson [klaksɔn]
Husten kaszel [kaʃel]
Hustensaft syrop na kaszel [sirɔp na kaʃel]
Hut kapelusz [kapeluʃ]

I

ich ja [ja]
Idee idea [idea], pomysł [pɔmisw]
ihr *pers prn* wy [vi]; *poss prn f* jej [jej]; *poss prn pl* ich [ix]
Illustrierte magazyn ilustrowany [magazin ilustrɔvani], czasopismo ilustrowane [tʃasɔpismɔ ilustrɔvane]
Imbiss bar [bar]
immer zawsze [zafʃe]
Impfpass karta szczepień [karta ʃtʃepjeɲ]
Impfung szczepienie [ʃtʃepjeɲe]
Impressionismus impresjonizm [impresjɔnizm]
in einer Woche za tydzień [za tidʑeɲ]
in *(Frage: wo?)* w + *loc* [v]; *(Frage: wohin?)* do + *gen* [dɔ]
inbegriffen zawarty [zavarti]
Induktionsschleife przewód indukcyjny [pʃevut induktsiɲi]
Infektion infekcja [infektsja]
informieren, s. – zasięgać/ zasięgnąć informacji [zaɕɛngatɕ/ zaɕɛngnɔntɕ infɔrmatsji]
Infusion infuzja [infuzja]

Inhalt zawartość f [zavartɔɕʨɛ], treść f [trɛɕʨ]
inklusive wliczony w cenę [vliʧɔni fʦɛnɛ]
Inlandsflug lot krajowy [lɔt krajɔvi]
Inliner łyżworolka [wiʒvɔrɔlka], rolkarz [rɔlkaʃ]
innen w środku [fɕrɔtku]
Innenhof dziedziniec [dʑɛdʑiɲɛʦ]
Inschrift napis [napis]
Insekt insekt [insɛkt]
Insektenmittel środek owadobójczy [ɕrɔdɛk ɔvadɔbujʧi]
Insel wyspa [vispa]
Inselrundfahrt wycieczka po wyspie [viʨɛʧka pɔ vispiɛ]
Insulin insulina [insulina]
Inszenierung inscenizacja [insʦɛɲizatsja]
interessant ciekawy [ʨɛkavi], interesujący [intɛrɛsujɔnʦi]
interessieren, s. – (für) interesować się (czymś/kimś) [intɛrɛsɔvaʨ ɕɛ (ʧimɕ/cimɕ)]
international międzynarodowy [mjɛndzinarɔdɔvi]
Interrail Interrail [intɛrrɛjl]
Irrtum pomyłka [pɔmiwka]
Ischias rwa kulszowa [rva kulʃɔva], ischias [isxjas]

J

Jacke *(für Frauen)* żakiet [ʒacɛt]; *(für Männer)* marynarka [marinarka]
Jahr rok [rɔk]
Jahreszeit pora roku [pɔra rɔku]

Jahrhundert wiek [vjɛk], stulecie [stulɛʨɛ]
jährlich *adv* rocznie [rɔʧɲɛ]
Jahrmarkt jarmark [jarmark]
Januar styczeń [stiʧɛɲ]
Jazz jazz [dʒɛs]
Jazzgymnastik gimnastyka jazzowa [ɟimnastika dʒɛzɔva]
Jeans jeansy, dżinsy *pl* [dʒinsi]
jeden Tag każdego dnia [kaʒdɛgɔ dɲa]
jeder każdy [kaʒdi]
jemand ktoś [ktɔɕ]
jene(r, -s) tamta (tamten, tamto) [tamta (tamtɛn, tamtɔ)]
jetzt teraz [tɛras]
Jod(tinktur) roztwór jodu [rɔstfur jɔdu]
joggen uprawiać jogging [upravjaʨ jɔɟiŋk], biegać [bjɛgaʨ]
Jogginghose spodnie *pl* od dresu [spɔdɲɛ ɔd drɛsu]
Joghurt jogurt [jɔgurt]
Jucken swędzenie [sfɛndzɛɲɛ]
Jugendliche(r) nastolat-ka/tek [nastolat-ka/tɛk]
Jugendstil secesja [sɛʦɛsja]
Juli lipiec [lipjɛs]
jung młody [mwɔdi]
Junge chłopiec [xwɔpjɛs]
Junggeselle kawaler [kavalɛr]
Juni czerwiec [ʧɛrvjɛs]
Juwelier jubiler [jubilɛr]

K

Kabarett kabaret [kabaret]
Kabarettist/in artyst-a m/ka kabaretow-y/a [artist-a/ka kabaretɔv-i/a]
Kabine kabina [kabina]
Kaffee kawa [kava]
Kaffeemaschine automat do kawy [awtɔmad dɔ kavi]
Kai nabrzeże [nabʒeʒe]
Kaiser/in cesarz/owa [tsɛsaʃ/ tsɛsaʒɔva]
Kalbfleisch cielęcina [tɕelɛntɕina]
kalt zimno [zimnɔ]
kaltes Wasser zimna woda [zimna vɔda]
Kamillentee herbata rumiankowa [xɛrbata rumjankɔva]
Kamm grzebień [gʒebeɲ]
kämmen czesać [tʃesatɕ]
Kanal kanał [kanaw]
Kaninchen królik [krulik]
Kanu kanu n [kanu]
Kapelle kaplica [kaplitsa]
Kapitän kapitan [kapitan]
kaputt zepsuty [zepsuti]
Karaffe karafka [karafka]
Karneval karnawał [karnavav]
Karotten marchew f [marxɛf]
Karpaten Karpaty [karpati]
Kartoffeln ziemniaki [zɛmɲaci]
Käse ser [sɛr]
Kasse kasa [kasa]
Kathedrale katedra [katɛdra]
Katze kot [kɔt]
kaufen kupować/kupić [kupɔvatɕ/ kupitɕ]

Kaufhaus dom towarowy [dɔm tɔvarɔvi]
Kaugummi guma do żucia [guma dɔ ʒutɕa]
kaum prawie [pravje]
Kaution kaucja [kawtsja]
kein żaden [ʒaden]
Kekse ciasteczka [tɕastetʃka]
Kellner/in kelner/ka [kɛlner/ka]
kennen znać [znatɕ]
Keramik ceramika [tsɛramika]
Kerzen świece [ɕfjetse]
Ketchup keczup [kɛtʃup]
Kette łańcuch [waɲtsux]; łańcuszek [waɲtsuʃek]
Keuchhusten koklusz [kɔkluʃ], krztusiec [kʃtusɛts]
Kfz-Schein dowód rejestracyjny [dɔvut rejestratsijni]
Kichererbsen ciecierzyca [tɕetɕeʒitsa]
Kiefer szczęka [ʃtʃɛŋka]
Kilogramm kilogram [cilɔgram]
Kilometer kilometr [cilɔmetr]
Kilometerpreis cena za kilometr [tsena za cilɔmetr]
Kind dziecko [dʑetskɔ]
Kinderarzt/ärztin pediatra/ [pedjatra]
Kinderbecken basen dla dzieci [basen dla dʑetɕi]
Kinderbetreuung opieka nad dziećmi [ɔpjeka nad dʑetɕmi]
Kinderbett łóżeczko dziecięce [wuʒetʃkɔ dʑetɕentse]
Kinderermäßigung zniżka dla dzieci [zniʃka dla dʑetɕi]

Kinderfahrkarte bilet dla dziecka [bilɛd dla dʑɛt͡ska]
Kinderkleidung odzież pl dla dzieci [ɔdʑɛʒ dla dʑɛt͡ɕi]
Kinderkrankheit choroba dziecięca [xɔrɔba dʑɛt͡ɕɛnt͡sa]
Kinderlähmung paraliż dziecięcy [paraliʒ dʑɛt͡ɕɛnt͡si]
Kindersitz fotelik dla dziecka [fɔtɛlik dla dʑɛt͡ska]
Kinderteller porcja dziecięca [pɔrt͡sja dʑɛt͡ɕɛnt͡sa]
Kino kino [cinɔ]
Kirche kościół [kɔɕt͡ɕuw]
Kirchturm wieża kościoła [vjɛʒa kɔɕt͡ɕɔwa]
Kirmes wesołe miasteczko [vɛsɔwɛ mjastɛt͡ʃkɔ]
Kirschen wiśnie [viɕɲɛ], czereśnie [t͡ʃɛrɛɕɲɛ]
Kiste skrzynia [skʃiɲa], skrzynka [skʃinka]
kitschig kiczowaty [kit͡ʃɔvati]
klar adj czysty [t͡ʃisti], jasny [jasni]; (deutlich) wyraźny [viraʑni], adv jasno [jasnɔ]; oczywiście [ɔt͡ʃiviɕt͡ɕɛ]
Klasse klasa [klasa], kategoria [katɛgɔrja]
Klassik klasyka [klasika]
Klassiker klasyk [klasik]
Klassizismus klasycyzm [klasit͡sizm]
Kleid sukienka [sucɛnka]
Kleiderbügel wieszak [vjɛʃak]
Kleidung ubranie [ubraɲɛ]
klein mały [mawi]
Kleingeld drobne pl [drɔbnɛ]

Kleinkunstbühne kabaret [kabarɛt]
Klima klimat [klimat]
Klimaanlage klimatyzacja [klimatizat͡sja]
Klingel dzwonek [d͡zvɔnɛk]
Kloster klasztor [klaʃtɔr]
klug mądry [mɔndri]
Kneipe knajpa [knajpa]
Knie kolano [kɔlanɔ]
Knoblauch czosnek [t͡ʃɔsnɛk]
Knöchel kostka [kɔstka]
Knochen kość f [kɔɕt͡ɕ]
Knochenbruch złamanie kości [zwamaɲɛ kɔɕt͡ɕi]
Koch/Köchin kucha-rz/rka [kuxa-ʃ/rka]
Kochbuch książka kucharska [kɕɔw̃ʃka kuxarska]
kochen gotować [gɔtɔvat͡ɕ]
Kochen gotowanie [gɔtɔvaɲɛ]
Kocher kocher [kɔxɛr], kuchenka [kuxɛnka]
Kochnische wnęka kuchenna [vnɛnka kuxɛnna]
Koffer walizka [valiska]
Kofferraum bagażnik [bagaʒnik]
Kohl kapusta [kapusta]
Kokosnuss orzech kokosowy [ɔʒɛx kɔkɔsɔvi]
Kolik kolka [kɔlka]
Kollege/Kollegin kolega/koleżanka [kɔlɛga/kɔlɛʒanka]
kommen przychodzić/przyjść [pʃixɔdʑit͡ɕ/pʃijɕt͡ɕ]
Komödie komedia [kɔmɛdja]
Kompass kompas [kɔmpas]
Komponist/in kompozytor/ka [kɔmpɔzitɔr/ka]

Konditorei cukiernia [tsucɛrɲa]
Kondom prezerwatywa [prezɛrvativa], kondom [kɔndɔm]
König/in król/owa [krul/ɔva]
können móc [muts]; (gelernt haben) umieć [umjɛtɕ]
Konserven konserwy [kɔnsɛrvi]
Konsulat konsulat [kɔnsulat]
Kontakt kontakt [kɔntakt]
Konto konto [kɔntɔ]
Kontrolleur/in kontroler/ka [kɔntrɔlɛrka]
kontrollieren kontrolować [kɔntrɔlɔvatɕ]
Konzert koncert [kɔntsɛrt]
Kopf głowa [gwɔva]
Kopfhörer słuchawki [swuxafci]
Kopfkissen poduszka [pɔduʂka]
Kopfsalat sałata zielona [sawata ʑɛlɔna]
Kopfschmerzen bóle głowy [bulɛ gwɔvi]
Kopfschmerztabletten tabletki od bólu głowy [tablɛtci ɔt bulu gwɔvi]
Kopie kopia [kɔpja]
Korb kosz [kɔʂ], koszyk [kɔʂik]
Korkenzieher korkociąg [kɔrkɔtɕɔŋk]
Körper ciało [tɕawɔ]
Körperbehinderung niepełnosprawność pl fizyczna [ɲɛpɛwnɔspravnɔɕtɕ fizitʂna]
kosten kosztować [kɔʂtɔvatɕ]
Kosten koszty [kɔʂti]
kostenlos za darmo [za darmɔ]
Kostüm kostium [kɔstjum]
Kotelett kotlet [kɔtlɛt]

Koteletten bokobrody [bɔkɔbrɔdi]
Krabben kraby [krabi]
Krampf skurcz [skurtʂ]
krank chory [xɔri]
Krankenhaus szpital [ʂpital]
Krankenkasse kasa chorych [kasa xɔrix]
Krankenpfleger pielęgniarz [pjɛlɛŋɲaʂ]
Krankenschein poświadczenie ubezpieczenia na wypadek choroby [pɔɕfjattʂɛɲɛ ubɛspjɛtʂɛɲa na vipadɛk xɔrɔbi]
Krankenschwester pielęgniarka [pjɛlɛŋɲarka]; fam siostra [ɕɔstra]
Krankenwagen karetka pogotowia [karɛtka pɔgɔtɔvja]
Krankheit choroba [xɔrɔba]
Kräuter zioła [ʑɔwa]
Krawatte krawat [kravat]
kreativ kreatywny [krɛativni]
Krebs rak [rak]
Kreditkarte karta kredytowa [karta krɛditɔva]
Kreislaufmittel środek na krążenie [ɕrɔdɛk na krɔ̃ʐɛɲɛ]
Kreislaufstörung zaburzenie krążenia [zaburʐɛɲɛ krɔ̃ʐɛɲa]
Kreuz krzyż [kʂiʂ]
Kreuzfahrt rejs statkiem po morzu [rejs statcɛm pɔ mɔʐu]
Kreuzgang krużganek [kruʐganɛk]
Kreuzung skrzyżowanie [skʂiʐɔvaɲɛ]
Kristall kryształ [kriʂtaw]
Krone korona [kɔrɔna]
Krücke kula [kula]

Küche kuchnia [kuxɲa]
Kuchen ciasto [tɕastɔ]
Kugelschreiber długopis
[dwugɔpis]
kühl chłodny [xwɔdni]
Kühlelement wkład do lodówki
turystycznej [fkwad dɔ lɔdufki
turistitʃnej]
Kühler chłodnica [xwɔdɲitsa]
Kühlschrank lodówka [lɔdufka]
Kühltasche lodówka turystyczna
[lɔdufka turistitʃna]
Kühlwasser płyn chłodniczy [pwin
xwɔdɲitʃi]
Kultur kultura [kultura]
Kümmel kminek [kminɛk]
kümmern, s. ~ um troszczyć się o
[trɔʃtʃitɕ ɕɛ ɔ]
Kunde/Kundin klient/ka [klient/
ka]
Kunst sztuka [ʃtuka]
Kunstgewerbe sztuka użytkowa
[ʃtuka uʒitkɔva]
Kunsthändler sprzedawca dzieł
sztuki [spʃedaftsa dʑew ʃtuci]
Kuppel kopuła [kɔpuwa]
Kupplung sprzęgło [spʃɛŋgwɔ]
Kürbis dynia [diɲa]
Kurs kurs [kurs]
Kurve zakręt [zakrɛnt]
kurz adj krótki [krutci]; adv krótko
[krutkɔ]
Kurzfilm film krótkometrażowy
[film krutkɔmraʒɔvi]
kurzfristig adv na krótko
[na krutkɔ], krótkoterminowo
[krutkɔtɛrminɔvɔ]
kürzlich niedawno [ɲedavnɔ]

Kurzschluss zwarcie [zvartɕe]
Kuss pocałunek [pɔtsawunɛk]
küssen całować/pocałować
[tsawɔvatɕ/pɔtsawɔvatɕ]
Küste wybrzeże [vibʒeʒe], brzeg
[bʒek]

L

lachen śmiać się [ɕmjatɕ ɕɛ]
lächerlich śmieszny [ɕmjeʃni]
Ladegerät ładowarka [wadɔvarka]
Lage położenie [pɔwɔʒɛɲe]
Lähmung paraliż [paraliʃ]
Lammfleisch jagnięcina
[jagɲɛntɕina]
Lampe lampa [lampa]
Land kraj [kraj]
Landausflug wycieczka na ląd
[vitɕetʃka na lɔnt]
Landkarte mapa [mapa]
Landschaft pejzaż [pejzaʃ]
Landsmann ziomek [zɔmɛk],
krajan [krajan]
Landstraße droga [drɔga], szosa
[ʃɔsa]
Landung lądowanie [lɔndɔvaɲe]
lang długi [dwugi]
Langlaufski narty biegowe [narti
bjegɔve], fam biegówki [bjegufci]
langsam adj powolny [pɔvɔlni]; adv
powoli [pɔvɔli]
langweilig nudny [nudni]
Lärm hałas [xawas]
lästig uciążliwy [utɕɔʒlivi]
Lastwagen samochód ciężarowy
[samɔxut tɕɛ̃wʒarɔvi]
Lauch por [pɔr]

laufen biegać [bjɛgaɕtɕ], biec [bjɛts]
laut głośny [gwɔɕni]
Lautsprecher głośnik [gwɔɕnik]
leben żyć [ʒitɕ]
Leben życie [ʒitɕɛ]
Lebensmittelgeschäft sklep spożywczy [sklɛp spɔʒiftʃi]
Lebensmittelvergiftung zatrucie pokarmowe [zatrutɕɛ pɔkarmɔvɛ]
Leber wątroba [vɔntrɔba]; wątróbka [vɔntrupka]
Leberpastete wątrobianka [vɔntrɔbjanka]
lebhaft żywy [ʒivi]; (Diskussion) ożywiony [ɔʒivjɔni]
lecker smaczny [smatʃni]
Lederjacke kurtka skórzana [kurtka skuʒana]
Lederwaren wyroby skórzane [virɔbi skuʒanɛ]
Lederwarengeschäft sklep z wyrobami ze skóry [sklɛp z virɔbami zɛ skuri]
ledig stanu wolnego [stanu vɔlnɛgɔ]
leer pusty [pusti]
Leerlauf bieg jałowy [bjɛg jawɔvi]
Leerung (Post) opróżnianie skrzynki pocztowej [ɔpruʒɲaɲɛ skʃinci pɔtʃtɔvɛj]
legen kłaść/położyć [kwaɕtɕ/pɔwɔʒitɕ]; układać/ułożyć [ukwadatɕ/uwɔʒitɕ]
Leggings legginsy [lɛjinsi]
leicht lekki [lɛkci]
Leichtathletik lekkoatletyka [lɛkkɔatlɛtika]
leider niestety [ɲɛstɛti]

leihen pożyczać/pożyczyć [pɔʒitʃatɕ/pɔʒitʃitɕ]
Leihwagen wynajęty samochód [vinajɛnti samɔxut]
Leinen len [lɛn]
leise adv cicho [tɕixɔ]
Leistenbruch przepuklina [pʃɛpuklina]
Leiter/in kierowni-k/czka [cɛrɔvni-k/tʃka]
Lenkrad-Drehknopf (Auto) kierownica-gałka [cɛrɔvnitsa gawka]
lernen uczyć się/nauczyć się [utʃitɕ ɕɛ/nautʃitɕ ɕɛ]
lesen czytać [tʃitatɕ]
letzte(r, -s) ostatn-ia/i/ie [ɔstatɲ-a/i/ɛ]
Leuchtturm latarnia morska [latarɲa mɔrska]
Leute ludzie [ludʑɛ]
Licht światło [ɕfjatwɔ]
Lichtmaschine alternator [alternatɔr]
Lichtschalter kontakt [kɔntakt]
Lichtschutzfaktor współczynnik ochrony przed promieniami słonecznymi [fspuwtʃinnik ɔxrɔni pʃɛt prɔmjɛnami swɔnɛtʃnimi]
lieb kochany [kɔxani], miły [miwi]
Liebe miłość f [miwɔɕtɕ]
lieben kochać [kɔxatɕ]
liebenswürdig adv uprzejmie [upʃɛjmiɛ]
lieblich (Wein) słodkie [swɔtcɛ]
Liebling ulubieniec [ulubjɛɲɛts]; (Anrede) kochanie [kɔxaɲɛ]
Lied piosenka [pjɔsɛnka]

liegen leżeć [lɛʒɛtɕ]
Liegewagen wagon z miejscami do leżenia [vagɔn z mjɛjstsami dɔ lɛʒɛɲa], kuszetka [kuʃɛtka]
Liegewagenplatz miejsce w kuszetce [mjɛjstsɛ f kuʃɛttsɛ]
Liegewiese trawnik do leżenia [travɲig dɔ lɛʒɛɲa]
lila liliowy [liljɔvi]
Limonade lemoniada [lɛmɔnada]
Linie linia [liɲa]
linke(r, -s) lew-a(y/e) [lɛv-a(i/ɛ)]
links na lewo [na lɛvɔ]
Linse soczewka [sɔtʃɛfka]
Linsen soczewica [sɔtʃɛvitsa]
Lippe warga [varga]
Lippenstift szminka [ʃmiŋka], pomadka do ust [pɔmatka dɔ ust]
Liter litr [litr]
Livemusik muzyka na żywo [muzika na ʒivɔ]
Loch dziura [dʑura]
Locken loki [lɔci]
Lockenwickler lokówka [lɔkufka]
Löffel łyżka [wiʃka]
Loge loża [lɔʒa]
Loipe trasa biegu [trasa bjɛgu]
Lorbeer liść laurowy [liɕtɕ lawrɔvi]
Luft powietrze [pɔvjɛtʃɛ]
Luftkissenboot poduszkowiec [pɔduʃkɔvjɛts]
Luftmatratze materac dmuchany [matɛradz dmuxani]
Luftpumpe pompka [pɔmpka]
Lunge płuco [pwutsɔ]
Lungenentzündung zapalenie płuc [zapalɛɲɛ pwuts]

lustig *(fröhlich)* wesoły [vɛsɔwi]; *(erheiternd)* śmieszny [ɕmjɛʃni]
luxuriös luksusowy [luksusɔvi]

M

machen robić/zrobić [rɔbitɕ/ zrɔbitɕ]
Mädchen dziewczyna [dʑɛftʃina]
Magen żołądek [ʒɔwɔndɛk]
Magenschmerzen ból żołądka [bul ʒɔwɔntka]
mager chudy [xudi]
Mahlzeit posiłek [pɔɕiwɛk]
Mai maj [maj]
Mais kukurydza [kukuridza]
Makrele makrela [makrɛla]
Malbuch kolorowanka [kɔlɔrɔvaŋka]
malen malować/namalować [malɔvatɕ/namalɔvatɕ]
Malen malowanie [malɔvaɲɛ]
Maler/in mala-rz/rka [mala-ʃ/rka]
Malerei malarstwo [malarstfɔ]
manchmal czasem [tʃasɛm]
Mandarinen mandarynki [mandariɲci]
Mandelentzündung zapalenie migdałków [zapalɛɲɛ migdawkuf]
Mandeln migdały [migdawi]
Mann mężczyzna [mɛ̃wʃtʃizna]; *(Ehe–)* mąż [mɔ̃wʃ]
Mannschaft drużyna [druʒina]
Mantel płaszcz [pwaʃtʃ]
Margarine margaryna [margarina]
Markt rynek [rinɛk]; targ [tark]
Marmelade marmolada [marmɔlada], dżem [dʒɛm]

März marzec [maʒɛ͡ts]

Maschine maszyna [maʃina]

Masern odra [ɔdra]

Massage masaż [masaʃ]

Masuren Mazury [mazuri]

Material materiał [materjaw]

Matratze materac [materats]

Mauer mur [mur]

Mayonnaise majonez [majɔnɛs]

Medikament lekarstwo [lɛkarstfɔ]

Meer morze [mɔʒɛ]

Mehl mąka [mɔŋka]

mehr więcej [vjɛnt͡sɛj]

Mehrfahrtenkarte bilet wielokrotnego przejazdu [bilɛd vjɛlɔkrɔtnɛgɔ pʃɛjazdu], karnet [karnɛt]

mein mój [muj]

meinen sądzić [sɔnd͡zit͡ɕ], myśleć [miɕlɛt͡ɕ]; *(sagen)* powiedzieć [pɔvjɛd͡ʑɛt͡ɕ]

meinetwegen ze względu na mnie [zɛ‿vzglɛndu na‿mɲɛ]

Meinung zdanie [zdaɲɛ], pogląd [pɔglɔnt], opinia [ɔpiɲa]

Melone melon [mɛlɔn]; *(Honigmelone)* melon żółty [mɛlɔn ʒuwti]; *(Wassermelone)* arbuz [arbus]

Mensch człowiek [t͡ʃwɔvjɛk]

Menstruation miesiączka [mjɛɕɔnt͡ʃka], menstruacja [mɛnstruatsja]

Menü menu *n* [mɛɲi]

merken zauważyć [zauvaʒit͡ɕ]

Messe *(Ausstellung)* targi *pl* [targi]; *(Kirche)* msza [mʃa]

Messer nóż [nuʃ]

Meter metr [mɛtr]

Metzgerei sklep mięsny [sklɛp mjɛ̃wsni]; *fam* rzeźnik [ʒɛʑnik]

mich *(akk von ich)* mnie [mɲɛ]; *(bei reflexiven Verben)* się [ɕɛ]

Miesmuscheln małże [mawʒɛ]

Miete czynsz [t͡ʃinʃ]

mieten wynajmować/wynająć [vinajmɔvat͡ɕ/vinajɔnt͡ɕ]

Mietwagen wynajęty samochód [vinajɛnti samɔxut]

Migräne migrena [migrɛna]

Mikrowelle mikrofalówka [mikrɔfalufka]

Milch mleko [mlɛkɔ]

mild łagodny [wagɔdni]

Millimeter milimetr [milimɛtr]

mindestens co najmniej [t͡sɔ najmɲɛj], przynajmniej [pʃinajmɲɛj]

Mineralwasser woda mineralna [vɔda mineralna]

Minibar barek [barɛk]

Minigolf minigolf [miɲigɔlf]

Minute minuta [minuta]

mir mnie [mɲɛ], *(Kurzform nach den Verben)* mi [mi]

Missverständnis nieporozumienie [ɲɛpɔrɔzumjɛɲɛ]

mit Luftpost pocztą lotniczą [pɔt͡ʃtɔ̃ lɔtɲit͡ʃɔ̃w]

mit z + *Instr* [z]

mitbringen *(etwas)* przynosić/przynieść [pʃinɔɕit͡ɕ/pʃiɲɛɕt͡ɕ], *(jdn)* przyprowadzać/przyprowadzić [pʃiprɔvad͡zat͡ɕ/pʃiprɔvad͡ʑit͡ɕ]

Mitbringsel pamiątka [pamjɔntka]

mitnehmen zabierać ze sobą/ zabrać ze sobą [zabjeraɕ zɛ sɔbɔ̃w/zabradʑ zɛ sɔbɔ̃w], brać/ wziąć [braɕ/vʑɔɲtɕ]
Mittag południe [pɔwudɲɛ]
Mittagessen obiad [ɔbjat]
mittags w południe [f pɔwudɲɛ]
Mitte środek [ɕrɔdɛk]
Mitteilung wiadomość f [vjadɔmɔɕtɕ]
Mittel środek [ɕrɔdɛk]; (med) lekarstwo [lɛkarstfɔ]
Mittelalter średniowiecze [ɕrɛdɲɔvjɛtʃɛ]
Mittelohrentzündung zapalenie ucha środkowego [zapalɛɲɛ uxa ɕrɔtkɔvɛgɔ]
Mittwoch środa [ɕrɔda]
Möbel mebel [mɛbɛl]
Mobilitätsbehinderte/r niepełnosprawn-a/y ruchowo [ɲɛpɛwnɔspravn-a/ɨ ruxɔvɔ]
Mobiltelefon telefon komórkowy [tɛlɛfɔn kɔmurkɔvɨ], fam komórka [kɔmurka]
Mode moda [mɔda]
Modell model [mɔdɛl]
modern nowoczesny [nɔvɔtʃɛsnɨ]; (modisch) modny [mɔdnɨ]
Modeschmuck modna biżuteria [mɔdna biʒutɛrja]
mögen (gern haben) lubić [lubitɕ]; (wollen) chcieć [xtɕɛtɕ]
möglich możliwy [mɔʒlivɨ]
Mole molo [mɔlɔ]
Monat miesiąc [mjɛɕɔnts]

monatlich adj miesięczny [mjɛɕɛntʃnɨ]; adv miesięcznie [mjɛɕɛntʃɲɛ]
Mond księżyc [kɕɛʑɨts]
Montag poniedziałek [pɔɲɛdʑawɛk]
morgen früh/morgen Abend jutro rano/jutro wieczorem [jutrɔ ranɔ/jutrɔ vjɛtʃɔrɛm]
morgen jutro [jutrɔ]
Morgen poranek [pɔranɛk], rano [ranɔ]
morgens rankiem [rankɛm]
Mosaik mozaika [mɔzajka]
Motel motel [mɔtɛl]
Motor silnik [ɕilɲik]
Motorboot motorówka [mɔtɔrufka]
Motorhaube maska silnika [maska ɕilɲika]
Mountainbike rower górski [rɔvɛr gurski]
Möwe mewa [mɛva]
Mücke komar [kɔmar]
müde zmęczony [zmɛntʃɔnɨ]
Müll śmieci pl [ɕmjɛtɕi]
Mullbinde gaza [gaza]
Mülltonne pojemnik na śmieci [pɔjɛmɲik na ɕmjɛtɕi]
Mumps zapalenie przyusznicy [zapalɛɲɛ pʃiuɕɲitɕi], fam świnka [ɕfinka]
Mund usta pl [usta]
Mündung ujście [ujɕtɕɛ]
Münze moneta [mɔnɛta]
Muschel muszla [muʃla], muszelka [muʃɛlka]
Museum muzeum n [muzɛum]
Musical musical [mjuzikal]

Musik hören słuchać muzyki [swuxatɕ muzici]
Musik muzyka [muzika]
Musikgeschäft sklep muzyczny [sklep muzitʃni]
musizieren muzykować [muzikɔvatɕ]
Muskatnuss gałka muszkatołowa [gawka muʃkatɔwɔva]
Muskel mięsień [mjɛ̃ɕɛɲ], muskuł [muskuw]
Müsli musli n [musli]
Mutter matka [matka], mama [mama]
Mütze czapka [tʃapka]

N

nach *(in Richtung)* do [dɔ], na [na]; *(Reihenfolge)* za [za]; *(zeitlich)* po [pɔ]; *(gemäß)* według [vedwuk]
Nachbar/in sąsiad/ka [sɔ̃ɕat/ka]
Nachmittag popołudnie [pɔpɔwudɲe]
nachmittags po południu [pɔ pɔwudɲu]
Nachricht wiadomość f [vjadɔmɔɕtɕ]
Nachsaison okres posezonowy [ɔkres pɔsezɔnɔvi]
nachsenden dosyłać/dosłać [dɔsiwatɕ/dɔswatɕ]
nächste(r, -s) następn-a(y/e) [nastempn-a(i/ɛ)]; *(nächstgelegen)* najbliższ-a(y/e) [najbliʃʃ-a(i/ɛ)]
nächstes Jahr w przyszłym roku [f pʃiʃwim rɔku]

Nacht noc f [nɔts]
Nachtisch deser [deser]
Nachtklub klub nocny [klup nɔtsni]
nachts nocą [nɔtsɔ̃w]
Nachttisch stolik nocny [stɔlik nɔtsni]
Nachttischlampe lampka nocna [lampka nɔtsna]
nackt nagi [naji], goły [gɔwi]
Nadel igła [igwa]
Nagellack lakier do paznokci [lacer dɔ paznɔktɕi]
Nagellackentferner zmywacz do paznokci [zmivatʃ dɔ paznɔktɕi]
Nagelschere nożyczki pl do paznokci [nɔʒitʃci dɔ paznɔktɕi]
nah blisko [blisko]
nahe *adj* niedaleki [nedaleci], bliski [blisci]; *adv* niedaleko [nedaleko], blisko [blisko]
nähen szyć/uszyć [ʃitɕ/uʃitɕ]
Nahverkehrszug pociąg podmiejski [pɔtɕɔŋk pɔdmjejsci]
Name *(Vor~)* imię [imje]; *(Nach~)* nazwisko [nazvisko]; *(Benennung)* nazwa [nazva]
Narbe blizna [blizna]
Narkose narkoza [narkɔza], znieczulenie [zɲetʃulene]
Nase nos [nɔs]
Nasenbluten krwotok z nosa [krfɔtɔk z nɔsa]
nass mokry [mɔkri], wilgotny [vilgɔtni]
Nationalitätskennzeichen znak rozpoznawczy państwa [znak rɔspɔznaftʃi paɲstfa]

Nationalpark park narodowy [park narɔdɔvi]

Natur natura [natura], przyroda [pʃirɔda]

natürlich adj naturalny [naturalni]; adv naturalnie [naturalɲe]

Naturschutzgebiet rezerwat przyrody [rezervat pʃirɔdi]

Nebel mgła [mgwa]

neben obok [ɔbɔk]

Nebenkosten koszty dodatkowe [kɔʃti dɔdatkɔve]

Nebenstraße droga boczna [drɔga bɔtʃna]

negativ negatywny [negativni]

nehmen brać/wziąć [bratɕ/vzɔntɕ]

Nelken goździki [gɔʑdʑici]

Neoprenanzug kombinezon piankowy [kɔmbinezɔn pjaŋkɔvi], fam pianka [pjaŋka]

Nerv nerw [nerf]

nervös nerwowy [nervɔvi]

nett adj miły [miwi]; adv miło [miwɔ]

Netz siatka [ɕatka]

neu nowy [nɔvi]

neugierig ciekawy [tɕekavi]

Neujahr Nowy Rok [nɔvi rɔk]

nicht nie [ɲe]

Nichtraucher niepalący [ɲepalɔntɕi]

Nichtraucherabteil przedział dla niepalących [pʃedʑaw dla ɲepalɔntɕix]

nichts nic [ɲitɕ]

nie nigdy [ɲigdi]

nieder, niedrig niski [ɲisci]

Niederschlesien Dolny Śląsk [dɔlni ɕlɔ̃sk]

niemand nikt [ɲikt]

Niere nerka [nerka]

Nierenentzündung zapalenie nerek [zapaleɲe nerek]

Nierengurt pas biodrowy [paz bjɔdrɔvi]

Nierenstein kamica nerkowa [kamitsa nerkɔva]

niesen kichać [cixatɕ]

nirgends nigdzie [ɲigdʑe]

noch jeszcze [jeʃtʃe]

Norden północ f [puwnɔtɕ]

nördlich von na północ od [na puwnɔtɕ ɔt]

normal adj normalny [nɔrmalni]; adv normalnie [nɔrmalɲe]

normalerweise normalnie [nɔrmalɲe], zwykle [zvikle]

Notausgang wyjście awaryjne [vijɕtɕe avarijne]

Notbremse hamulec bezpieczeństwa [xamuledʑ bespjetʃeɲstfa]

Notebook notebook [nɔtbuk]

Notfall nagły przypadek [nagwi pʃipadek]

Notrufsäule telefon pierwszej pomocy na autostradzie [telefɔn pjerfʃej pɔmɔtɕi na awtɔstradʑe]

notwendig konieczny [kɔɲetʃni]

November listopad [listɔpat]

nüchtern (nicht betrunken) trzeźwy [tʃeʑvi]

Nudeln makaron [makarɔn]

Nummer numer [numer]

Nummernschild tablica rejestracyjna [tablitsa rejestratsijna]

nur tylko [tilkɔ]
Nüsse orzechy [ɔʒɛxi]

O

ob czy [tʃi]
oben na górze [na‿guʒɛ]
Ober kelner [kɛlnɛr]
Objektiv objektyw [ɔbjɛktif]
Obst- und Gemüsehändler sklep warzywniczy [sklɛp vaʒivnítʃi]
Obst owoce pl [ɔvɔtsɛ]
obwohl chociaż [xɔtɕaʃ]
oder albo [albɔ]
Oder Odra [ɔdra]
offen otwarty [ɔtfarti]
öffentlich publiczny [publítʃni]
offiziell oficjalny [ɔfitsjalni]
öffnen otwierać/otworzyć [ɔtfjɛratɕ/ɔtfɔʒitɕ]
Öffnungszeiten godziny otwarcia [gɔdʑini ɔtfartɕa]
oft często [tʃɛ̃wstɔ]
ohne bez [bɛs]
Ohnmacht utrata przytomności [utrata pʃitɔmnɔɕtɕi], omdlenie [ɔmdlɛɲɛ]
Ohr ucho [uxɔ]
Ohrentropfen krople do uszu [krɔplɛ dɔ‿uʃu]
Ohrringe kolczyki [kɔltʃiki]
Oktober październik [paʑʥɛrɲik]
Öl olej [ɔlɛj]
Oliven oliwki [ɔlifci]
Olivenöl oliwa z oliwek [ɔliva z‿ɔlivɛk]
Ölmalerei malarstwo olejne [malarstfɔ ɔlɛjnɛ]

Ölwechsel wymiana oleju [vimjana ɔlɛju]
Oper opera [ɔpera]
Operation operacja [ɔperatsja]
Operette operetka [ɔperetka]
Optiker optyk [ɔptik]
Orange pomarańcza [pɔmarantʃa]
orange pomarańczowy [pɔmarantʃɔvi]
Orangensaft sok pomarańczowy [sɔk pɔmarantʃɔvi]
Orchester orkiestra [ɔrcestra]
Orden order [ɔrder]; (Rel.) zakon [zakɔn]
Original oryginał [ɔriɟinaw]
Originalfassung wersja oryginalna [versja ɔriɟinalna]
Ort miejsce [mjɛjstsɛ]; (Ortschaft) miejscowość f [mjɛjstsɔvɔɕtɕ]
Ortschaft miejscowość f [mjɛjstsɔvɔɕtɕ]
Ortsgespräch rozmowa miejscowa [rɔzmɔva mjɛjstsɔva]
Osten wschód [fsxut]
Ostereier pisanki [pisaɲci]
Ostermontag Poniedziałek Wielkanocny [pɔɲɛdʑawɛk vjelkanɔtsni]
Ostern Wielkanoc f [vjelkanɔts]
Österreich Austria [awstrja]
Österreicher/in Austriak/Austriaczka [awstrjak/awstrjatʃka]
östlich von na wschód od [na‿fsxut ɔt]
Ostsee Morze Bałtyckie [mɔʒɛ bawtitsce], Bałtyk [bawtik]

P

paar, ein ~ kilka [cilka]
Paar para [para]
Päckchen paczuszka [patʃuʃka]
Paddelboot kajak [kajak]
paddeln pływać kajakiem [pwivatɕ kajacɛm]
Paket paczka [patʃka]
Palast pałac [pawats]
Panne awaria [avarja]
Pannendienst służba drogowa [swuʒba drɔgɔva]
Pannenhilfe pomoc f drogowa [pɔmɔdz drɔgɔva]
Papier papier [papjɛr]
Papiere dokumenty [dɔkumɛnti]
Papierservietten serwetki papierowe [sɛrvɛtci papjɛrɔvɛ]
Papiertaschentücher chusteczki higieniczne [xustɛtʃci ɕiɡjɛɲitʃnɛ]
Paprika(schote) papryka [paprika]
Parfüm perfumy pl [pɛrfumi]
Parfümerie perfumeria [pɛrfumɛrja]
Park park [park]
parken parkować/zaparkować [parkɔvatɕ/zaparkɔvatɕ]; **~ verboten** zakaz parkowania [zakas parkɔvaɲa]
Parkett parter [partɛr]
Parkplatz parking [parciŋ]
Party party n [parti], impreza [imprɛza], prywatka [privatka]
Partyservice catering [katɛriŋk]

Pass paszport [paʃpɔrt]; (Sport) podanie [pɔdaɲɛ]; (im Gebirge) wąwóz [vɔ̃wvus], przełęcz f [pʃɛwɛntʃ]
Passagier pasażer [pasaʒɛr]
passen pasować [pasɔvatɕ]
Passkontrolle kontrola paszportowa [kɔntrɔla paʃpɔrtɔva]
Pauschalpreis cena umowna [tsɛna umɔvna]; ryczałt [ritʃawt]
Pause przerwa [pʃɛrva]
Pension pensjonat [pɛnsjɔnat]
Perle perła [pɛrwa]
Person osoba [ɔsɔba]
Personalausweis dowód osobisty [dɔvut ɔsɔbisti]
Personalien dane osobowe [danɛ ɔsɔbɔvɛ]
persönlich adj osobisty [ɔsɔbisti]; adv osobiście [ɔsɔbiɕtɕɛ]
Perücke peruka [pɛruka]
Petersilie pietruszka [pjɛtruʃka]
Petroleum nafta [nafta]
Pfand kaucja [kawtsja], zastaw [zastaf]
Pfannengericht danie z patelni [daɲɛ s patɛlɲi]
Pfeffer pieprz [pjɛpʃ]
Pferd koń [kɔɲ]
Pfingsten Zielone Świątki [zɛlɔnɛ ɕfjɔntci]
Pfingstmontag Poniedziałek Zielonoświątkowy [pɔɲɛdʑawɛk zɛlɔnɔɕfjɔntkɔvi]
Pfirsiche brzoskwinie [bʒɔskfiɲɛ]
Pflanze roślina [rɔɕlina]
Pflaster plaster [plastɛr]

Pflaumen śliwki [ɕlifci]
pflegebedürftig obłożnie chory [ɔbwɔʒne xɔri], wymagający (stałej) opieki [wimagajɔntsi (stawɛj) ɔpjeci]
Pfund funt [funt]
Pilot/in pilot/- [pilɔt]
Pilz grzyb [gʒip]
Pinzette pincetka [pintsetka]
Plakat plakat [plakat]
Planschbecken brodzik [brɔdʑik]
Plastik (die) plastyka [plastika]
Plastikbeutel torebka plastikowa [tɔrɛpka plastikɔva]
Platten przebita opona [pʃebita ɔpɔna]
Platz miejsce [mjɛjstsɛ]; (in der Stadt) plac [plats]
Platzkarte miejscówka [mjɛjstsufka]
Plombe plomba [plɔmba]
plötzlich adj nagły [nagwi]; adv nagle [naglɛ]
Pole Polak [pɔlak]
Polen Polska [pɔlska]
Polin Polka [pɔlka]
Polizei policja [pɔlitsja]
polnisch polski [pɔlsci]
Polizeiwagen samochód/radiowóz policyjny [samɔxut/radjɔvus pɔlitsijni]
Polizist/in policjant/ka [pɔlitsjant/ka]
Pommern Pomorze [pɔmɔʒɛ]
Pony grzywka [gʒifka]
Portal portal [pɔrtal]
Portier portier [pɔrtjɛr]
Portion porcja [pɔrtsja]

Porto porto [pɔrtɔ], opłata [ɔpwata]
Porträt portret [pɔrtrɛt]
Porzellan porcelana [pɔrtselana]
Post poczta [pɔtʃta]
Postkarte pocztówka [pɔtʃtufka]
postlagernd do odbioru na poczcie [dɔ ɔdbjɔru na pɔtʃtɕɛ]
Postleitzahl kod pocztowy [kɔt pɔtʃtɔvi]
praktisch praktyczny [praktitʃni]
Präservativ prezerwatywa [prezervativa], kondom [kɔndɔm]
Preis cena [tsena]
Prellung stłuczenie [stwutʃɛɲɛ], kontuzja [kɔntuzja]
Premiere premiera [premjera]
Priester ksiądz [kɕɔnts]
privat prywatny [privatni]
Probe próba [pruba]; (zum Testen) próbka [prupka]
Problem problem [prɔblɛm]
Produkt produkt [prɔdukt]
Programm program [prɔgram]
Programmheft program [prɔgram]
Promillegrenze dopuszczalne stężenie alkoholu we krwi [dɔpuʃtʃalnɛ stɛ̃ʒɛɲɛ alkɔxɔlu wɛ krfi]
Prospekt prospekt [prɔspɛkt]
Prothese proteza [prɔtɛza]
provisorisch prowizoryczny [prɔvizɔritʃni]
Prozent procent [prɔtsɛnt]
Prozession procesja [prɔtsesja]
Puder puder [pudɛr]
Pullover sweter [sfɛtɛr], pulower [pulɔvɛr]

Puls puls [puls]
Pulverschnee puszysty śnieg
[puʃisti ɕnɛk]
pünktlich adj punktualny
[punktualni]; adv punktualnie
[punktualnɛ]
putzen sprzątać/posprzątać
[spʃɔntatɕ/pɔspʃɔntatɕ]

Q

Quadratmeter metr kwadratowy
[mɛtr kvadratɔvi]
Qualität jakość f [jakɔɕtɕ]
Quark twarożek [tfarɔʒɛk]
Quelle źródło [ʑrudwɔ]
querdurch w poprzek [f pɔpʃɛk]
Querformat format poziomy
[fɔrmat pɔʑɔmi]
querschnittsgelähmt porażony
poprzecznie [pɔraʒɔni pɔpʃɛtʃnɛ]
Quittung kwit [kfit], pokwitowanie
[pɔkfitɔvanɛ]

R

Rabatt rabat [rabat]
Rad fahren jeździć na rowerze
[jɛʑdʑitɕ na rɔvɛʒɛ]
Rad koło [kɔwɔ]
Radarkontrolle kontrola radarowa
[kɔntrɔla radarɔva]
Radierung sztych [ʃtix], sucha igła
[suxa igwa], akwaforta [akfafɔrta]
Radio radio [radjɔ]
Radsport kolarstwo [kɔlarstfɔ]
Radtour wycieczka rowerowa
[vitɕɛtʃka rɔvɛrɔva]

Rampe rampa [rampa]
Rasen trawnik [travɲik]
Rasierapparat golarka [gɔlarka]
Rasierklingen żyletki do golenia
[ʒilɛtki dɔ gɔlɛɲa]
Rasierpinsel pędzel do golenia
[pɛndzɛl dɔ gɔlɛɲa]
Rasierschaum pianka do golenia
[pjaŋka dɔ gɔlɛɲa]
Rasierwasser woda po goleniu
[vɔda pɔ gɔlɛɲu]
Rastplatz parking [parciŋk]
Raststätte zajazd [zajast]
Rathaus ratusz [ratuʃ]
rauchen dymić [dimitɕ];
(Zigaretten) palić [palitɕ]
Raucher palacz [palatʃ], palący
(papierosy) [palɔntsi (papjɛrɔsi)]
Raucherabteil przedział dla
palących [pʃɛdʑaw dla palɔntsix]
Raum pomieszczenie
[pɔmjɛʃtʃɛɲɛ], miejsce [mjɛjstsɛ]
Rechnung rachunek [raxunɛk]
rechte(r, -s) praw-a/y/e
[prav-a/i/ɛ]
rechts na prawo [na pravɔ]
Rechtsanwalt/anwältin adwokat/
ka [advɔkat/ka]
rechtzeitig w porę [f pɔrɛ], na czas
[na tʃas]
reden mówić/powiedzieć [muvitɕ/
pɔvjɛdʑɛtɕ], rozmawiać
[rɔzmavjatɕ]
Reformhaus sklep ze zdrową
żywnością [sklɛp zɛ zdrɔvɔ̃w
ʒivnɔɕtɕɔ̃w]

regelmäßig adj regularny [regularni]; adv regularnie [regularɲe]

Regen deszcz [dɛʃtʃ]

Regenmantel płaszcz przeciwdeszczowy [pwaʃtʃ pʃɛtɕifdɛʃtʃɔvi]

Regenschauer przelotny deszcz [pʃɛlɔtni dɛʃtʃ]

Regie reżyseria [rɛʒiserja]

Regierung rząd [ʒɔnt]

Region region [rɛjɔn]

regnerisch deszczowy [dɛʃtʃɔvi]

reich bogaty [bɔgati]

reif dojrzały [dɔjʒawi]

Reifen opona [ɔpɔna]

reinigen czyścić/oczyścić [tʃɨɕtɕitɕ/ɔtʃɨɕtɕitɕ], sprzątać [spʃɔntatɕ]

Reinigung pralnia chemiczna [pralɲa xɛmitʃna]; sprzątanie [spʃɔntaɲe]

Reis ryż [riʃ]

Reise podróż f [pɔdruʃ]

Reisebüro biuro podróży [bjurɔ pɔdruʒi]

Reiseführer przewodnik [pʃɛvɔdnik]

Reisegesellschaft uczestnicy pl wycieczki [utʃɛstɲitsi vitɕetʃci], (fam) wycieczka [vitɕetʃka]

reisen podróżować [pɔdruʒɔvatɕ]

Reisepass paszport [paʃpɔrt]

Reisescheck czek podróżny [tʃɛk pɔdruʒni]

Reisetasche torba podróżna [tɔrba pɔdruʒna]

reiten jeździć konno [jɛʑdʑitɕ kɔnnɔ]

Reitschule szkółka jeździecka [ʃkuwka jɛʑdʑetska]

reklamieren reklamować/zareklamować [rɛklamɔvatɕ/zarɛklamɔvatɕ]

Religion religia [rɛlijja]

Renaissance renesans [rɛnesans]

rennen biec [bjɛts]

Rennen wyścig [viɕtɕik], wyścigi pl [viɕtɕiɟi]

Rennrad rower wyścigowy [rɔvɛr viɕtɕigɔvi]

reparieren naprawiać/naprawić [napravjatɕ/napravitɕ]

reservieren rezerwować/zarezerwować [rɛzɛrvɔvatɕ/zarɛzɛrvɔvatɕ]

Reservierung rezerwacja [rɛzɛrvatsja]

Rettungsboot łódź ratunkowa [wutɕ ratunkɔva]

Rettungsring koło ratunkowe [kɔwɔ ratunkɔvɛ]

Rezept recepta [rɛtsɛpta]

Rezeption recepcja [rɛtsɛptsja]

R-Gespräch rozmowa na koszt odbiorcy [rɔzmɔva na kɔʃt ɔdbjɔrtsi]

Rheuma reumatyzm [rɛwmatizm], gościec [gɔɕtɕets]

Richter/in sędzia m/sędzia f [sɛndʑa]

richtig adj prawidłowy [pravidwɔvi], odpowiedni [ɔtpɔvjedɲi]; adv prawidłowo [pravidwɔvɔ], odpowiednio [ɔtpɔvjednɔ]

Richtung kierunek [cjerunek]

riechen *(gut)* pachnieć [paxnɛtɕ];*(übel)* śmierdzieć [ɕmjɛrdʑɛtɕ]
Riesengebirge Karkonosze pl [karkɔnɔʃɛ]
Rindfleisch wołowina [vɔwɔvina]
Ring pierścionek [pjɛrɕtɕɔnɛk]
Rock *(Kleidung)* spódnica [spudnitsa]; *(Musik)* rock [rɔk]
roh surowy [surɔvi]
roher Schinken surowa szynka wędzona [surɔva ʃinka vɛndzɔna]
Roller hulajnoga [xulajnɔga]
Rollschuh wrotki pl [vrɔtki]
Rollstuhl wózek inwalidzki [vuzɛk invalitɕci]
Rollstuhlfahrer/in osoba na wózku inwalidzkim [ɔsɔba na vusku invalitɕcim]
rollstuhlgängiger Wagen *(Zug)* wagon dla osób na wózku inwalidzkim [vagɔn dla ɔsup na vusku invalitɕcim]
rollstuhlgerecht przystosowany do wózka inwalidzkiego [pʃistɔsɔvani dɔ vuska invalitɕcɛgɔ]
Rollstuhlkabine *(Schiff)* kabina przystosowana do wózka inwalidzkiego [kabina pʃistɔsɔvana dɔ vuska invalitɕcɛgɔ]
Roman powieść f [pɔvjɛɕtɕ]
röntgen prześwietlać/prześwietlić [pʃɛɕfjɛtlatɕ/pʃɛɕfjɛtlitɕ]
Röntgenaufnahme prześwietlenie [pʃɛɕfjɛtlɛɲɛ]
rosa różowy [ruʒɔvi]
Rosé wino różowe [vinɔ ruʒɔvɛ]
Rosmarin rozmaryn [rɔzmarin]

rot czerwony [tʃɛrvɔni]
Röteln różyczka [ruʒitʃka]
Rotwein wino czerwone [vinɔ tʃɛrvɔnɛ]
Route trasa [trasa], szlak [ʃlak]
Rücken plecy pl [plɛtsi]
Rückenschmerzen bóle pleców [bulɛ plɛtsuf]
Rückfahrkarte bilet powrotny [bilɛt pɔvrɔtni]
Rückfahrt powrót [pɔvrut], podróż powrotna [pɔdruʃ pɔvrɔtna]
Rücklicht światła pl tylne (wsteczne) [ɕfjatwa tilnɛ (fstɛtʃnɛ)]
Rucksack plecak [plɛtsak]
Rückspiegel lusterko wsteczne [lustɛrkɔ fstɛtʃnɛ]
rückwärts *adv* wstecz [fstɛtʃ], z powrotem [s pɔvrɔtɛm], do tyłu [dɔ tiwu]
Rückwärtsgang wsteczny bieg [fstɛtʃni bjɛg]
Ruder wiosło [vjɔswɔ]
Ruderboot łódź f z wiosłami [wudʑ z vjɔswami]
rudern wiosłować [vjɔswɔvatɕ]
Ruhe *(Stille)* cisza [tɕiʃa]; *(Erholung)* odpoczynek [ɔtpɔtʃinɛk]
ruhig spokojny [spɔkɔjni], cichy [tɕixi]
Ruine ruina [ruina]
rund *adj* okrągły [ɔkrɔŋgwi]; *circa* około [ɔkɔwɔ]
Rundfahrt wycieczka [vitɕɛtʃka]

S

Saal sala [sala]
Sache rzecz f [ʒɛtʃ];
(Angelegenheit) sprawa [sprava];
(Frage, Thema) problem
[prɔblɛm]
Safe sejf [sejf]
Safran szafran [ʃafran]
saftig soczysty [sɔtʃisti]
sagen mówić/powiedzieć [muvitɕ/
pɔvjɛdʑɛtɕ]
Sahne śmietana [ɕmjɛtana]
Saison sezon [sɛzɔn]
Salami salami n [salami]
Salat sałata [sawata]
Salatbüfett bufet sałatkowy [bufɛt
sawatkɔvi]
Salbe maść f [maɕtɕ]
Salbei szałwia [ʃawvja]
Salz sól f [sul]
Salzstreuer solniczka [sɔlnitʃka]
sammeln zbierać [zbjɛratɕ]
Samstag sobota [sɔbɔta]
Sandalen sandały [sandawi]
Sandburg zamek z piasku [zamɛk
s pjasku]
Sandkasten piaskownica
[pjaskɔvnitsa]
Sänger/in piosenka-rz/rka
[pjɔsɛnka-ʃ/rka]
Sanitäreinrichtungen urządzenia
sanitarne [uʒɔndzɛɲa sanitarnɛ]
satt najedzony [najɛdzɔni], syty
[siti]
Satz zdanie [zdaɲɛ]
sauber adj czysty [tʃisti]; adv
czysto [tʃistɔ]

sauer kwaśny [kvaɕni]
Sauerstoffgerät butla z tlenem
[butla s tlɛnɛm]
Sauger smoczek [smɔtʃɛk]
Saugflasche butelka ze smoczkiem
[butɛlka zɛ smɔtʃkʲɛm]
Säugling niemowlę [ɲɛmɔvlɛ]
Säule kolumna [kɔlumna]
Sauna sauna [sawna]
saure Sahne kwaśna śmietana
[kfaɕna ɕmjɛtana]
S-Bahn® kolejka miejska [kɔlejka
mjejska]
schade! szkoda! [ʃkɔda]
Schaden szkoda [ʃkɔda],
uszkodzenie [uʃkɔdzɛɲɛ]
Schaffner/in konduktor/ka
[kɔnduktɔr/ka]
Schafskäse ser owczy [sɛr ɔftʃi]
Schal szal [ʃal]
scharf ostry [ɔstri]
Schatten cień [tɕɛɲ]
schauen patrzeć [patʃɛtɕ]
Schaufenster witryna [vitrina],
wystawa [vistava]
Schauspieler/in aktor/ka [aktɔr/
ka]
Scheibe (Wurst) plasterek
[plastɛrɛk]; (Brot) kromka
[krɔmka]; (Fenster) szyba [ʃiba]
Scheibenwischer wycieraczka
samochodowa [vitɕɛratʃka
samɔxɔdɔva]
Scheinwerfer reflektor [rɛflɛktɔr]
Scheitel przedziałek [pʃɛdʑawɛk]
schenken podarować [pɔdarɔvatɕ],
fam dać [datɕ]

Schere nożyce pl [nɔʒɨtsɛ], nożyczki [nɔʒɨtʃci]
schicken posyłać/posłać [pɔsɨwatɕ/pɔswatɕ]
Schiebedach dach odsuwany [dax ɔtsuvanɨ]; fam szyberdach [ʃɨbɛrdax]
Schienbein kość f piszczelowa [kɔɕtɕ piʃtʃɛlɔva]
Schiene szyna [ʃɨna]
Schild szyld [ʃɨlt], tablica [tablĩtsa], wywieszka [vɨvjeʃka]
Schinken szynka [ʃɨŋka]
Schirm parasol [parasɔl]
Schlafcouch tapczan [taptʃan]
schlafen spać [spatɕ]
Schlaflosigkeit bezsenność f [bɛssɛnnɔɕtɕ]
Schlaftabletten tabletki nasenne [tabletci nasɛnnɛ]
Schlafwagen wagon sypialny [vagɔn sɨpjalnɨ]
Schlafzimmer sypialnia [sɨpjalna]
Schlaganfall udar mózgu [udar muzgu], apopleksja [apɔplɛksja]
Schläger rakietka [racetka]
Schlagsahne bita śmietana [bita ɕmjetana]
Schlange (Tier) wąż; [vɔ̃ʃ] (Warte~) kolejka [kɔlejka]
schlank szczupły [ʃtʃupwɨ]
Schlauch (Reifen) dętka [dɛntka]
Schlauchboot ponton [pɔntɔn]
schlecht adj zły [zwɨ]; adv źle [ʑlɛ], niedobrze [nedɔbʒɛ]
Schlepplift wyciąg orczykowy [vitɕɔŋg ɔrtʃɨkɔvɨ]
Schlesien Śląsk [ɕlɔnsk]

Schließfach skrytka na bagaż [skritka na bagaʃ]
Schlitten sanki pl [sanci]
Schlittschuhe łyżwy [wiʒvɨ]
Schloss (an einer Tür; Gebäude) zamek [zamek]
Schlucht wąwóz [vɔ̃vus]
Schlüssel klucz [klutʃ]
Schlüsselbein obojczyk [ɔbɔjtʃik]
Schlüsselübergabe przekazanie kluczy [pʃɛkazaɲe klutʃi]
schmal wąski [vɔ̃sci]
schmecken smakować [smakɔvatɕ]
Schmerzen bóle [bulɛ]
schmerzen boleć [bɔlɛtɕ], sprawiać ból [spravjatɕ bul]
Schmerztabletten tabletki przeciwbólowe [tabletci pʃɛtɕivbulɔvɛ]
Schmuck biżuteria [biʒutɛrja]
Schmuggel przemyt [pʃɛmit], szmugiel [ʃmujel]
schmutzig adj brudny [brudnɨ]; adv brudno [brudnɔ]
Schnappschuss migawka [migafka]; fam fotka
schnarchen chrapać [xrapatɕ]
Schnee śnieg [ɕnek]
Schneider/in krawiec/krawcowa [kravjets/kraftsɔva]
schnell adj szybki [ʃipci]; adv szybko [ʃipkɔ]
Schnellstraße trasa szybkiego ruchu [trasa ʃipcɛgɔ ruxu]
Schnittkäse ser żółty [ser ʒuwtɨ]
Schnittwunde rana cięta [rana tɕɛnta]
Schnitzerei snycerstwo [snitsɛrstfɔ]

Schnorchel rurka do oddychania [rurka dɔ ɔddixaŋa], *fam* fajka [fajka]

schnorcheln nurkować z fajką [nurkɔvatɕ s fajkɔ̃w]

Schnuller smoczek [smɔt͡ʃɛk]

Schnupfen katar [katar]

Schnurrbart wąsy *pl* [vɔ̃wsi]

Schnürsenkel sznurówka [ʃnurufka]

schon już [juʃ]

schön *adj* ładny [wadni], piękny [pjɛŋkni]; *adv* ładnie [wadɲɛ], pięknie [pjɛŋkɲɛ]

Schonkost dieta [djeta]

Schonzeiten okres ochronny [ɔkrɛs ɔxrɔnni]

Schrank szafa [ʃafa]

Schraube śruba [ɕruba]

schrecklich straszny [straʃni], okropny [ɔkrɔpni]

schreiben pisać/napisać [pisatɕ/napisatɕ]

Schreibwaren artykuły papiernicze [artikuwi papjɛrɲit͡ʃɛ]

Schreibwarengeschäft sklep papierniczy [sklɛp papjɛrɲit͡ʃi]

schreien krzyczeć/krzyknąć [kʃit͡ʃɛtɕ/kʃiknɔ̃ntɕ]

Schrift pismo [pismɔ]

schriftlich pisemny [pisɛmni]

schüchtern nieśmiały [ɲɛɕmjawi]

Schuh but [but]

Schuhbürste szczotka do butów [ʃt͡ʃɔtka dɔ butuf]

Schuhcreme pasta do butów [pasta dɔ butuf]

Schuhgeschäft sklep obuwniczy [sklɛp ɔbuvɲit͡ʃi]

Schuhmacher szewc [ʃɛfts]

Schuld wina [vina]; *(Finanzen)* dług [dwuk]

Schule szkoła [ʃkɔwa]

Schulkinder dzieci w wieku szkolnym [d͡ʑɛtɕi v vjeku ʃkɔlnim]

Schulter bark [bark], ramię *n* [ramjɛ]

Schuppen łupież [wupjeʃ]

Schüssel miska [miska]

Schüttelfrost dreszcze *pl* [drɛʃt͡ʃɛ]

Schutzhütte schronisko [sxrɔɲiskɔ]

schwach słaby [swabi]

Schwager/Schwägerin szwagier/ka [ʃfajɛr/ka]

Schwangerschaft ciąża [t͡ɕɔ̃w̃ʒa]

schwarz czarny [t͡ʃarni]

Schwarzbrot chleb razowy [xlɛp razɔvi]

Schwarzweißfilm film czarnobiały [film t͡ʃarnɔbjawi]

Schweinefleisch wieprzowina [vjepʃɔvina]

Schweiz Szwajcaria [ʃfajtsarja]

Schweizer Franken frank szwajcarski [fraŋk ʃfajtsarsci]

Schweizer/in Szwajcar/ka [ʃfajtsar/ka]

Schwellung obrzęk [ɔbʒɛŋk]

schwer ciężki [t͡ɕɛ̃w̃ʃci]; *(schwierig)* trudny [trudni]

Schwerbehinderte/r ciężko upośledzon-a/y [t͡ɕɛ̃w̃ʃkɔ upɔɕlɛd͡zɔn-a/i]

Schwertfisch ryba miecz [riba mjetʃ]

Schwester siostra [ɕɔstra]

schwierig trudny [trudni]

schwimmen pływać [pwivatɕ]

Schwimmer/in pływa-k/czka [pwiva-k/tʃka]

Schwimmflossen płetwy [pwetfi]

Schwimmflügel motylki do pływania [motilci dɔ pwivaɲa]

Schwimmkurs kurs pływania [kurs pwivaɲa]

Schwimmring koło ratunkowe [kɔwɔ ratunkɔve]

Schwimmweste kamizelka ratunkowa [kamizelka ratunkɔva]

Schwindel zawroty głowy [zavrɔti gwɔvi]

schwindlig, mir ist – kręci mi się w głowie [krentɕi mi ɕe v gwɔvje]

schwitzen pocić się [pɔtɕitɕ ɕe]

schwül parno [parnɔ]

See (Binnengewässer) jezioro [jezɔrɔ]; (Meer) morze [mɔʒe]

Seegang fala [fala]

seekrank sein mieć chorobę morską [mjetɕ xɔrɔbe mɔrskɔ̃w]

Seezunge sola [sɔla]

Segelboot żaglówka [ʒaglufka]

Segelfliegen latanie szybowcem [latane ʃibɔftsem]

segeln żeglować [ʒeglɔvatɕ]

Segeltörn wyprawa żeglarska [viprava ʒeglarska]

sehbehindert niedowidzący [ɲedɔvidzɔntsi]

Sehbehinderte/r niedowidząc-a/y [ɲedɔvidzɔnts-a/i]

sehen widzieć/zobaczyć [vidʑetɕ/zɔbatʃitɕ]

Sehenswürdigkeiten zabytki [zabitci]

sehr bardzo [bardzɔ]

Seide jedwab [jedvap]

Seidenmalerei malowanie na jedwabiu [malɔvaɲe na jedvabju]

Seife mydło [midwɔ]

Seil lina [lina]

Seilbahn kolejka linowa [kɔlejka linɔva]

sein być [bitɕ]

seit od [ɔt]

Seite strona [strɔna]

Sekunde sekunda [sekunda]

selbst sam [sam], samodzielnie [samɔdʑelɲe]

Selbstauslöser samowyzwalacz [samɔvizwalatʃ]

Selbstbedienung samoobsługa [samɔɔpswuga]

Selfiestick kijek do selfie [kijek dɔ selfi]

Sellerie seler [seler]

selten adj rzadki [ʒatci]; adv rzadko [ʒatkɔ]

Senf musztarda [muʃtarda]

September wrzesień [vʒeɕeɲ]

servieren podawać/podać [pɔdavatɕ/pɔdatɕ], serwować/zaserwować [servɔvatɕ/zaservɔvatɕ]

Serviette serwetka [servetka]

Sessel fotel [fɔtel]

Sessellift wyciąg krzesełkowy [vitɕɔŋk kʃesewkɔvi]

sexuelle Belästigung molestowanie seksualne [mɔlestɔvaɲe seksualne]

Shampoo szampon [ʃampɔn]

Shorts szorty [ʃɔrti]

Show show m [ʃɔw]

sicher adj bezpieczny [bespjetʃni]; (gewiss, zuverlässig) pewny [pevni]; adv bezpiecznie [bespjetʃɲe], na pewno [na pevnɔ]

Sicherheitsgebühr opłata za bezpieczeństwo [ɔpwata za bespjetʃeĩstfɔ]

Sicherheitsgurt pas bezpieczeństwa [paz bespjetʃeĩstfa]

Sicherheitskontrolle kontrola bezpieczeństwa [kɔntrɔla bespjetʃeĩstfa]

Sicherheitsnadel agrafka [agrafka]

Sicherung zabezpieczenie [zabespjetʃeɲe]; (Schutz) ochrona [ɔxrɔna]; el bezpiecznik [bespjetʃɲik]

sie (3. Person sing) ona [ɔna]; (3. Person pl) oni/one [ɔɲi/ɔne]

Sie (Herr) pan [pan]; (Frau) pani [paɲi]; (Herrschaften) państwo [paĩstfɔ]

Silber srebro [srebrɔ]

silberfarben srebrzysty [srebʒisti]

Silvester wieczór sylwestrowy [vjetʃur silvestrɔvi]

Sinfoniekonzert koncert symfoniczny [kɔntsert simfɔɲitʃni]

singen śpiewać/zaśpiewać [ɕpjevatɕ/zaɕpjevatɕ]

Sitz (Platz, ~fläche) miejsce [mjejstse], siedzenie [ɕedzeɲe]; (Ort) siedziba [ɕedziba]

sitzen siedzieć [ɕedzetɕ]

Skateboard deskorolka [deskɔrɔlka]

Ski laufen jeździć na nartach [jeździtɕ na nartax]

Ski narty pl [narti]

Skibindung wiązania pl narciarskie [vjɔ̃zaɲa nartɕarsce]

Skibrille gogle pl [gɔgle], okulary pl narciarskie [ɔkulari nartɕarsce]

Skihose spodnie pl narciarskie [spɔdɲe nartɕarsce]

Skikurs kurs narciarski [kurs nartɕarski]

Skilehrer/in instruktor/ka narciarstwa [instruktɔr/ka nartɕarstfa]

Skistiefel buty narciarskie [buti nartɕarsce]

Skistöcke kijki do nart [cijci dɔ nart]

Skulptur rzeźba [ʒezba]

Slip slipy pl [slipi]

Slipeinlagen wkładki higieniczne [fkwatci çijeɲitʃne]

Smartphone smartfon [smartfɔn]

Smoothie smoothie n [smufi]

Socken skarpetki [skarpetci], skarpety [skarpeti]

Sodbrennen zgaga [zgaga]

sofort natychmiast [natixmjast]

Sofortbildkamera polaroid [pɔlarɔit]

Sohle podeszwa [pɔdeʃfa]

Sohn syn [sin]

Solarium solarium n [sɔlarjum]
Solist/in solist-a/ka [sɔlist-a/ka]
sollen (er soll/sie soll/es soll)
  powinien m/powinna f/powinno
  n [pɔviɲɛn/pɔvinna/pɔvinnɔ]
Sommer lato [latɔ]
Sondermarke znaczek
  okolicznościowy [znatʃɛk
  ɔkɔlitʃnɔɕtɕɔvi]
Sonne słońce [swɔɲtsɛ]
Sonnenbrand oparzenie słoneczne
  [ɔpaʒɛɲɛ swɔnɛtʃnɛ]
Sonnencreme krem do opalania
  [krɛm dɔ ɔpalaɲa]
Sonnenhut kapelusz
  przeciwsłoneczny [kapɛluʃ
  pʃɛtɕifswɔnɛtʃni]
Sonnenliege leżak do opalania
  [lɛʒak dɔ ɔpalaɲa]
Sonnenöl olejek do opalania [ɔlɛjɛk
  dɔ ɔpalaɲa]
Sonnenschirm parasol
  przeciwsłoneczny [parasɔl
  pʃɛtɕifswɔnɛtʃni]
Sonnenschutz ochrona
  przeciwsłoneczna [ɔxrɔna
  pʃɛtɕifswɔnɛtʃna]
Sonnenstich porażenie słoneczne
  [pɔraʒɛɲɛ swɔnɛtʃnɛ], udar
  słoneczny [udar swɔnɛtʃni]
sonnig słoneczny [swɔnɛtʃni]
Sonntag niedziela [ɲɛdʑɛla]
sorgen, s. ~ um troszczyć się o
  [trɔʃtʃitɕ ɕɛ ɔ], martwić się o
  [martfitɕ ɕɛ ɔ]
Sorte rodzaj [rɔdzaj]
Soße sos [sɔs]

Souvenirladen sklep z pamiątkami
  [sklɛp s pamjɔntkami]
Sozialstation placówka socjalna
  [platsufka sɔtsjalna]
Spargel szparagi [ʃparaɟi]
Spaß żart [ʒart]; *(Freude)*
  przyjemność f [pʃijɛmnɔɕtɕ]
spät późno [puʑnɔ]
später później [puʑnɛj]
Spaziergang spacer [spatsɛr],
  przechadzka [pʃɛxatska]
Speisekarte karta (dań) [karta
  (daɲ)], menu [mɛɲi]
Speiseröhre przełyk [pʃɛwik]
Speisesaal jadalnia [jadalɲa]
Speisewagen wagon restauracyjny
  [vagɔn rɛstawratsijni]
Spezialität specjalność f
  [spɛtsjalnɔɕtɕ]
speziell *adj* specjalny [spɛtsjalni],
  szczególny [ʃtʃɛgulni]; *adv*
  specjalnie [spɛtsjalɲɛ]
Spiegel lustro [lustrɔ]
Spiel mecz [mɛtʃ], gra [gra]
spielen *(Sport, Musik)* grać [gratɕ];
  bawić się [bavitɕ ɕɛ]
Spielkamerad towarzysz zabaw
  [tɔvaʒiʃ zabaf]
Spielkasino kasyno gry [kasinɔ gri]
Spielplan repertuar [rɛpɛrtuar]
Spielplatz plac zabaw [plats zabaf]
Spielsachen zabawki [zabafci]
Spielwarengeschäft sklep z
  zabawkami [sklɛp z zabafkami]
Spinat szpinak [ʃpinak]
Spirituosengeschäft sklep
  monopolowy [sklɛp mɔnɔpɔlɔvi]
Sport sport [spɔrt]

Sportartikel artykuły sportowe [artikuwi sportɔve]

Sportler/in sportowiec/ sportsmenka [spɔrtɔvjets/ spɔrtsmɛŋka]

Sportplatz boisko [bɔiskɔ]

Sprache język [jɛ̃vzik]; *(das Sprechen)* mowa [mɔva]

Sprachkurs kurs językowy [kurs jɛ̃vzikɔvi]

sprechen mówić/powiedzieć [muvitɕ/pɔvjɛdzɛtɕ]; *(Worte wechseln)* rozmawiać/ porozmawiać [rɔzmavjatɕ/ pɔrɔzmavjatɕ]

Sprechstunde godziny *pl* przyjęć [gɔdʑini pʃijɛ̃tɕ]

Spritze zastrzyk [zastʃik]

Spülbürste szczoteczka do zmywania [ʃtʃɔtɛtʃka dɔ zmivaɲa]

Spülmittel płyn do mycia naczyń [pwin dɔ mitɕa natʃiɲ]

Spültuch ściereczka [ɕtɕɛrɛtʃka]

Staat państwo [paɲstfɔ]

Staatsangehörigkeit obywatelstwo [ɔbivatɛlstfɔ]

Stadion stadion [stadjɔn]

Stadt miasto [mjastɔ]

Stadtbus autobus miejski [awtɔbus mjɛjsci]

Stadtmauer mury *pl* miejskie [muri mjɛjscɛ]

Stadtplan plan miasta [plan mjasta]

Stadtrundfahrt wycieczka po mieście [vitɕɛtʃka pɔ mjɛɕtɕɛ]

Stadtteil dzielnica miasta [dʑɛlɲitsa mjasta]

Stadtzentrum centrum miasta [tsɛntrum mjasta]

stammen (aus) pochodzić z [pɔxɔdʑits z]

Standlicht światła *pl* postojowe [ɕfjatwa pɔstɔjɔvɛ]

stark silny [ɕilni], mocny [mɔtsni]

Starthilfekabel kable rozruchowe [kablɛ rɔzruxɔvɛ]

Station *(im Krankenhaus)* oddział [ɔddʑaw]; *(Haltestelle)* przystanek [pʃistanɛk]

Stativ statyw [statif]

stattfinden odbywać się/odbyć się [ɔdbivatɕ ɕɛ/ɔdbitɕ ɕɛ]

Statue statua [statua]

Stau korek [kɔrɛk]

Staub kurz [kuʃ]

stechen *(mit Nadel)* kłuć/ukłuć [kwutɕ/ukwutɕ]; *(Mücke)* kąsić/ ukąsić [kɔ̃ɕitɕ/ukɔ̃ɕitɕ]; *(Wespe)* żądlić/użądlić [ʒɔndlitɕ/ uʒɔndlitɕ]; *(Sonne)* przypiekać/ przypiec [pʃipjɛkatɕ/pʃipjɛts]

Steckdose gniazdko (wtykowe) [gnastkɔ (ftikɔvɛ)]

Stecker wtyczka [ftitʃka]

Steg *(Brücke)* kładka [kwatka]; *(Boots–)* przystań *f* [pʃistaɲ]

stehen stać [statɕ]; *(sich befinden)* znajdować się [znajdɔvatɕ ɕɛ]

stehlen kraść/ukraść [kraɕtɕ/ ukraɕtɕ]

Steigung wzniesienie [vznɛɕɛɲɛ]

steil stromy [strɔmi], spadzisty [spadʑisti]

Stein kamień [kamjɛɲ]

steinig kamienisty [kamjɛɲisti]

Stempel stempel [stɛmpɛl], pieczątka [pjɛtʃɔntka]
Stern gwiazda [gvjazda]
Steward/ess steward/esa [stjuart/ stjuardɛsa]
Stickerei hafciarstwo [xaftɕarstfɔ]
Stiefel kozaki [kɔzaci]
Stil styl [stil]
still adj cichy [tɕixi], spokojny [spɔkɔjni]; adv cicho [tɕixɔ]
Stillleben martwa natura [martfa natura]
stinken śmierdzieć [ɕmjɛrdʑɛtɕ]
Stirnhöhlenentzündung zapalenie zatok czołowych [zapalɛɲɛ zatɔk tʃɔwɔvix]
Stock kij [cij], laska [laska]; (Etage) piętro [pjɛntrɔ]
Stockwerk piętro [pjɛntrɔ]
Stoff materiał [matɛrjaw]
stören przeszkadzać/przeszkodzić [pʃɛʃkadzatɕ/pʃɛʃkɔdʑitɕ]
stornieren anulować [anulɔvatɕ]
Stoßstange zderzak [zdɛʒak]
Strafe kara [kara]
Strafraum pole karne [pɔlɛ karnɛ]
Strähnchen pasemko [pasɛmkɔ], kosmyk [kɔsmyk]
Strand plaża [plaʒa]
Strandschuhe obuwie plażowe [ɔbuvjɛ plaʒɔvɛ]
Straße ulica [ulitsa]; (Land~) droga [drɔga]
Straßenbahn tramwaj [tramvaj]
Straßenkarte mapa drogowa [mapa drɔgɔva]
Strauß (Blumen~) bukiet [bucɛt]
Streichholz zapałka [zapawka]

Strickjacke sweter rozpinany [sfɛtɛr rɔspinani]
Strohhalm słomka [swɔmka], rurka [rurka]
Strom (Fluss) rzeka [ʒɛka]; el prąd [prɔnt]
Stromanschluss przyłączenie do sieci elektrycznej [pʃiwɔntʃɛɲɛ dɔ ɕɛtɕi ɛlɛktritʃnɛj]
Strompauschale ryczałt za prąd [ritʃawt za prɔnt]
Stromspannung napięcie prądu [napjɛntɕɛ prɔndu]
Strümpfe pończochy [pɔntʃɔxi]
Strumpfhose rajstopy pl [rajstɔpi]
Stück sztuka [ʃtuka], (Teil) kawałek [kavawɛk]
studieren studiować [studjɔvatɕ]
Studio studio [studjɔ]
Stufe stopień [stɔpjɛɲ]
stufenloser Zugang dostęp bez stopni [dɔstɛmp bɛs stɔpɲi]
Stufenschnitt obcięcie z cieniowaniem [ɔptɕɛntɕɛ s tɕɛɲɔvaɲɛm]
Stuhl krzesło [kʃɛswɔ]
Stuhlgang stolec [stɔlɛts]
stumm niemy [ɲɛmi]
Stunde godzina [gɔdʑina]
stündlich co godzinę [tsɔ gɔdʑinɛ]
Sturm wichura [vixura]
stürzen (hinfallen) upadać/upaść [upadatɕ/upaɕtɕ]; (von etw fallen) spadać/spaść [spadatɕ/spaɕtɕ]
Sturzhelm kask [kask]
suchen szukać/poszukać [ʃukatɕ/ pɔʃukatɕ]
Sucher celownik [tsɛlɔvɲik]

Süden południe [pɔwudɲɛ]
südlich von na południe od [na pɔwudɲɛ ɔt]
Summe suma [suma]
Sumpf bagno [bagnɔ]
Supermarkt supermarket [supermarket]
Suppe zupa [zupa]
Suppenteller talerz do zupy [talɛʒ dɔ zupi]
Surfbrett deska surfingowa [dɛska serfingɔva]
surfen surfować [serfɔvatɕ]
süß słodki [swɔtci]
Süßigkeiten słodycze [swɔdɨtʃɛ]
Süßstoff słodzik [swɔdʑik]
Süßwarengeschäft sklep ze słodyczami [sklep zɛ swɔditʃami]
Swimmingpool basen [basɛn]
sympathisch sympatyczny [simpatɨtʃni]

T

Tabak tytoń [tɨtɔɲ]
Tabakladen kiosk z papierosami [kjɔsk s papjerɔsami]
Tablette tabletka [tabletka], pigułka [pigułka]
Tachometer szybkościomierz [ʃipkɔɕtɕɔmjeʒ]
Tag dzień [dʑɛɲ]
Tagesausflug wycieczka jednodniowa [vɨtɕetʃka jednɔdɲɔva]
Tagesgericht danie/potrawa dnia [daɲɛ/pɔtrava dɲa]

Tageskarte bilet całodzienny [bilet tsawɔdʑenni]
Tagestour wycieczka jednodniowa [vɨtɕetʃka jednɔdɲɔva]
täglich codziennie [tsɔdʑɛɲɲɛ]
tagsüber w ciągu dnia [f tɕɔŋgu dɲa]
Tal dolina [dɔlina]
Tampons tampony [tampɔni]
Tank bak [bak]
tanken tankować/zatankować [tankɔvatɕ/zatankɔvatɕ]
tanzen tańczyć/zatańczyć [taɲtʃɨtɕ/zataɲtʃɨtɕ]
Tänzer/in tance-rz/rka [tantsɛ-ʃ/rka]
Tanzkapelle orkiestra taneczna [ɔrcestra tanetʃna]
Tanztheater teatr tańca [teatr taɲtsa]
Tasche torba [tɔrba]
Taschenbuch książka w wydaniu kieszonkowym [kɕɔ̃ʃka v vɨdaɲu cɛʃɔŋkɔvim]
Taschendieb złodziej kieszonkowy [zwɔdʑej cɛʃɔŋkɔvi]
Taschenmesser scyzoryk [stsɨzɔrik]
Taschenrechner kalkulator [kalkulatɔr]
Tasse filiżanka [filiʒaŋka]
Taststock laska dla niewidomych [laska dla ɲevidɔmix]
Tatra pl Tatry [tatri]
taub głuchy [gwuxi]
taubstumm głochoniemy [gwuxɔɲemi]
Taubstumme/r głuchoniem-a/y [gwuxɔɲem-a/i]

tauchen nurkować [nurkɔvatɕ]
Taucherausrüstung sprzęt do nurkowania [spʃɛnd dɔ nurkɔvaɲa]
Taucherbrille okulary pl do nurkowania [ɔkulari dɔ nurkɔvaɲa]
täuschen, s. ~ mylić się/pomylić się [mɨlitɕ ɕɛ/pɔmɨlitɕ ɕɛ]
Taxifahrer/in taksówkarz/- [taksufkaʃ]
Taxistand postój taksówek [pɔstuj taksuvek]
Tee herbata [xɛrbata]
Teebeutel torebka herbaty ekspresowej [tɔrepka xɛrbati ɛksprɛsɔvej]
Teelöffel łyżeczka do herbaty [wɨʒɛtʃka dɔ xɛrbati]
Teil część f [tʃɛɕtɕ], składnik [skwadɲik], element [ɛlɛmɛnt]
Teilkasko częściowe ubezpieczenie autocasco [tʃɛɕtɕɔvɛ ubespjetʃɛɲɛ awtɔkaskɔ]
teilnehmen (an) brać udział/wziąć udział w [bratɕ udʑaw/vʑɔɲtɕ udʑaw v]
Telefon telefon [tɛlɛfɔn]
Telefonbuch książka telefoniczna [kɕɔ̃ʃka tɛlɛfɔɲitʃna]
telefonieren telefonować/ zatelefonować [tɛlɛfɔnɔvatɕ/ zatelɛfɔnɔvatɕ], dzwonić/ zadzwonić [dzvɔɲitɕ/zadzvɔɲitɕ]
Telefonkarte karta telefoniczna [karta tɛlɛfɔɲitʃna]
Telefonnummer numer telefonu [numer tɛlɛfɔnu]

Telefonzelle budka telefoniczna [butka tɛlɛfɔɲitʃna]
telegrafische Überweisung przekaz telegraficzny [pʃɛkas tɛlɛgrafitʃɲi]
Telegramm telegram [tɛlɛgram]
Teleobjektiv teleobjektyw [tɛlɛɔbjɛktif]
Telex teleks [tɛlɛks]
Teller talerz [talɛʃ]
Tempel świątynia [ɕfjɔntɨɲa]
Temperatur temperatura [tɛmpɛratura]
Tennis tenis [tɛɲis]
Tennisschläger rakieta tenisowa [racɛta tɛɲisɔva]
Termin termin [tɛrmin]; (Arzt~) wizyta [vizita]
Terminal terminal [tɛrminal]
Terrakotta terakota [tɛrakɔta]
Terrasse taras [taras]
Tetanus tężec [tɛ̃ʒɛts]
teuer adj drogi [drɔʑi]; adv drogo [drɔgɔ]
Theater teatr [tɛatr]
Theatergruppe grupa teatralna [grupa tɛatralna]
Theaterstück sztuka teatralna [ʃtuka tɛatralna]
Thermosflasche® termos [tɛrmɔs]
Thriller thriller [trilɛr]
Thunfisch tuńczyk [tuɲtʃik]
Thymian tymianek [tɨmjanek]
tief głęboki [gwɛmbɔci]; (niedrig) niski [ɲisci]
Tier zwierzę [zvjɛʒɛ]
Tintenfisch kałamarnica [kawamarɲitsa]

Tipp wskazówka [fskazufka], rada [rada]

Tisch stół [stuw]

Tischtennis tenis stołowy [tɛnis stɔwɔvi]

Tischtuch obrus [ɔbrus], serweta [sɛrveta]

Toast (Brot) tost [tɔst], grzanka [gʒaŋka]; (Trinkspruch) toast [tɔast]

Toaster toster [tɔstɛr]

Tochter córka [tsurka]

Toilette toaleta [tɔaleta]

Toilettenpapier papier toaletowy [papjɛr tɔaletɔvi]

Tomaten pomidory [pɔmidɔri]

Ton dźwięk [dʑvjɛŋk], ton [tɔn]; geo glina [glina]

tönen farbować [farbɔvaʨ]

Töpferei garncarstwo [garntsarstfɔ]

Töpferwaren wyroby garncarskie [virɔbi garntsarsʨe]

Tor brama [brama]; (Schuss) gol [gɔl], bramka [bramka]; (Pfosten) bramka [bramka]

Torwart bramkarz [bramkaʃ]

Tour podróż f [pɔdruʃ], wycieczka [viʨeʧka]

Tourist/in turyst-a/ka [turist-a/ka]

Tracht strój ludowy [struj ludɔvi]

tragbarer CD-Spieler przenośny odtwarzacz CD [pʃenɔɕni ɔttfaʒaʧ si̯di]

tragen nosić [nɔɕiʨ]

Tragflügelboot wodolot [vɔdɔlɔt]

Tragödie tragedia [tragedja]

trampen podróżować autostopem [pɔdruʒɔvaʨ awtɔstɔpem]

Transferbus autobus transferowy [awtɔbus transferɔvi]

Traubenzucker glukoza [glukɔza]

Traum (im Schlaf) sen [sɛn]; (Wunsch) marzenie [maʒɛɲe]

traurig smutny [smutni]

treffen trafiać/trafić [trafjaʨ/trafiʨ]; (begegnen) spotykać/spotkać [spɔtikaʨ/spɔtkaʨ]

Trekkingrad rower trekkingowy [rɔver treciŋgɔvi]

Treppe schody pl [sxɔdi]

Tretboot rower wodny [rɔver vɔdni]

trinken pić [piʨ]

Trinkflasche bidon [bidɔn]

Trinkgeld napiwek [napivɛk]

Trinkwasser woda pitna [vɔda pitna]

trocken suchy [suxi]; (Wein) wytrawne [vitravne]

trockenes Haar włosy suche [vwɔsi suxe]

trocknen (trans) suszyć/wysuszyć [suʂiʨ/visuʃiʨ]; (intr) schnąć/wyschnąć [sxnɔntɕ/visxnɔntɕ]

Trödler handlarz starzyzną [xandlaʃ staʒiznɔ̃w]

Trommelfell bębenek [bɛmbenɛk]

Tropfen krople [krɔple]

trotzdem mimo to [mimɔ tɔ], pomimo to [pɔmimɔ tɔ]

T-Shirt koszulka [kɔʃulka], T-shirt [ti-ʃert]

Tuch chustka [xustka]; (Putz–) ścierka [ɕʨerka]

tun robić/zrobić [rɔbit͡ɕ/zrɔbit͡ɕ]
Tunnel tunel [tunɛl]
Tür drzwi pl [d͡ʒvi]
Türbreite szerokość f drzwi
[ʃɛrɔkɔɕt͡ɕ d͡ʒvi]
Türcode kod otwierający drzwi [kɔt
ɔtfjɛrajɔnt͡si d͡ʒvi]
türkis turkusowy [turkusɔvi]
Turm weża [vjɛʒa]
Turnschuhe obuwie gimnastyczne
[ɔbuvjɛ ɟimnastɨt͡ʃnɛ], tenisówki
[tɛɲisufci]
Türschwelle próg drzwi [pruk d͡ʒvi]
Tüte torebka [tɔrɛpka],
reklamówka [rɛklamufka]
Typhus tyfus [tifus], dur [dur]
typisch typowy [tɨpɔvi]

U

U-Bahn metro [mɛtrɔ]
Übelkeit mdłości pl [mdwɔɕt͡ɕi]
üben ćwiczyć [t͡ɕfit͡ʃɨt͡ɕ]
über (räumlich) nad [nat], ponad
[pɔnat]; (quer ~, Route) przez
[pʃɛs]
überall wszędzie [fʃɛɲd͡ʑɛ]
überbacken zapiekany [zapjɛkani]
Überfall napad [napat]
Übergang przejście [pʃɛjɕt͡ɕɛ]
überholen wyprzedzać/
wyprzedzić [vɨpʃɛdzat͡ɕ/
vɨpʃɛd͡ʑit͡ɕ]
Überlandbus autokar [awtɔkar],
autobus dalekobieżny [awtɔbuz
dalɛkɔbjɛʒni]
übermorgen pojutrze [pɔjut͡ʃɛ]

übernachten nocować/
przenocować [nɔt͡sɔvat͡ɕ/
pʃɛnɔt͡sɔvat͡ɕ]
Übernachtung nocleg [nɔt͡slɛk]
Überreste pozostałości
[pɔzɔstawɔɕt͡ɕi]
übersetzen tłumaczyć/
przetłumaczyć [twumat͡ʃɨt͡ɕ/
pʃɛtwumat͡ʃɨt͡ɕ]
Überweisung przekaz [pʃɛkas],
przelew [pʃɛlɛf]; (vom Arzt)
skierowanie [sɕɛrɔvaɲɛ]
üblich zwykły [zvikwi], normalny
[nɔrmalni]
übrig bleiben pozostawać/
pozostać [pɔzɔstavat͡ɕ/pɔzɔstat͡ɕ]
Ufer brzeg [bʒɛk]
Uhrmacher zegarmistrz
[zɛɡarmist͡ʃ]
um diese Zeit o tej porze [ɔ tɛj
pɔʒɛ]
um (räumlich) dookoła [dɔɔkɔwa];
(zeitlich) o [ɔ]
umbuchen zmienić rezerwację
[zmjɛɲit͡ɕ rezervat͡sjɛ]
Umgebung (Landschaft) okolica
[ɔkɔlit͡sa]
Umgehungsstraße obwodnica
[ɔbvɔdɲit͡sa]
umgekehrt adv odwrotnie
[ɔdvrɔtɲɛ]
Umhängetasche torebka na ramię
[tɔrɛpka na ramjɛ]
umkehren zawracać/zawrócić
[zavrat͡sat͡ɕ/zavrut͡ɕit͡ɕ]
Umleitung objazd [ɔbjast]
umtauschen wymieniać/wymienić
[vɨmjɛɲat͡ɕ/vɨmjɛɲit͡ɕ]

Umweg droga okrężna [drɔga ɔkrɛ̃w̃ʒna]

Umwelt środowisko [ɕrɔdɔviskɔ], otoczenie [ɔtɔt͡ʃɛɲɛ]

umziehen, s. ~ przebierać się/przebrać się [p͡ʃɛbjɛrat͡ɕ ɕɛ/p͡ʃɛbrat͡ɕ ɕɛ]

Umzug pochód [pɔxut]

unangenehm nieprzyjemny [ɲɛp͡ʃijɛmni]

unbedingt adv koniecznie [kɔɲɛt͡ʃnɛ]

und i [i], (bei Gegenüberstellung) a [a]

unentschieden nie rozstrzygnięty [ɲɛ rɔsst͡ʃignɛnti], niepewny [ɲɛpɛvni], (im Spiel) remisowy [rɛmisɔvi]

unerträglich nieznośny [ɲɛznɔɕni]

Unfall wypadek [vipadɛk]

ungeeignet nieodpowiedni [ɲɛɔtpɔvjɛdɲi]

ungefähr około [ɔkɔwɔ]

ungewöhnlich niezwykły [ɲɛzvikwi]

unglaublich adj niewiarygodny [ɲɛvjarigɔdni]; adv nie do wiary [ɲɛ dɔ vjari]

Unglück nieszczęście [ɲɛʃt͡ʃɛ̃ɕt͡ɕɛ]

Universität uniwersytet [uɲivɛrsitɛt]

Unkosten wydatki [vidatci], koszty [kɔʃti]

unmöglich niemożliwy [ɲɛmɔʒlivi]

uns (dat von wir) nam [nam]; (akk von wir) nas [nas]; (bei reflexiven Verben) się [ɕɛ]

unser(e) nasz m/nasze n, (nasza f/nasze pl) [naʃ/naʃɛ (naʃa/naʃɛ)]

unten w dole [v dɔlɛ], na dole [na dɔlɛ]

unter pod [pɔt]; (zwischen) między [mjɛndzi]

unterbrechen przerywać/przerwać [p͡ʃɛrivat͡ɕ/p͡ʃɛrvat͡ɕ]

Unterführung (für Fußgänger) przejście podziemne [p͡ʃɛjɕt͡ɕɛ pɔdʑɛmnɛ]; (für Fahrzeuge) tunel [tunɛl]

unterhalb poniżej [pɔɲiʒɛj], pod [pɔt]

unterhalten, s. ~ (sprechen) rozmawiać/porozmawiać [rɔzmavjat͡ɕ/pɔrɔzmavjat͡ɕ]; (sich vergnügen) bawić się [bavit͡ɕ ɕɛ]

Unterhaltung (Gespräch) rozmowa [rɔzmɔva]; (Vergnügen) zabawa [zabava]

Unterhemd podkoszulek [pɔtkɔʃulɛk]

Unterhose majtki pl [majtci] ; (Damen) figi pl [fiɡi]; (Herren) slipy pl [slipi]

Unterkunft kwatera [kfatɛra], zakwaterowanie [zakfatɛrɔvaɲɛ]

Unterleib podbrzusze [pɔdbʒuʃɛ]

unterrichten informować/poinformować [informɔvat͡ɕ/pɔinformɔvat͡ɕ]; (in der Schule) uczyć [ut͡ʃit͡ɕ]

unterschreiben podpisywać/podpisać [pɔtpisivat͡ɕ/pɔtpisat͡ɕ]

Unterschrift podpis [pɔtpis]

Untersuchung badanie [badaɲɛ]

Untersuchungshaft areszt śledczy [arɛʃt ɕlɛttʃi]
Untertasse spodek [spɔdɛk]
Untertitel napisy pl [napisi]
Unterwäsche bielizna [bjɛlizna]
Unterwasserkamera aparat do zdjęć podwodnych [aparat dɔ zdjɛ̃tɕ pɔdvɔdnix]
unterwegs w drodze [v_drɔdzɛ], po drodze [pɔ_drɔdzɛ]
unverbindlich niezobowiązujący [nɛzɔbɔvjɔ̃wzujɔntsi]
unverschämt bezwstydny [bɛsfstidni], bezczelny [bɛstʃɛlni]
unwahrscheinlich nieprawdopodobny [nɛpravdɔpɔdɔbni]
unwichtig nieważny [nɛvaʒni]
Urin mocz [mɔtʃ]
Urlaub urlop [urlɔp]

V

Varietee variétés n [varjɛtɛ]
Vase waza [vaza]
Vater ojciec [ɔjtɕɛts], tato [tatɔ]
Veganer/in weganin/weganka [vɛganin/vɛganka]
Vegetarier/in wegetarianin/ wegetarianka [vɛgɛtarjanin/ vɛgɛtarjanka]
vegetarisch jarskie [jarsɕɛ], wegeteriańskie [vɛgɛterjansɕɛ]
Ventilator wentylator [vɛntilatɔr]
Verabredung umowa [umɔva]; (Treffen) spotkanie [spɔtkanɛ]

verabschieden, s. ~ żegnać się/ pożegnać się [ʒɛgnatɕ_ɕɛ/ pɔʒɛgnatɕ_ɕɛ]
Veranstaltung impreza [imprɛza]
verantwortlich odpowiedzialny [ɔtpɔvjɛdʑalni]
Verband opatrunek [ɔpatrunɛk], bandaż [bandaʃ]
verbinden opatrzyć [ɔpatʃitɕ], zabandażować [zabandaʒɔvatɕ]; (verknüpfen) łączyć/połączyć [wɔntʃitɕ/pɔwɔntʃitɕ]
Verbindung połączenie [pɔwɔntʃɛnɛ]
verboten zakazane [zakazanɛ], wzbronione [vzbrɔnɔnɛ]
Verbrechen przestępstwo [pʃɛstɛmpstfɔ]
Verbrennung oparzenie [ɔpaʒɛnɛ]
Verdauung trawienie [travjɛnɛ]
Verdauungsstörung zaburzenia pl trawienia [zabuʒɛna travjɛna]
verdorben (Essen) zepsuty [zɛpsuti]; (moralisch) zdemoralizowany [zdɛmɔralizɔvani]
vereinbaren umawiać (się)/ umówić (się) [umavjatɕ_(ɕɛ)/ umuvitɕ_(ɕɛ)]
Vergangenheit przeszłość f [pʃɛʃwɔɕtɕ]
vergessen zapominać/zapomnieć [zapɔminatɕ/zapɔmnɛtɕ]
Vergewaltigung gwałt [gvawt]
Vergiftung zatrucie [zatrutɕɛ]
Vergnügen przyjemność f [pʃijɛmnɔɕtɕ]

Vergnügungspark park rozrywki [park rɔzrɨvci]

verhaften aresztować [arɛʃtɔvatɕ]

verheiratet *(Mann)* żonaty [ʐɔnati]; *(Frau)* zamężna [zamɛ̃ʐna]

Verhütungsmittel środek antykoncepcyjny [ɕrɔdɛk antɨkɔntsɛptsɨjni]

verirren, s. ~ zabłąkać się [zabwɔŋkatɕ ɕɛ], zbłądzić [zbwɔndʑitɕ]

verkaufen sprzedawać/sprzedać [spʃɛdavatɕ/spʃɛdatɕ]

Verkehr *(Straßen~)* ruch [rux], komunikacja [kɔmunikatsja]

Verkehrsamt wydział komunikacji [vidʑaw kɔmunikatsji]

verlängern przedłużać/przedłużyć [pʃɛdwuʐatɕ/pʃɛdwuʐitɕ]

Verlängerungsschnur przedłużacz [pʃɛdwuʐatʃ]

Verlängerungswoche przedłużenie o tydzień [pʃɛdwuʐɛɲɛ ɔ tidʑɛɲ]

verlassen opuszczać/opuścić [ɔpuʃtʃatɕ/ɔpuɕtɕitɕ]

verletzen skaleczyć [skalɛtɕitɕ]

Verletzte, der/die ~ rann-y m/a [rann-i/a]

Verletzung skaleczenie [skalɛtʃɛɲɛ]

verlieren gubić/zgubić [gubitɕ/ zgubitɕ], tracić/stracić [tratɕitɕ/ stratɕitɕ]; *(nicht gewinnen)* przegrywać/przegrać [pʃɛgrivatɕ/pʃɛgratɕ]

Verlobte, der/die ~ narzeczon-y m/a [naʒɛtʃɔn-i/a]

vermieten wynajmować/wynająć [vinajmɔvatɕ/vinajɔntɕ]; *(Auto etc)* wypożyczać/wypożyczyć [vipɔʒitʃatɕ/vipɔʒitʃitɕ]

Verpackung opakowanie [ɔpakɔvaɲɛ]

verpassen przegapiać/przegapić [pʃɛgapjatɕ/pʃɛgapitɕ]

Verpflegung wyżywienie [viʐivjɛɲɛ]

verrechnen, s. ~ przeliczyć się [pʃɛlitʃitɕ ɕɛ]

verreisen wyjeżdżać/wyjechać (w podróż) [vijɛʒdʒatɕ/vijɛxatɕ (f pɔdruʃ)]

verrückt zwariowany [zvarjɔvani]

verschieben przesuwać/przesunąć [pʃɛsuvatɕ/pʃɛsunɔntɕ], przekładać/przełożyć [pʃɛkwadatɕ/pʃɛwɔʒitɕ]

verschließen zamykać/zamknąć [zamikatɕ/zamknɔntɕ]

verschreiben zapisywać/zapisać [zapisivatɕ/zapisatɕ]

Versicherung ubezpieczenie [ubɛspjɛtɕɛɲɛ]

Verspätung spóźnienie [spuʑɲɛɲɛ]

verstaucht skręcony [skrɛntsɔni]

verstehen rozumieć/zrozumieć [rɔzumjɛtɕ/zrɔzumjɛtɕ]

Verstopfung zatwardzenie [zatfardzɛɲɛ], obstrukcja [ɔpstruktsja]

versuchen próbować/spróbować [prubɔvatɕ/sprubɔvatɕ]

Vertrag umowa [umɔva], układ [ukwat]

Vertrauen zaufanie [zaufaɲɛ]

verunglücken mieć wypadek [mjetɕ vipadɛk]

verursachen powodować/ spowodować [pɔvɔdɔvatɕ/ spɔvɔdɔvatɕ]

Verwaltung urząd [uʒɔnt], administracja [administratsja]

verwandt spokrewniony [spɔkrɛvnɔni]

verwechseln mylić/pomylić [militɕ/pɔmilitɕ]

verwitwet wdowiec/wdowa [vdɔvjɛts/vdɔva]

Videokamera wideokamera [videɔkamera], kamera wideo [kamera videɔ]

viel dużo [duʒɔ]

vielleicht może [mɔʒɛ]

Villa willa [villa]

violett fioletowy [fjɔlɛtɔvi]

Virus wirus [virus]

Visum wiza [viza]

Vogel ptak [ptak]

Vogelschutzgebiet rezerwat ptaków [rezervat ptakuf]

Volk lud [lut], naród [narut]

Völkerkundemuseum muzeum *n* etnograficzne [muzeum etnɔgrafitʃnɛ]

Volksmusik muzyka ludowa [muzika ludɔva]

Volksstück sztuka ludowa [ʃtuka ludɔva]

voll pełny [pɛwni]

Volleyball siatkówka [ɕatkufka]

Vollkasko autocasco [awtɔkaskɔ]

Vollpension pełne wyżywienie [pɛwnɛ viʒivjɛɲɛ]

vom Fass z beczki [z bɛtʃci]

vom Grill z rusztu/grilla [z ruʃtu/ grila]

von *(zeitlich; von jdm)* od [ɔt]; *(räumlich)* z [z]

vor przed [pʃɛt]

vor zehn Minuten przed dziesięcioma minutami [pʃɛt dʑeɕɛɲtɕɔma minutami]

Voranmeldung uprzednie zgłoszenie [upʃɛdɲɛ zgwɔʃɛɲɛ]

Voraus, im – z góry [z gury]

vorbereiten przygotowywać/ przygotować [pʃigɔtɔvivatɕ/ pʃigɔtɔvatɕ]

Vordruck formularz [fɔrmulaʃ]

vorgestern przedwczoraj [pʃɛtftʃɔraj]

vorher przedtem [pʃɛttɛm]

vorletzte(r, -s) przedostatnia, przedostatni, przedostatnie [pʃɛdɔstatɲa, pʃɛdɔstatɲi, pʃɛdɔstatɲɛ]

Vormittag przedpołudnie [pʃɛtpɔwudɲɛ]

vormittags przed południem [pʃɛt pɔwudɲɛm]

vorn na przodzie [na pʃɔdʑɛ], z przodu [s pʃɔdu]

Vorname imię [imjɛ]

vornehm elegancki [ɛlɛgantsci]

Vorort przedmieście [pʃɛdmjɛɕtɕɛ]

Vorrat zapas [zapas]

Vorsaison okres przedsezonowy [ɔkrɛs pʃɛtsɛzɔnɔvi]

Vorschlag propozycja [prɔpɔzitsja]

Vorschrift przepis [pʃepis]; *(Anweisung)* instrukcja [instruktsja]

Vorsicht! uwaga! [uvaga]

vorsichtig *adv* ostrożnie [ɔstrɔʒɲɛ]

Vorspeise zakąska [zakɔ̃ska]

Vorstellung *(Bekanntmachen)* prezentacja [prezentatsja]; *(im Theater)* przedstawienie [pʃɛtstaviɛɲɛ]; *(Gedanke)* wyobrażenie [viɔbraʒɛɲɛ]

Vorteil korzyść *f* [kɔʒɨɕtɕ]

Vorverkauf przedsprzedaż *f* [pʃɛtspʃɛdaʃ]

Vorwahlnummer numer kierunkowy [numɛr cɛrunkɔvɨ]

vorwärts naprzód [napʃut]

Vulkan wulkan [vulkan]

W

wach obudzony [ɔbudzɔnɨ]; czujny [tʃujnɨ]

Wachablösung zmiana warty [zmjana vartɨ]

Wagenheber lewarek do samochodu [levarɛk dɔ samɔxɔdu]

Wagennummer numer wagonu [numɛr vagɔnu]

wählen wybierać/wybrać [vɨbjɛratɕ/vɨbratɕ]

wahr prawdziwy [pravdʑivɨ]

während podczas [pɔttʃas]

wahrscheinlich *adj* prawdopodobny [pravdɔpɔdɔbnɨ]; *adv* prawdopodobnie [pravdɔpɔdɔbnɛ]

Währung waluta [valuta]

Wahrzeichen symbol [sɨmbɔl]

Wald las [las]

Wallfahrtsort miejsce pielgrzymek [mjɛjstsɛ pjɛlgʒɨmɛk]

Wand ściana [ɕtɕana]

Wanderkarte mapa turystyczna [mapa turistɨtʃna]

wandern wędrować/powędrować [vɛndrɔvatɕ/pɔvɛndrɔvatɕ]

Wandern wędrowanie [vɛndrɔvaɲɛ]

Wanderweg szlak turystyczny [ʃlak turistɨtʃnɨ]

warm *adj* ciepły [tɕɛpwi]; *adv* ciepło [tɕɛpwɔ]

warmes Wasser ciepła woda [tɕɛpwa vɔda]

Warnblinkanlage światła *pl* awaryjne [ɕfjatwa avarijnɛ]

Warndreieck trójkąt ostrzegawczy [trujkɔnt ɔstʃɛgaftʃɨ]

warten czekać/poczekać [tʃɛkatɕ/pɔtʃɛkatɕ]

Wartesaal poczekalnia [pɔtʃɛkalɲa]

Wartezimmer poczekalnia [pɔtʃɛkalɲa]

was co [tsɔ]

Waschbecken umywalka [umɨvalka]

Wäsche pranie [praɲɛ]

Wäscheklammern spinacze do bielizny [spinatʃɛ dɔ bjɛliznɨ]

Wäscheleine sznur do bielizny [ʃnur dɔ bjɛliznɨ]

waschen prać/wyprać [pratɕ/vipratɕ]

Wäscherei pralnia [pralɲa]

Wäschetrockner suszarka do bielizny [suʃarka dɔ bjelizni]

Waschlappen myjka [mijka]

Waschmaschine pralka [pralka]

Waschmittel środek do prania [ɕrɔdɛg dɔ praɲa]

Waschraum umywalnia [umivalɲa]

Waschsalon pralnia samoobsługowa [pralɲa samɔɔpswugɔva]

Wasser woda [vɔda]

Wasserfall wodospad [vɔdɔspat]

Wasserglas szklanka do wody [ʃklanka dɔ vɔdi]

Wasserhahn kurek [kurɛk], kran [kran]

Wasserkanister kanister na wodę [kaɲistɛr na vɔdɛ]

Wasserski narty wodne [narti vɔdnɛ]

Wasserspülung spłuczka [spwutʃka]

Wasserverbrauch zużycie wody [zuʒɨtɕɛ vɔdi]

Watte wata [vata]

Wattestäbchen waciki do uszu [vatɕici dɔ uʃu]

Wechsel zmiana [zmjana]; *(Geld~)* wymiana [vimjana]

Wechselgeld drobne pl [drɔbnɛ]

wechselhaft adv zmiennie [zmjɛɲɲɛ]

Wechselkurs kurs wymiany [kurs vimjani]

Wechselstube kantor [kantɔr]

wecken budzić/obudzić [budʑitɕ/ɔbudʑitɕ]

Wecker budzik [budʑik]

weg precz [prɛtʃ]

wegen z powodu [s pɔvɔdu]

weggehen iść/pójść [iɕtɕ/pujɕtɕ]

Wegweiser drogowskaz [drɔgɔfskas]

wehtun boleć [bɔlɛtɕ]

weich miękki [mjɛɲci]

Weichkäse ser typu brie [sɛr tipu bri]

Weichsel Wisła [viswa]

Weihnachten Boże Narodzenie [bɔʒɛ narɔdzɛɲɛ]

weil ponieważ [pɔɲevaʃ], bo [bɔ]

Wein wino [vinɔ]

weinen płakać [pwakatɕ]

Weinglas kieliszek do wina [cɛliʃɛg dɔ vina]

Weinhandlung sklep z winem [sklɛp z vinɛm]

Weintrauben winogrona [vinɔgrɔna]

Weisheitszahn ząb mądrości [zɔmp mɔndrɔɕtɕi]

weiß biały [bjawi]

Weißbrot chleb pszenny [xlɛp pʃɛnni]

Weißwein wino białe [vinɔ bjawɛ]

weit *(Weg)* daleko [dalɛkɔ]; *(Gegenteil von eng)* luźny [luzni]

Welt świat [ɕfjat]

wenig mało [mawɔ]

wenigstens co najmniej [tsɔ najmɲej], chociaż [xɔtɕaʃ]

wenn jeżeli [jeʒeli], jeśli [jeɕli], gdy [gdi]

werden stać się [statɕ ɕɛ], zostać [zɔstatɕ]

Werkstatt warsztat naprawczy [varʃtat napraftʃi]

Werktag dzień roboczy [dʒɛn rɔbɔtʃi]

Werkzeug narzędzia pl [naʒɛndʒa]

Wertangabe wartość f [vartɔɕtɕɛ]

wertlos bezwartościowy [bezvartɔɕtɕɔvɨ]

Wertsachen rzeczy wartościowe [ʒɛtʃi vartɔɕtɕɔvɛ]

Wespe osa [ɔsa]

Weste kamizelka [kamizelka]

Western western [western]

westlich von na zachód od [na zaxut ɔt]

Wetterbericht komunikat meteorologiczny [kɔmunikat metɛɔrɔlɔjitʃni]

Wettervorhersage prognoza pogody [prɔgnɔza pɔgɔdɨ]

Wettkampf zawody pl [zavɔdɨ], mecz [metʃ]

wichtig ważny [vaʒni]

Wickeltisch stół do przewijania [stuw dɔ pʃɛvijana]

wie jak [jak]

wieder znowu [znɔvu], znów [znuf]

wiederholen powtarzać/powtórzyć [pɔftaʒatɕɛ/pɔftuʒɨtɕɛ]

wiederkommen wracać/wrócić [vratsatɕɛ/vrutɕitɕɛ]

Wiese łąka [wɔnka]

wild dziki [dʑici]

Wildpark zwierzyniec [zvjɛʑinɛts]

willkommen! witam! [vitam]

Wimperntusche tusz do rzęs [tuʃ dɔ ʒɛ̃ws]

Wind wiatr [vjatr]

Windeln pieluchy [pjɛluxɨ]

Windpocken ospa wietrzna [ɔspa vjɛtʃna]

Windrichtung kierunek wiatru [cjɛrunɛg vjatru]

Windschutzscheibe przednia szyba [pʃɛdna ʃiba]

Windstärke siła wiatru [ɕiwa vjatru]

windsurfen uprawiać windsurfing [upravjatɕ winterfiŋk]

Winter zima [ʑima]

Winterreifen opona zimowa [ɔpɔna ʑimɔva]

wir my [mi]

Wirbelsäule kręgosłup [krɛŋgɔswup]

wirklich adv naprawdę [napravdɛ], rzeczywiście [ʒɛtʃiviɕtɕɛ]

wissen wiedzieć [vjɛdʑɛtɕ]

Witz żart [ʒart], dowcip [dɔftɕip], (fam) kawał [kavaw]

Woche tydzień [tidʑɛn]

Wochenendpauschale ryczałt weekendowy [ritʃawt wikɛndɔvi]

Wochenkarte bilet tygodniowy [bilɛt tigɔdnɔvi]

wochentags w dni powszednie [v dni pɔʃɛdnɛ]

wöchentlich adj tygodniowy [tigɔdnɔvi]; adv tygodniowo [tigɔdnɔvɔ]

wohnen mieszkać [mjɛʃkatɕ]

Wohnmobil samochód kempingowy [samɔxut kempiŋɔvi]

Wohnort miejsce zamieszkania [mjɛjstsɛ zamjɛʃkana]

Wohnung mieszkanie [mjɛʃkaɲɛ]
Wohnwagen przyczepa
kempingowa [pʃitʃɛpa
kɛmpiŋgɔva]
Wohnzimmer pokój dzienny [pɔkuj
dʑɛnni]
Wolke chmura [xmura]
Wolldecke kołdra wełniana
[kɔwdra vɛwɲana]
Wolle wełna [vɛwna]
Wort słowo [swɔvɔ]
Wunde rana [rana]
wunderbar cudowny [tsudɔvni]
wundern, s. – (über) dziwić się
(czemuś) [dʑivitɕ ɕɛ (tʃɛmuɕ)]
wünschen życzyć [ʒitʃitɕ]
Wurm robak [rɔbak]
Wurst wędlina [vɛndlina], kiełbasa
[cɛwbasa]
Würstchen kiełbaski pl [cɛwbasci]
würzen przyprawić [pʃipravitɕ]
wütend wściekły [fɕtɕɛkwi]

Y

Yoga joga [jɔga]

Z

zäh żylasty [ʒilasti]
Zahl liczba [litʃba]
zählen liczyć/policzyć [litʃitɕ/
pɔlitʃitɕ]
zahlen płacić/zapłacić [pwatɕitɕ/
zapwatɕitɕ]
Zahlung opłata [ɔpwata], płatność
f [pwatnɔɕtɕ]
Zahn ząb [zɔmp]

Zahnbürste szczoteczka do zębów
[ʃtʃɔtɛtʃka dɔ zɛmbuf]
Zahnfleisch dziąsło [dʑɔ̃wsɔ]
Zahnpasta pasta do zębów [pasta
dɔ zɛmbuf]
Zahnradbahn kolejka zębata
[kɔlɛjka zɛmbata]
Zahnschmerzen ból zęba [bul
zɛmba]
Zahnstocher wykałaczka
[vikawatʃka]
Zäpfchen czopki pl [tʃɔpci]
zart delikatny [dɛlikatni]
zärtlich czuły [tʃuwi]
Zehe palec u nogi [palɛts u nɔɟi]
Zeichen znak [znak]
Zeichentrickfilm film animowany
[film aɲimɔvani]
zeichnen rysować/narysować
[risɔvatɕ/narisɔvatɕ]
Zeichnung rysunek [risunɛk]
zeigen pokazywać/pokazać
[pɔkazivatɕ/pɔkazatɕ]
Zeit czas [tʃas]
Zeitschrift czasopismo [tʃasɔpismɔ]
Zeitung gazeta [gazɛta]
Zeitungshändler sprzedawca
gazet [spʃɛdaftsa gazɛt]
Zelt namiot [namjɔt]
zelten mieszkać w namiocie
[mjɛʃkatɕ v namjɔtɕɛ]
Zeltschnur sznur od namiotu [ʃnur
ɔt namjɔtu]
Zeltstange podpora namiotu
[pɔtpɔra namjɔtu], drążek
[drɔ̃ʒɛk]
Zentimeter centymetr [tsɛntimɛtr]
zentral centralny [tsɛntralni]

Zentralheizung ogrzewanie centralne [ɔgʒevaɲe tsɛntralnɛ]
Zentrum centrum n [tsɛntrum]
Zerrung nadwyrężenie [nadvirɛ̃wʒɛɲe]
Zeuge/Zeugin świadek/- [ɕfjadɛk]
Ziegenkäse ser kozi [sɛr kɔʑi]
ziehen ciągnąć [tɕɔŋgnɔɲtɕ]; (Zahn) wyrywać/wyrwać [virivatɕ/virvatɕ]
Ziel cel [tsɛl]
ziemlich dość [dɔɕtɕ]
Zigarette papieros [papjɛrɔs]
Zigarillo cygaretka [tsigarɛtka]
Zigarre cygaro [tsigarɔ]
Zimmer pokój [pɔkuj]
Zimmermädchen pokojówka [pɔkɔjufka]
Zimmertelefon telefon pokojowy [tɛlɛfɔn pɔkɔjɔvi]
Zirkus cyrk [tsirk]
Zitronen cytryny [tsitrini]
Zoll cło [tswɔ]
Zollerklärung deklaracja celna [dɛklaratsja tsɛlna]
zollfrei bez cła [bɛs tswa]
zollfreier Laden sklep wolnocłowy [sklɛp vɔlnɔtswɔvi]
Zollgebühren opłata celna [ɔpwata tsɛlna]
zollpflichtig podlegający ocleniu [pɔdlɛgajɔntsi ɔtslɛɲu]
Zoo ogród zoologiczny [ɔgrud zɔɔlɔʒitʃni], zoo [zɔɔ]
zu (Richtung) do [dɔ]
zubereiten przygotowywać/przygotować [pʃigɔtɔvivatɕ/pʃigɔtɔvatɕ]

Zucker cukier [tsukɛr]
zuerst najpierw [najpjɛrf]
zufällig przypadkowo [pʃipatkɔvɔ]
zufrieden zadowolony [zadɔvɔlɔni]
Zug pociąg [pɔtɕɔŋk]
Zugänglichkeit dostępność f [dɔstɛmpnɔɕtɕ]
zuhören, jdm ~ słuchać (kogoś) [swuxatɕ (kɔgɔɕ)]
Zukunft przyszłość f [pʃiʃwɔɕtɕ]
zukünftig adj przyszły [pʃiʃwi]; adv w przyszłości [f pʃiʃwɔɕtɕi]
zulässig dopuszczalny [dɔpuʃtʃalni]
zuletzt (am Schluss) na koniec [na kɔɲɛts]; (zum letzten Mal) ostatni raz [ɔstatɲi ras]
Zündkerze świeca zapłonowa [ɕfjɛtsa zapwɔnɔva]
Zündschlüssel kluczyk zapłonowy [klutʃik zapwɔnɔvi]
Zündung zapłon [zapwɔn]
Zunge język [jɛ̃wzik]
zurück z powrotem [s pɔvrɔtɛm]
zurückbringen zwracać/zwrócić [zvratsatɕ/zvrutɕitɕ]
zurückfahren wracać/wrócić [vratsatɕ/vrutɕitɕ], jechać z powrotem [jɛxatɕ s pɔvrɔtɛm]
zurückgeben oddawać/oddać [ɔddavatɕ/ɔddatɕ]
zurückkehren wracać/wrócić [vratsatɕ/vrutɕitɕ]
zusagen obiecywać/obiecać [ɔbjɛtsivatɕ/ɔbjɛtsatɕ]; (Einladung) potwierdzać/potwierdzić [pɔtfjɛrdzatɕ/pɔtfjɛrdʑitɕ]
zusammen razem [razɛm]

zusammenschlagen bić/pobić
  [bitɕ/pobitɕ]
Zusammenstoß zderzenie
  [zdɛʒɛɲɛ]
zusätzlich dodatkowy [dɔdatkɔvi]
zuschauen przyglądać się/
  przyjrzeć się [pʃiɡlɔndatɕ ɕɛ/
  pʃijʒɛtɕ ɕɛ], patrzeć [patʃɛtɕ]
Zuschauer/in widz/- [vits]
Zuschlag dopłata [dɔpwata]
zuständig kompetentny
  [kɔmpɛtɛntni], odpowiedzialny
  [ɔtpɔvjɛdʑalni]
zweite(r, -s) druga, drugi, drugie
  [druga, druɟi, druɟɛ]
zweitens po drugie [pɔ druɟɛ]
Zwiebel cebula [tsɛbula]
zwischen między [mjɛndʑi]
Zwischenfall incydent [intsidɛnt]
Zwischenlandung
  międzylądowanie
  [mjɛndʑilɔndɔvaɲɛ]
Zwischenstecker rozgałęźnik
  [rozgawɛɲʑnik]